조선불교유신론

조선불교유신론

만해 한용운(萬海 韓龍雲) 지음
최경순 옮김

민족사

차 례

Ⅲ장. 『조선불교유신론』의 번역과 그 연구
‒ 만해학(萬海學)의 '빛과 그림자' ‒

『조선불교유신론』 영인본 / 별면

【 일러두기 】

■ 이 책은 1913년 불교서관에서 간행한 『朝鮮佛敎維新論』을 완역한 것이다. 단,
초판 발행시에 누락된 글자나 틀린 글자에 대해서는 1차, 2차 정오표를 통해 추
가·정리된 사항을 반영하였다.

■ 본문에 실려 있는 원문은 가독성을 고려해 역자가 임의적으로 나눈 것이다.

■ 주석은 역자가 작성한 것이다.

■ 부록에 실린 『朝鮮佛敎維新論』 영인본은 원전의 읽기 방식에 따라 오른쪽에
서부터 왼쪽으로 읽는다. 부록의 첫 페이지는 이 책 맨 끝 페이지(p.350)이다.

I장

『조선불교유신론』 해제

I. 저자 한용운(韓龍雲)에 대하여

한용운(韓龍雲, 1879~1944)은 승려·시인·독립운동가로, 본관은 청주(淸州), 본명은 정옥(貞玉), 아명은 유천(裕天), 법명은 용운, 법호는 만해(萬海, 卍海)이며 충청남도 홍성 출신이다. 그의 어린 시절은 대원군의 집정과 외세의 침략 등으로 나라 안팎이 어수선한 시기였다.

1882년(4세) 임오군란(壬午軍亂)이 일어났고, 6세 때부터 향리 서당에서 10년 동안 한학(漢學)을 익혔다. 14세에 고향에서 성혼의 예식을 올렸고, 1894년(16세) 동학농민운동(東學農民運動)과 갑오개혁(甲午改革)이 일어났다. 이러한 시기에 넓은 세계에 대한 관심과 생활의 방편으로 집을 떠나 1896년(18세) 설악산 오세암(五歲庵)에 입산해 승려가 되었다. 출가 직후 오세암에 머물면서 불교의 기초지식을 섭렵하면서 선(禪)을 닦았고, 이후 세상사에 대한 관심으로 블라디보스토크 등 시베리아와 만주 지역을 여행하기도 했다.

1905년(27세) 재입산하여 설악산 백담사(百潭寺)에서 연곡(連谷)을 은사로 정식으로 득도(得度)했다. 그 후 교학(敎學)에 힘써 대장경을 열람하고, 특히 한문으로 된 불경(佛經)을 우리말로 옮기는 불교 대중화 작업에 주력했다. 만해는 1908년(30세) 금강산 유점사(楡岾寺)에서 공부하다 마침 금강산에 방문한 일본 불교 조동종(曹洞宗) 관계자들의 후원으로 일본에 건너갔다. 이때의 사정은 그의 회고인 「나는 왜 승(僧)이 되었나」에 서술되어 있다. 1908년 5월부터 약 6개월간

만해는 일본행에 도움을 준 조동종의 간부 승려들의 도움으로 조동
종대학(曹洞宗大学, 현재의 고마자와대학[駒澤大学])에 입학했다. 만해
는 이곳에서 불교와 서양철학 등을 배우며 새로운 문물을 익혔고, 조
선인 일본유학생과도 교류했다.

1910년(32세)에는 조선 불교의 유신(維新)을 주장하는 『조선불교
유신론(朝鮮佛敎維新論)』을 집필했고(1913년 출판), 1910년 국권이 강
탈된 후 국치의 슬픔을 안은 채 중국 동북3성(東北三省)으로 갔다.
이곳에서 만주 지방에 있던 독립군의 훈련장을 순방하면서 그들에
게 독립정신과 민족혼을 심어주는 일에 전력했다. 1914년(36세) 『불교
대전(佛敎大典)』과 함께 『채근담(菜根譚)』 주해본을 저술했다. 1918년
(40세) 월간 『유심(惟心)』이라는 불교 잡지를 간행했는데, 불교 포교
와 민족정신의 고취를 목적으로 간행된 이 잡지는 뒷날 그가 관계한
잡지 『불교(佛敎)』와 함께 가장 괄목할 만한 문화사업의 하나다. 1919
년(41세) 3·1 독립운동 때는 대각교(大覺敎)의 설립자인 백용성(白龍
城)과 함께 불교계를 대표하여 참여했다.

1920년(42세) 만세사건의 주동자로 지목되어 재판을 받고 3년 간
옥살이를 했으며, 출옥 후에도 일본 경찰의 감시 아래서 강연 등을
통해 독립의 정당성을 설파했다. 1925년(47세) 오세암에서 선서(禪書)
『십현담주해(十玄談註解)』를 탈고했다.

1926년(48세)에는 시집 『님의 침묵』을 발간해 민족의 독립에 대한
신념과 희망을 사랑의 노래로서 형상화했다. 1927년(49세) 일제에 대
항하는 단체였던 신간회(新幹會)를 결성하는 주도적 소임을 맡아 중
앙집행위원과 경성지회장(京城支會長)을 맡았다.

1930년(52세) 잡지 『불교』를 인수해 사장에 취임했는데, 특히 고루

한 전통에 안주하는 불교를 통렬히 비판하고, 승려의 자질향상·기강 확립·생활불교 등을 제창했다. 1935년(57세) 『조선일보』에 장편소설 「흑풍(黑風)」을 연재하고, 이듬해에는 『조선중앙일보』에 장편 「후회 (後悔)」를 연재했다.

1938년(60세) 만해가 직접 지도해오던 불교계통의 민족투쟁비밀결사단체 '만당'사건(卍黨事件)이 일어나 많은 후배 동지들이 검거되고 그 자신도 고초를 겪었다. 이 시기에 『조선일보』에 「박명(薄命)」이라는 소설을 연재했다.

1944년(66세) 5월 9일 성북동의 심우장(尋牛莊)에서 중풍으로 별세했다. 동지들에 의하여 미아리 사설 화장장에서 다비된 뒤 망우리 공동묘지에 유골이 안치되었다.

1962년 대한민국장(大韓民國章)이 추서되었다.[1]

---

1) 이상 만해 한용운에 대한 정보는 『대한민국독립유공인물록』(국가보훈처, 1997)을 주로 참고했다.

2. 저술의 시대 상황적 배경:
전통과 근대의 갈림길

『조선불교유신론』은 1910년 집필, 1913년 출간되었다. 1910년대 전후의 시대적 상황을 논할 때 "조선 말기의 모순과 질곡이 두드러지게 나타나고 다른 한편으로는 근대 문화의 수입 및 외세의 침입으로 인해 조선이 일제의 반식민지화한 시기였다. 즉 이 시기는 봉건적 위기와 민족적 위기가 고조된 시기로서 나라의 독립을 수호하고 한편으로는 근대화를 추진하여야 할 시기였다."[2]라고 보는 견해가 있다. 그런가 하면 『조선불교유신론』 집필의 배경으로 크게 두 가지 즉, '왕조 말기 불교의 무기력과 침체', '일본 불교에 대한 호감과 의존'을 꼽는 견해도 있다.[3]

일제의 침략이 시작되고 통감부를 거쳐 조선이 식민지로 전락하려는 상황에서 일본 불교계는 일찍부터 발 빠르게 대처해 조선 포교에 나섰는데, 이때의 정황에 대해서는 학계에서 많은 연구 성과가 제출되었다.[4] 일본 불교계가 일본 제국주의적 침략의 선발대 성격을 띠

---

2) 趙珗鉉, 「朝鮮佛教維新論을 통해 본 韓龍雲의 歷史認識」 『석림』 25, 동국대학교석림회, 1992, 42~43쪽.
3) 정광호, 「조선불교유신론 집필의 배경과 개혁 방향」 『불교평론』 16호, 특집/조선불교유신론의 21세기적 의미. 2003.9 이 글은 『불교평론』 사이트에 게재된 것으로 쪽수가 표기되어 있지 않다.(이하 『불교평론』 기사 동일)
4) 김광식, 『근현대불교의 재조명』, 서울: 민족사, 2000; 김광식, 『만해 한용운 연구』, 서울: 동국대학교출판부, 2008; 김경집, 『韓國佛教改革論研究』, 서울: 불교진각종 종학연구실, 2001; 김순석, 『일제시대 조선총독부의 불교정책과 불교계의 대응』, 서울: 景仁文化社, 2003; 불교신문사 편, 『韓國佛教史의 再照

었는데도, 당시 조선의 불교계는 제국주의라든가 일본 불교계의 의도를 명확히 파악하지 못하고, 불교계의 진로에 대한 고민이나 자기 정체성 수호의 방향 감각을 상실하고 있었다.[5] 이러한 처지에서 조선 불교계가 자구책을 강구한 움직임이 전혀 없었던 것은 아니지만, 조선총독부는 불교계를 통제하기 위해 1911년 6월 3일자로 제령(制令) 제7호 '사찰령(寺刹令)'을 공포하고, 30본산 체제 등을 확립해 나갔다. 이에 따라 조선 불교계는 일본 불교에 의지하거나 예속되는 형태로 재편되기에 이른 것이다.[6] 이처럼 『조선불교유신론』이 집필된 1910년대는 전통의 무게와 새로 밀려드는 근대 문명의 갈림길에서 갈피를 잡지 못하던 시기였고, 만해도 역사의 소용돌이에서 자유롭지 못했다.

明』, 서울: 불교시대사, 1994; 徐鍾珍, 「植民地朝鮮における總督府の宗教政策-抑壓と懷柔による統治」, 早稻田大學大學院 政治學硏究科 博士學位論文, 2006; 鄭珖鎬, 『近代韓日佛教關係史硏究: 日本의 植民地政策과 관련하여』, 仁川: 仁荷大學校出版部, 1994 등 참조.
5) 김광식, 「근대 불교개혁론의 배경과 성격」 『근현대불교의 재조명』, 서울: 민족사, 2000, 18~19쪽.
6) 김순석, 『일제시대 조선총독부의 불교정책과 불교계의 대응』, 서울: 景仁文化社, 2003, 〈제2장 「寺刹令」의 공포와 朝鮮總督府의 교단 장악〉 참조.

3. 『조선불교유신론』의 내용

『조선불교유신론』의 내용을 개략적으로 살펴보면 다음과 같다.[7]

제1장 서론(緒論): 현대는 각 분야에 모두 유신의 기운이 팽배하고 있는데 불교만이 이를 외면하고 있음을 통탄하며 유신의 시급성을 촉구한다.

제2장 논불교지성질(論佛敎之性質): 불교의 본질론, 즉 불교는 미신이 아니라 고금동서의 모든 철학을 종합·포섭하고 있는 위대한 사상이라고 주장한다.

제3장 논불교지주의(論佛敎之主義): 불교의 이상(理想)은 평등주의 내지는 구세주의(救世主義)에 있는 것으로 서양의 자유주의와도 일맥 상통하는 데가 있다고 역설한다.

제4장 논불교지유신(論佛敎之維新)이 의선파괴(宜先破壞): 유신(維新), 곧 파괴의 논리를 서술한다.

제5장 논승려지교육(論僧侶之敎育): 승려도 좁고 고루한 지식에 안주할 것이 아니라 사회 전반에 관한 식견도 갖추고 있어야 함을 강조한다.

제6장 논참선(論參禪): 당시 불교계에 만연하던 가짜 참선의 실상을 비판하고 그에 대한 개선책을 제시한다.

제7장 논폐염불당(論廢念佛堂): 극락왕생만을 목표로 하는 가짜

---

7) 정광호, 앞의 글, 참고.

염불을 하루 속히 시정하고 진정한 의미의 염불로 돌아가야 함을 촉구한다.

제8장 논포교(論布敎): 당시 불교계의 침체 원인을 포교 부재(不在)에서 찾고 다른 종교의 포교 실태를 환기하며 포교의 방법론을 제시한다.

제9장 논사원위치(論寺院位置): 사원(寺院)의 위치가 산간벽지에 있어 대중화에 장애가 되고 있는 현실을 지적한다.

제10장 논불교숭배지소회(論佛敎崇拜之塑繪): 미신적인 요소가 많은 각종 탱화들을 일체 없애 버리고 부처와 보살상만을 예배 대상으로 할 것을 역설한다.

제11장 논불교지각양의식(論佛敎之各樣儀式): 번잡한 의식(儀式)들을 모두 쓸어내고 간략하면서도 품위 있는 형식으로 개혁할 것을 촉구한다.

제12장 논승려지극복인권(論僧侶之克服人權)이 필자생리시(必自生利始): 승려의 생활을 신도의 보시에만 의존하지 않고, 스스로 자립해야 정당한 인권을 누릴 수 있음을 강조한다.

제13장 논불교지전도(論佛敎之前途)가 관어승려지가취여부자(關於僧侶之嫁娶與否者): 승려가 독신 생활을 함으로써 파생되는 폐단들을 지적하고 승려도 혼인 생활을 해야 불교의 발전이 가능함을 역설한다.

제14장 논사원주직선거법(論寺院住職選擧法): 주지 선출에서 막연한 윤번제 등을 폐지하고 선거법을 제정해 선거로 선출한 다음, 적당한 보수와 함께 합리적 행정을 펴게 해야 한다고 주장한다.

제15장 논승려지단체(論僧侶之團體): 승려들의 독선적인 이기주의

를 지양하고 조직과 체계가 있는 교단으로 만들어야 한다고 제창한
다.

　제16장 논사원통할(論寺院統轄): 각 사원들의 무질서한 생활 방식
을 버리고 일정한 원칙하에 전체를 통할하는 기구가 있어야 함을 촉
구한다.

　제17장 결론(結論): 본 유신론이 불교계에서 채택되기를 희망한다.

4. 만해의 사상적 배경:
량치차오(梁啓超)와 사회진화론

만해의 일생에서 알 수 있듯이 그는 출가한 이후 다양한 이력을 통해 전통 학문은 물론 당대 사회를 풍미하던 서양사상도 접했다. 만해 자신이 여러 지면을 통해 밝힌 바 있고『조선불교유신론』속에서도 자주 인용하고 있듯이, 그는 출가와 수도의 과정에서 중국 근대의 학자이자 변법자강운동(變法自彊運動)의 핵심인물이었던 량치차오(梁啓超)의 저서『음빙실문집(飮氷室文集)』의 영향을 크게 받았다.[8]

량치차오는 근대 중국의 지성을 대표하는 인물로,『음빙실문집』의 기조는 1900년대 전후에 사상계를 풍미한 서구의 사회진화론이었다. 약육강식, 경쟁, 우열승패, 적자생존, 자연도태 등을 설파하는 사회진화론은 당시 사회 전 분야를 압도했고, 조선에서 애국계몽운동에 뛰어들었던 지사들도 앞 다투어 이 책을 구해 읽고 사회진화론을 수용했던 것이다.[9]

그런데 여기서 짚고 넘어가야 할 점은 구한말의 애국계몽운동에 투신했던 지사들이나 만해가 그토록 매료되었던 량치차오의 사상을 어떻게 평가할 것인가 하는 문제다. 량치차오를 비롯한 변법자강(變

---

8) 김광식,『첫키스로 만해를 만난다: 만해 한용운 평전』, 서울: 장승, 2004, 35~36쪽.
9) 閔東俊,「「朝鮮佛敎維新論」의 研究」, 서울: 延世大學校 教育大學院 歷史教育專攻 석사논문, 1987, V. 近代思想의 受容에서 필자는『음빙실문집』과『조선불교유신론』을 비교하며 만해가 량치차오의『음빙실문집』에 담긴 사회진화론을 비롯해 서구사상의 영향을 받았다는 사실을 논증하고 있다.

法自疆) 운동가들은 중국의 체제 내에서 개혁을 구상한 인물로 이른 바 "혁명"과는 거리가 먼 보수파들이었다. 이들은 '의회의 설립'이나 '헌법의 제정'과 같이 언뜻 근대적인 요구를 했지만, 그들이 실현하고 자 한 정치적 비전은 궁극적으로 '입헌군주제(立憲君主制)'였다.[10] 입헌군주제는 기본적으로 군주제도를 인정하므로 입헌파를 흔히 보황파(保皇派)라고 부른다. 이들은 서태후와 위안스카이(遠世凱)의 쿠데타로 실각해 일본으로 망명한 뒤 활동을 지속했지만, 쑨원(孫文)의 중국혁명동맹회와 대립하며 끝까지 입헌의 신념을 버리지 않았다. 이처럼 보황파의 대표자인 량치차오의 시대적 제약과 비전의 보수성은 명백한 것이다. 량치차오는 중국 근대의 개화기를 대변하는 석학으로 당대 최첨단의 서양 사조를 받아들인 선구자였지만, 혁명의 시대 흐름에는 어두워 역사의 뒤안길로 사라지고 말았다.[11] 이처럼 시대적 제약과 한계가 뚜렷한 량치차오의 사상적 영향을 강하게 받은 만해 가 『조선불교유신론』을 작성하던 당시에 과연 얼마나 근대적인 안목과 비전을 제시할 수 있었을까. 선뜻 확답하기 곤란한 문제다.

---

10) 변법자강운동과 입헌파에 관한 연구는 중국 근현대사 분야에서 집중적으로 나왔다. 국내의 대표적인 연구 성과만 소개하자면 閔斗基, 『中國近代史研究』, 一潮閣, 1973; 閔斗基, 『中國近代改革運動의 研究-康有爲 中心의 1898年 改革運動』, 一潮閣, 1985; 尹惠英, 「變法運動과 立憲運動」 『講座 中國史 Ⅵ-改革과 革命』, 서울大學校東洋史學研究室 編, 지식산업사, 1989; 孔輔卿, 「淸末 革命派와 立憲派의 理念 鬪爭」 『중국문제연구』 4, 경성대학교 인문과학연구소, 1991.12; 조성환, 「진화론과 근대 중국의 민족주의- 양계초 와 장병린의 민족사상을 중심으로」 『정치사상연구』 제16집 1호, 2010.5 등이 있다.
11) 김용옥, 『루어투어 시앙쯔-윗대목』, 서울: 통나무, 1989, 77~78쪽.

Ⅱ장

조선불교유신론 역주

(朝鮮佛教維新論 譯註)

1. 서(序)

[원문] 余嘗有志乎維新佛敎, 稍有成算於胸中者. 但事不從心, 未
能遽行於世. 試設一無形之佛敎新世界於區々文字之間, 自慰寂寞耳.
夫望梅之渴, 亦養生之一術, 此論固梅之影. 余之渴火焚身, 則自不得
不以一梅之影, 當萬斛清泉. 近來佛家, 旱魃太肆, 未知吾黨, 亦有渴
者乎. 果有, 則願以此梅影相照. 聞六度之中, 布施爲最. 余亦以此布
施梅影之功德, 能免地獄也未.

明治 四十三年 臘月 8 著者識

[번역] 나는 일찍이 불교를 유신(維新)[12]하려는 뜻이 있어 마음속
에 약간의 계획을 세웠다. 그러나 일이 뜻대로 되지 않아 세상에 실행
할 수 없었기에, 시험 삼아 말할 수 없는 불교의 신세계에 대해 자잘
한 글을 지어 스스로 쓸쓸한 마음을 달래고자 할 뿐이다. 매실을 바
라보며 갈증을 해소하는 것[13]도 양생(養生)의 한 방법인데, 이 유신

---

12) '유신(維新)'은『시경(詩經)』「대아(大雅)」문왕편(文王篇)에 "주(周)는 비록
   오래된 나라지만, 그 명(命)은 새롭게 했다"(周雖舊邦, 其命維新)라는 대목에
   처음 나온다. '유신'이 중국의 고전『시경(詩經)』에서 유래되었다고는 해도, 동
   아시아에서 '유신'이라고 하면 흔히 일본의 메이지 유신(明治維新)을 떠올리
   듯이, 유신의 용례는 일본의 천황제 국가주의와 밀접한 관계로 사용된 경우가
   많다.
13) 매실을 바라보며 갈증을 해소 : 원문에는 望梅止渴. 중국 삼국시대 위(魏)
   의 조조(曹操)가 행군 중에 마실 물이 없어 병사들이 갈증으로 고생하는 것
   을 보고, "좀 더 가면 매화나무 숲이 있어 열매가 무성하고, 달고 새콤하니, 갈
   증을 풀 수 있을 것"이라고 말하자, 병사들 입에서 저절로 군침이 돌아 갈증을

론은 매실의 그림자 격이라, 내 목마름의 불꽃이 온몸을 불사르니 어쩔 수 없이 이 매실 그림자로라도 불을 끌 맑은 샘물 노릇을 하지 않을 수 없다. 요즘 불가(佛家)에서는 가뭄이 매우 심한데, 우리들 중에 목마른 사람이 있는가 모르겠다. 만일 있다면 이 매실 그림자로 서로 비춰보기 바란다. 육도(六度)[14] 중에서 보시(布施)가 으뜸이라고 들었는데 나도 이 매실 그림자나마 보시한 공덕으로 지옥을 면할 수 있을까.

메이지(明治) 43년(1910) 12월 8일 섣달 저자 씀

해소했다는 일화에서 유래된 말이다.(魏武行役失汲道, 軍皆渴, 乃令曰: "前有大梅林, 饒子, 甘酸, 可以解渴." 士卒聞之, 口皆水出, 乘此得及前源.) 『세설신어(世說新語)』 「가귤(假橘)」편에 나오는데, 이 구절의 원출처는 나관중(羅貫中), 『삼국지연의(三國志演義)』이다.

14) 육도(六度) : 생사의 고해를 건너 이상경(理想境)인 열반의 저 언덕에 이르는 여섯 가지 방편. 보살(菩薩)이 수행하는 바라밀법(波羅蜜密)의 6종(種)으로 '육바라밀'이라고도 한다 (1)단나바라밀(檀那波羅蜜)-자비로 널리 사랑하는 행위(보시). (2)시라바라밀(尸羅波羅蜜)-불교 도덕에 계합하는 행위(지계). (3)찬제바라밀(羼提波羅蜜)-여러 가지로 참는 것(인욕). (4)비리야바라밀(毘梨耶波羅蜜)-항상 수양에 힘쓰고 게으르지 않는 것(정진). (5)선나바라밀(禪那波羅蜜)-마음을 고요하게 통일하는 것(선정). (6)반야바라밀(般若波羅蜜)-삿된 지혜와 나쁜 소견을 버리고, 참 지혜를 얻는 것(지혜).

2. 서론(緖論)

[원문] 天下에 豈有成敗리오 惟待人已라 悠々萬事가 無一非聽命於人而後에 有所謂成所謂敗者ᄒ니 苟事而無自立之力ᄒ고 惟人是從이면 事之有成敗ㅣ亦人之責任而已로다

[번역] 세상에 어찌 성공과 실패가 따로 있겠는가. 오직 사람에 달렸을 뿐이다. 모든 일이 어느 하나라도 사람의 노력에 따라 이른바 성공도 하고 실패도 하지 않는 것이 없으니, 참으로 사물이 자립하는 힘이 없고 사람에 따를 뿐이라면, 일의 성패도 결국은 사람의 책임일 뿐이다.

[원문] 古人이 云호대 謀事는 才人ᄒ고 成事는 在天이라ᄒ니 質而言之ᄒ면 人有可成之謀而天能敗之ᄒ고 人有可敗之謨而天能成之也라 嗚呼라 令人으로 敗興短氣之事ㅣ孰有過於此哉아 果天能成敗人謀之事則是는 使人으로 失其自由也니 能使人으로 失其自由者는 曾未之聞未之見者也라

[번역] 옛사람이 이르기를 "일을 꾀하는 것은 사람에게 있고 일을 이루는 것은 하늘에 있다"[15]라고 하니, 이 말을 따져 보면, 사람이 성

---

15) 일을 꾀하는 것은 사람에게… : 원문에는 謀事는 才人ᄒ고 成事는 在天. 이 구절의 원출처는 『삼국지연의(三國志演義)』 제103회에 나오는 제갈공명(諸葛孔

공할 수 있는 노력을 해도 하늘이 그것을 실패로 만들 수 있고, 사람이 실패할 만한 노력밖에 하지 않았는데도 하늘이 그것을 성공시킬 수 있다는 뜻이다. 아! 사람의 흥을 깨고 낙담시키는 일로 이 말보다 더 잘못된 것이 있겠는가. 하늘이 참으로 사람이 꾀하는 일의 성패를 좌우할 수 있다면, 이는 사람의 자유를 빼앗는 일이니, 하늘이 사람의 자유를 빼앗을 수 있다는 말은 일찍이 듣도 보도 못했다.

[원문] 彼所謂天者ㅣ果有形之天歟아 抑無形之天歟아 若有形之天也ㄴ대 豈非形於上而蒼々入於吾人眼簾者耶야 旣有形體ㄴ대 天亦理氣之中之一物이라 服從自由之公例ᄒ야 無所相侵이 與他之ㅣ物로 毫無差異를 所敢斷言也라 衆生이 藝々ᄒ야 其數無量이어를 安有相率而甘聽成敗於區々有形之一物也리오 若無形之天也ㄴ대 天理也오 非天也니 天理者는 眞理也라 有可成之理而成ᄒ고 有可敗之理而敗ㅣ斯眞理矣라 然則成固自成이오 敗固自敗라 復何成事在天之可語也리오

[번역] 저 이른바 하늘이란 참으로 형체 있는 하늘인가, 아니면 형체 없는 하늘인가. 만약 형체 있는 하늘을 말한다면 어찌 저 위에 그 푸르고 푸른 모습으로 우리 눈에 비치는 것이 아니겠는가. 이미 형태가 있다면 하늘도 이기(理氣) 가운데 한 물건이니 자유의 법칙에 따

明)의 대사다. 유비(劉備)가 죽은 후 그의 뜻을 받들어 북벌에 나섰던 제갈공명은 위(魏)를 공략하면서 필생의 라이벌 사마의(司馬懿)를 함정에 빠뜨렸고, 사마의는 화염에 휩싸여 절체절명의 순간을 맞이했다. 그런데 마침 그때 하늘에서 소나기가 쏟아져 불이 꺼지는 바람에 사마의는 목숨을 구했다. 이 광경을 본 제갈공명은 소나기를 맞으며 다음과 같이 중얼거린다. "일을 꾀하는 것은 사람에게 있고, 일을 이루는 것은 하늘에게 있다.(謀事才人, 成事在天.)"

라 서로 침범할 수 없는 것은 단언컨대 다른 사물과 조금도 차이가 없다. 중생은 그 숫자를 헤아릴 수 없을 만큼 많은데, 어찌 모두 변변치 않은 저 형체 있는 한 물건에게 성패가 달린 것을 감수하겠는가. 만약 형체 없는 하늘이라면 그것은 하늘의 도리(天理)를 말함이지, (물리적)하늘이 아니다. 하늘의 도리란 바로 진리를 말한다. 성공할 만한 이치가 있어서 성공하고 실패할 만한 이치가 있어서 실패하는 것이 바로 진리다. 그렇다면 성공은 본래 스스로 이루는 것이요 실패도 본래 스스로 패하는 것이다. 또 어찌 "일을 이루는 것은 하늘에 있다"라고 말할 수 있겠는가.

[원문] 若是乎有形之天與無形之天이 俱無當也라 之云云者는 但知有天호고 不知有人이라 纔發其言에 其姓名이 己入於奴隸之案이니 何不自愛之甚也아 若使文明人으로 起此云云者於千年塚中호야 責之以放棄自由之罪면 雖欲辯護나 無從而得之라 苟天之無數於事之成敗也ㅣ若是則萬物이 雖多나 視此而已라 無寧曰謀事在我오 成事亦在我니 知此義者는 責己不責人호고 自信不信物호ᄂ니 天下談事者ㅣ皆當以此法으로 爲宗旨가 可也니라

[번역] 이와 같이 형체 있는 하늘이든 형체 없는 하늘이든 모두 타당치 않다. 일의 성패가 하늘에 달렸다고 말하는 사람은 하늘이 있는 줄만 알고 사람이 있는 것을 모르는 것이니, 문득 그런 말을 꺼내기가 무섭게 그 사람의 이름은 이미 노예의 명단에 들어간 것이다. 어찌 스스로 자신을 아끼지 않음이 이리도 심한가. 만약 문명인(文明人)으로 하여금 이런 말 하는 사람을 오래된 무덤 속에서 일으켜 자

유를 포기한 죄를 꾸짖는다면 변호하고자 해도 변호할 방법이 없을 것이다. 이처럼 진실로 하늘이 일의 성패와 관계없다면, 만물의 숫자가 많다 해도 이런 이치를 볼 뿐이다. "일을 꾀함이 나에게 있다"라고 말하기보다 차라리 "일을 이루는 것도 나에게 있다"라고 해야 하니, 이러한 이치를 이해하는 사람은 자기를 꾸짖되 남을 꾸짖지 않고, 자기를 믿되 다른 사물(하늘 따위)을 믿지 않을 것이니 세상에서 사리를 말하는 사람들은 모두 이런 도리로써 종지(宗旨)를 삼아야 옳을 것이다.

[원문] 今日之世界는 非寡居之世界며 非未來之世界오 乃現在之世界어늘 奈之何有研究前此千萬年事者하며 有研究後此千萬年事하야 凡形而上形而下於天壤之間者를 莫不研究而維新之하야 言學術之維新者ㅣ有之矣며 其他維新維新之聲이 徧滿天下하야 已維新하며 今維新하며 當維新者ㅣ踵相接하며 項相磨也어늘

[번역] 오늘날의 세계는 과거의 세계가 아니며, 미래의 세계도 아니요, 곧 현재의 세계인데도, 어찌된 일인지 천 년, 만 년 전의 일을 연구하는 사람이 있으며, 천 년, 만 년 후의 일을 연구하는 사람이 있어서, 하늘과 땅 사이 형이상(形而上)·형이하(形而下)의 문제를 모두 연구하고 유신(維新)하지 않음이 없다고 학술의 유신을 외치는 이가 있으며, 정치의 유신을 외치는 이가 있고, 종교의 유신을 외치는 이가 있고, 그 밖에도 유신, 유신 외치는 소리가 온 세상에 가득해 이미 유신을 했거나 지금 유신을 하고 있거나 앞으로 유신을 하려는 이들이 셀 수 없이 잇따르고 있는데…….

[원문] 若夫朝鮮之佛敎는 寥々無聞ᄒ니 未知果何徵歟아 朝鮮之
佛敎는 果無所維新歟아 抑不足維新歟아 一思再思에 不得其故者也
라 噫라 是亦可知라 在我而已로다 有志於佛敎維新者ㅣ非不有之也
언만은 至今無聞者는 獨何歟아 一則任之天運ᄒ고 一則責乎他人이
是其因也라

[번역] 조선 불교만은 잠잠히 아무 소리가 없으니 과연 무슨 징조
인지 모르겠다. 조선 불교는 정말 유신할 것이 없어서인가, 아니면 유
신할 만한 것이 못 되는 것인가. 곰곰이 생각해 보아도 그 까닭을 알
수 없다. 아! 이것도 알 만하다. 책임은 나에게 있을 뿐인 것을. 불교
유신에 뜻을 둔 이가 없는 것은 아닌데 지금껏 아무 소식도 들리지
않는 것은 무슨 까닭일까. 하나는 천운(天運)에 맡기고, 또 하나는 남
에게 책임을 미루는 일이 그 원인일 것이다.

[원문] 吾有惑乎成事在天之說而後에 始知朝鮮佛敎維新之責任
이 不在天運ᄒ며 不在他人而惟在我而已라 夫然後에 頓覺責任之不
可逭而一思所以維新之故ᄒ야 作此論以自警ᄒ고 兼以告僧侶同胞ᄒ
노라 此論이 自文明國人觀之則實芻狗之芻狗矣라 雖然이ᄂ 朝鮮僧
侶之前途則未必無少採라 夫有僞維新而後에 眞維新이 始出現焉ᄒ
니 此論之爲僞維新於後日則爲榮이 多矣라

[번역] 나는 "일을 이루는 것이 하늘에 있다"라는 주장에 의혹을
품게 된 후에 비로소 조선 불교를 유신하는 책임이 천운이나 남에게
있는 것이 아니라 오직 나에게 있을 뿐임을 알았다. 그 후에 책임을
회피할 수 없음을 문득 깨닫고 유신해야 할 까닭을 생각한 나머지 이

유신론을 써서 스스로 경계하며 아울러 이를 승려인 형제들에게 알리는 것이다. 이 유신론을 문명국 사람이 본다면 정말 보잘 것 없는 물건[16]이겠지만, 조선 승려의 앞날을 바라보면 조금이나마 채택할 점이 있으리라 생각한다. 거짓 유신이 있은 후에 참다운 유신이 비로소 나타나는 법이니, 이 유신론이 훗날에 거짓 유신 역할이나마 하게 된다면 더 없는 영광이겠다.

---

16) 정말 보잘 것 없는 물건 : 원문에는 芻狗之芻狗. 옛날 중국에서 제사지낼 때 짚으로 만든 개를 이르던 말. 제사가 끝나면 버리는 물건으로, 얼마 지나지 않아서 아무 소용이 없게 되어 버린 물건을 비유적으로 일컫는다. 이 구절의 원 출처는 『노자(老子)』 제5장의 "天地不仁, 以萬物爲芻狗, 聖人不仁, 以百姓爲芻狗"(하늘과 땅은 인(仁)하지 않아 만물을 강아지풀처럼 취급한다. 성인(聖人)은 불인하여 백성들을 강아지풀 취급한다)라는 구절.

3. 불교의 성질을 논함(論佛敎之性質)[17]

[원문] 今日之論佛敎維新者ㅣ當先察佛敎之性質如何ᄒ야 比較於現世之狀態與未來之程度而後에 始得이다 何以故오 今後之世界가 進々不己ᄒ야 不至文明之彼岸而不止ᄒ리니 若使佛敎로 不適於將來之文明則學得回生起死之術ᄒ야 喚起馬丁路得, 格蘭瑪於靑山黃土之中而維新佛敎라도 必無救矣리라 故로 於優劣適不之義에 思之重思之則佛敎之於文明에 非惟不負라 反有特色이라

[번역] 오늘날 불교 유신을 논하는 사람은 먼저 불교의 성질이 어떠한 것인가를 살피고, 현재의 상태와 미래의 정황을 비교한 후에야 불교 유신을 다룰 수 있다. 왜냐하면 앞으로 세계는 끊임없이 진보해 진정한 문명의 이상에 도달하지 않고서는 멈추지 않을 것이기 때문이다. 만약 불교가 미래의 문명에 적합지 않다면, 죽은 자를 되살려내는 기술을 터득해 마르틴 루터[18]나 크롬웰[19] 같은 이를 지하에서

---

17) 〈2〉불교의 성질을 논함〉은 중국 청(淸) 말기~중화민국(中華民國) 시기의 계몽사상가 량치차오(梁啓超)의 논설 「논불교여군치지관계(論佛敎與群治之關係」(1902)를 상당 부분 참고했다. 그 뿐만 아니라 『조선불교유신론』의 전체적인 서술 스타일이나 논지 전개, 인용 부분 등에서 량치차오의 영향을 많이 받은 점이 눈에 띈다. 자세한 사항은 후술한다.

18) 마르틴 루터(Martin Luther, 1483~1546) : 원문에는 馬丁路得. 로마 가톨릭 교회의 부패에 반기를 든 독일의 종교개혁자. 가톨릭 교회의 교리와 폐쇄성에 의문을 제기하고 성경을 통한 하나님과의 직접적인 접촉과 하나님의 구원을 설파하였으며, 라틴어로 되어 있던 성경을 독일어로 번역하여 대중화에 기여했다.

불러 일으켜 불교를 유신한다 해도 꼭 성공할 수는 없을 것이다. 그러므로 불교가 종교로서 우수한지 열등한지, 미래사회에 적합한지 적합하지 않은지를 곰곰이 생각해보면, 불교는 인류 문명에 손색이 없을뿐더러 도리어 특색이 있다.

[원문] 請言佛教之性質이 其有二ᄒᆞ니 一은 宗教的 性質이라 夫人之信仰宗敎者ᄂᆞᆫ 何오 吾人最大之希望이 在是라 夫希望者ᄂᆞᆫ 生存進化之資本이라 苟非希望이면 放逸惰怠ᄒᆞ야 苟安時日而足矣니 人亦孰樂用其心勞其力而治事爲也리오 故로 無希望이면 人與物之在於空間者ㅣ幾乎息矣오 藉日有之라도 荒廢淫惡ᄒᆞ야 非復前日이라 地獄生涯와 野蠻作業이 慘極醜極ᄒᆞ리니 然則所謂文明者ㅣ已屛息縮頭於舞人絶域ᄒᆞ야 無復生意리라

[번역] 불교의 성질을 두 가지로 말해 보고자 한다. 첫째는 종교적인 성질이다. 사람들이 종교를 믿는 까닭은 무엇인가. 우리들의 가장 큰 희망이 여기에 있기 때문이다. 희망이란 생존과 진화의 자본이니, 만약 희망이 없다면 제멋대로 행동하고 게을러 하루하루 즐기며 만족할 것이다. 어느 누가 기꺼이 마음을 쓰고 힘써 일을 하려 들겠는

중국에서는 외국의 인명(人名)이나 지명(地名)을 적을 때 한자(漢字)의 소리를 빌어다 쓰는 방식인 음차(音借)표기를 사용한다. 『조선불교유신론』이 집필된 1910년대 음차표기가 현대 중국어에서 변함없이 사용되기도 하지만, 상당수의 표기는 변한 경우가 많다. 이하에서는 각주에 원문의 음차표기와 현대 중국어의 표기를 병기(竝記)한다. 馬丁路得는 현대 중국어로 마丁·路德이다.

19) 크롬웰(1599~1658, Cromwell, Oliver) : 원문에는 格蘭瑪. 현대 중국어로는 克倫威尔. 영국의 정치가. 청교도 혁명이 일어났을 때 국왕 찰스 1세에 맞선 의회 진영의 장군 중 하나로 국왕을 처형하고 공화제를 실시했다. 후에 스스로 호국경(護國卿)의 위치에 올라 독재 정치를 시행했다.

가. 따라서 희망이 없으면 이 세상에 존재하는 모든 사람과 사물은 거의 사라질 것이며, 비록 남아 있다고 해도 황폐하고 음탕하며 나쁜 행동을 일삼아 전날의 모습은 찾을 수 없을 터다. 지옥과 같은 생활과 야만스런 행위로 참담하고 추악하기 끝이 없을 것이니, 그렇다면 이른바 문명인들은 외진 곳에 숨어 숨죽이고 움츠러들어 생존의욕을 상실할 것이다.

[원문] 是以로 懼夫希望之不厚不長也ᄒ야 假設止啼錢於無形之中ᄒ야 使衆生之無告者로 信仰之希望之者ᄂ 羣敎之所由起也니 耶蘇敎之天堂과 猶太敎之奉神과 回々敎之永生等이 是也라 其憂世也ㅣ 亦深矣로다

[번역] 그러므로 희망이 크게 자라지 못할까 염려해 임시로 우는 아이 달래는 듯한 달콤한 것[20]을 무형(無形)의 세계 속에 만들어 놓고, 답답한 중생들이 그것을 믿어 희망을 갖도록 한 것이 여러 종교가 발생한 원인이다. 예수교의 천당, 유대교가 받드는 신(神), 이슬람의 영생(永生) 따위가 바로 그것이니, 모두 세상에 대한 근심이 깊은 것이다.

[원문] 雖然이ᄂ 但以迷言으로 爲始爲終ᄒ야 一不思夫天堂之有無

---

20) 우는 아이 달래는 듯 : 원문에는 止啼錢. 이 용어는 원래 '황엽지제전(黃葉止啼錢)'이라 하며, 우는 아기의 울음을 그치게 하기 위해 아기를 달래면서 노란 나뭇잎을 돈이라고 주어 울음을 그치게 한다는 뜻이다. 부처가 어리석은 중생을 가르치기 위해 방편으로 설하는 가르침을 비유한 것으로, 원출처는 『대반열반경(大般涅槃經)』 권(卷)20, 「영아행품(嬰兒行品)」이다. 그 이후 『무문관(無門關)』을 비롯한 각종 선어록(禪語錄)에서 자주 언급되었다.

와 奉神之虛實과 永生之是否하고 瞢瞢然抱迷信而終古하니 是는 牽
人而愚之라 束縛民智之責이 己不絶於哲學家之口則亦無事深辨이로
다 有飾一遁辭而辦護迷信者曰雖迷信이나 統一衆生之精神則均也
라 不見夫十一世紀以來에 有掀天動地之事業於歐美各國者乎아 是
强半出身於迷信宗敎中者則迷信之功於世界ㅣ豈不偉然大哉아하나니
斯固然矣라

[번역] 그러나 이들은 다만 어지러운 말로 시종일관하며 하나같이
천당이 있는지 없는지, 받드는 신이 참인지 거짓인지, 영생이 사실인
지 아닌지 생각도 않고 흐리멍덩하게 미신을 지니게 되니, 이것은 사
람들을 어리석게 만드는 일이다. 이처럼 미신적 종교가 사람들의 지
혜를 속박하는 책임을 이미 철학자들이 끊임없이 지적했으므로 더
이상 깊이 언급할 필요도 없다. 그렇지만 구차한 말을 꾸며 미신을 변
호하는 자들은 말하기를 "비록 미신이기는 하지만, 중생의 정신을 통
일하는 측면은 마찬가지다. 11세기 이래 구미(歐美) 각국에서 전개된
놀라운 사업을 보지 못했는가. 이것은 절반 이상 그 미신이라고 말하
는 종교에서 나온 것이니, 미신이 세계에 끼친 공로가 어찌 위대하지
않겠는가."라고 한다. 그것은 사실이다.

[원문] 雖然이나 夫事實業家之轟轟烈烈於歷史上하야 至今資爲美
談者ㅣ孰一不流無數人之頸血而後에 收其功於一己者哉아 彼事業
家者ㅣ苟不以迷信으로 侵漬於衆人之腦則不足以奪其畏死之心而用
於敢死之故로 百方設計而以迷信으로 甘作釣人生命之香餌하고 重
之以人之生命으로 爲斃敵之矢石하니 自古迄今에 幾千萬之見欺

一二迷信者ᄒ야 斷送難再來之生命於天昏地黑之中者ㅣ可勝數哉아
夫人而鴻毛一縷於迷信而己則悲不勝悲라 迷信者ᄂ 似有功이ᄂ 弊
已不勝其多라

[번역] 비록 그렇다 해도 정치가로서 역사상에 이름을 떨쳐 오늘날
까지 미담(美談)의 주인공이 된 사람 치고 무수한 사람의 피를 홀린
끝에 그 공적을 자신에게로 돌리지 않은 자가 있는가. 저 정치가들
은 만약 미신으로 사람들의 정신을 세뇌하지 않는다면 죽음을 두려
워하는 마음을 빼앗아 사지(死地)에 몰아넣을 수 없으므로, 여러 방
법을 꾀하여 미신을 사람의 생명을 낚는 미끼로 삼고, 아울러 사람의
생명을 적의 총알받이로 삼았던 것이니, 예로부터 오늘날까지 수천
만 명이 미신에 속아 다시 누릴 수 없는 목숨을 잃은 수효를 이루 다
셀 수 있겠는가. 사람이 미신에 한 가닥 희망을 건다는 것은 참으로
비참한 일이다. 미신이 공로가 있는 듯하지만, 그 폐단은 공로보다 더
많다.

[원문] 佛敎則不然ᄒ야 惟懼衆生之迷信也故로 經에 日以悟爲則
이라ᄒ시고 又日爲令衆生으로 入佛敎慧海라ᄒ시며 正覺正遍知之說
이 在々皆然ᄒ니 佛其至矣로다 自出現而六年苦行而四十九年說法而
榭示雙趺而一居一動而一語一默이 何一非欲衆生之轉迷爲悟也리
오

[번역] 불교는 그렇지 않다. 중생이 미신에서 벗어나지 못할까 두
려워하기 때문에, 경전에서 말하기를 "깨달음을 원칙(準則)으로 삼는

다."[21]라고 했고, 또 "중생들을 부처님 지혜의 바다에 들어가게 하기 위하여"[22]라고 했으며, 정각(正覺)[23]·정변(正徧)[24]의 주장이 어느 경에서나 모두 그런 취지였으니, 이 점에 대해 부처님이야말로 지극하였다. 이 세상에 나타나시어 6년간 고행하시고 49년간 설법하시며 열반(涅槃)[25]하시는 등 일상생활에서의 모든 동정(動靜)과 말씀, 침묵에 이르기까지, 어느 하나 중생들이 미혹에서 벗어나 깨달음에 이르게 하려는 뜻 아님이 있었겠는가.

[원문] 且天堂地獄之說과 不生不滅之語가 有則有矣ㄴ 其旨義가 與他教로 不同ㅎ니 何也오 經에 曰地獄天堂이 皆爲淨土라ㅎ시고 又 曰衆生心이 是菩薩淨土라ㅎ시니 由是觀之ㅎ면 天堂은 非天堂之天堂이라 乃自心之天堂이오 地獄은 非地獄之地獄이라 乃自心之地獄이라 夫不可說不可說微塵數世界와 其中所有森羅萬象이 皆衆生心

---

21) 깨달음을 원칙으로 삼는다 : 원문에는 以悟爲則. 이 구절은 중국 송대(宋代)에 간화선(看話禪)을 주창한 대혜종고(大慧宗杲, 1089~1163)의 『서장(書狀)』에 나온다. 그런데 대혜 자신의 말이 아니라, 당대(唐代)의 선승(禪僧) 위산 영우(潙山靈祐, 771~853)의 『위산경책(潙山警策)』에 나오는 구절을 인용한 것이다.

22) 중생들을 부처님 지혜의 바다에… : 원문에는 爲令衆生으로 入佛教慧海라. 이 구절의 원출처는 『화엄경(華嚴經)』 「입불사의해탈경계보현행원품(入不思議解脫境界普賢行願品)」(『大正藏』 第10冊, No.293, p.688b)에 나오는 구절이다. "爲令衆生普入甚深智慧海故"(중생들로 하여금 두루 아주 깊은 지혜의 바다에 들어가게 하기 위해서)라고 나오는 것을 만해가 약간 변형해 인용했다.

23) 정각(正覺) : 여래 10호(號)의 하나. 등정각(等正覺)의 준말로 부처님은 무루정지(無漏正智)를 얻어 만유의 실상(實相)을 깨달았으므로 정각이라 한다.

24) 정변(正徧) : 정각(正覺)과 같은 말.

25) 열반(涅槃) : 원문에는 槨示雙趺. 부처님이 사라쌍수(娑羅雙樹) 아래에서 입멸하자 입관(入棺)하였는데, 가섭(迦葉)이 다른 지방에서 그 소식을 듣고 달려와 슬피 우니 부처님이 두 발을 관(棺) 밖으로 내보임으로써 세존의 마음을 가섭에게 전했다는 고사(古事). 여기서는 부처님의 죽음을 뜻한다.

中所具故로 佛說八萬四千法門이 離心코 無他物이니 與向所謂迷信
於與己風馬牛不相及之天堂奉神等者로 相去幾何오 且不生不滅者
는 非他敎所謂永生之類也라 實圓滿覺海之主人公이라 佛敎中獨一
無二代表라

[번역] 또 불교에도 천당·지옥의 주장과 불생(不生)·불멸(不滅)이
란 말이 있기는 하지만, 그 취지는 다른 종교와 다르다. 무엇이 다른
가. 경전에서 "지옥과 천당이 다 정토(淨土)가 된다."[26]라고 했고, 또
"중생의 마음이 보살의 정토"[27]라고 했다. 이 말씀으로 보자면 천당
은 다른 종교에서 말하는 천당이 아니라 자기 마음속의 천당이요,
지옥도 다른 종교에서 말하는 지옥이 아니라 자기 마음속의 지옥인
것이다. 말할 수 없이 작은 티끌처럼 많은 세계와 그 속에 있는 삼라
만상이 다 중생들의 마음속에 갖추어져 있으므로, 부처님께서 말씀
하신 8만 4천 법문(法門)이 우리의 마음을 떠나 따로 있는 것 아니
며, 나와는 아무 관계없는 천당이니 신이니 하는 따위를 받드는 이른
바 미신과 그 거리가 얼마나 먼가. 또 불생불멸(不生不滅)은 다른 종
교의 영생(永生) 같은 것과는 다르고, 참으로 원만한 깨달음 세계의
주인공이자 불교를 대표하는 오직 하나, 둘도 없는 개념이다.

---

26) 지옥과 천당이 모두 정토가 된다 : 원문에는 地獄天堂이 皆爲淨土라. 이 구
   절의 원출처는 『원각경(圓覺經)』 「청정혜보살장(淸淨慧菩薩章)」이다. "地獄
   天宮, 皆爲淨土, 有性無性, 齊成佛道, 一切煩惱, 畢竟解脫"(지옥과 천당이
   모두 정토(淨土)이며 성품 있는 것과 성품 없는 것이 한가지로 불도(佛道)를
   이루는 것이며 일체의 번뇌가 결국에는 해탈이니라.)
27) 중생의 마음이 보살의 정토 : 원문에는 衆生心이 是菩薩淨土라. 이 구절의
   원출처는 『유마경(維摩經)』 「불국품(佛國品)」이다. "菩提心, 是菩薩淨土, 菩
   薩成佛時, 大乘衆生, 來生其國"(보리심[중생을 위하는 자비심]이 보살정토이
   니 보살이 성불했을 때 대승 중생들이 와서 태어난다.)

[원문] 夫萬死萬生者ㅣ特冥頑不靈之盛飯囊이라 若夫竪窮三際而
不爲久ㅎ고 橫亘十方而不爲大ㅎ야 逈脫根塵ㅎ야 寂而常照者曰眞如
니 眞如者ᄂᆞᆫ 不變之謂也라 此ㅣ豈曾生死리오 衆生이 有此無類之寶
於方寸之間而自迷不知故로 我佛世尊이 以大慈大悲로 以爲說法ㅎ
시니 但衆生根器가 若面일새 百千方便이 雖云種〃이ᄂᆞ 究竟目的은
惟眞如是貴라 得魚忘筌이오 見月忘指라 筌與指ㅣ豈迷信哉리오 但
方便而已로다 於是에 衆生이 始知七尺肉塊之俯仰於數十裘葛이 皆
虛幻ㅎ야 求其不生不滅於盡未來際之眞我ㅎ니 其希望이 果有窮乎
아 無窮乎아 豈獨迷信而後에 言希望也리오 佛敎者ᄂᆞᆫ 知信之宗敎
오 非迷信之宗敎니라

[번역] 저 수없이 죽고 수없이 태어난다는 것은 특히 어둡고 어리석
은 밥통이 하는 소리다. 세로로는 과거·현재·미래 3세(三世)를 포함
하면서도 오래라고 여기지 않고, 가로로는 시방(十方)에 걸쳐 있으면
서도 크게 여기지 않으며 멀리 감각기관(根)과 그 대상(塵)을 벗어나
고요히 늘 비추는 것을 진여(眞如)[28]라고 한다. 진여는 불변을 말하
는 것인데, 이것이 어찌 나고 죽겠는가. 중생이 이런 견줄 수 없는 보
배를 마음속에 지니고도 스스로 헤매면서 알지 못하기 때문에 우리
부처님께서 대자대비한 마음으로 이들을 위해 설법하셨다. 다만 중
생의 근기(根器)[29]가 각각 다른 면모를 보이므로 갖가지 방편[30]을 쓰
셨지만 최종 목적은 진여가 귀중하다는 사실을 깨우치려는 것뿐이었

---

28) 진여(眞如) : 우주 만유의 보편한 본체로서 현실적이며 평등무차별한 절대의
진리.
29) 근기(根機) : 진리를 받아들일 때 중생이 지닌 능력의 차이.
30) 방편(方便) : 중생을 구제하기 위해 그들의 근기에 따라 임시로 행하는 편의
적인 수단과 방법.

다. 물고기를 잡으면 통발은 잊고,[31] 달을 보면 가리키는 손가락을 잊는다[32]고 해서 통발과 손가락이 어찌 미신이겠는가, 다만 방편일 뿐이다. 여기서 중생들이 비로소 수십 년[33] 동안 일곱 자 남짓한 몸[34]으로 세상을 사는 일이 모두 허망하다는 것을 알고, 미래의 세계가 다하도록[35] 영원한 참된 자아(眞我)에서 불생불멸을 구하니, 이런 희망이 과연 끝이 있겠는가 없겠는가. 어찌 오로지 미신을 믿은 뒤에야 희망을 말하겠는가. 불교는 지혜로 믿는 종교요, 미신의 종교가 아니다.

[원문] 二는 哲學的性質이라 哲學家與宗敎家之往々相衝突不相容者ㅣ蓋以迷信與眞理ㅣ相水火故라 宗敎家ㅣ一任迷信而不知反이면 哲學家ㅣ必出全力而抗之ᄒᆞ야 使所謂迷信者로 將絶跡於今後一世紀內之天地가 無可疑也라

---

31) 물고기를 잡으면 통발은 잊고 : 원문에는 得魚忘筌. 본질을 설명하기 위해서는 어쩔 수 없이 언어와 문자 등을 사용하는데, 정작 본질은 파악하지 못하고 수단인 언어문자 등의 지엽적 의미에만 집착하는 것을 뜻한다. 원출처는『장자(莊子)』「외물편(外物篇)」으로 "筌者所以在魚, 得魚而忘筌, 蹄者所以在兎, 得兎而忘蹄, 言者所以在意, 得意而忘言"(통발은 물고기를 잡기 위한 것이다. 물고기를 잡으면 통발을 잊어야 한다. 올가미는 토끼를 잡기 위한 것이다. 토끼를 잡으면 올가미를 잊어야 한다. 언어라는 것은 뜻을 전달하기 위한 것이므로, 뜻을 얻었으면 언어를 잊어야 한다.)이라는 구절에서 인용한 것이다.
32) 달을 보면 가리키는 손가락을 잊는다 : 원문에는 見月忘指. 본질은 파악하지 못하고 언어문자 등 지엽적인 것에만 집착하는 행위를 경계하는 것으로 불교에서 즐겨 쓰는 비유다.『원각경(圓覺經)』,『능엄경(楞嚴經)』등 여러 경전과「증도가(證道歌)」등 선사들의 어록에도 종종 등장하며,『금강경(金剛經)』에서는 '뗏목의 비유'로도 나온다.
33) 수십 년 : 원문에는 數十裘葛. 구갈(裘葛)은 해(年)의 뜻. 겨울에는 갖옷을 입고 여름에는 갈포(葛布)를 입는 데서 '해'의 뜻을 나타내게 되었다.
34) 얼마 안 되는 : 원문에는 七尺.『논어(論語)』에 '육척지고(六尺之孤)'라는 말이 나오듯이 그다지 크지 않음을 표시한 말이다.
35) 미래 세계가 다하도록 : 원문에는 盡未來除. 미래의 제한이 다한 것이라는 뜻으로 곧 미래의 끝이 다해 없다는 뜻에서 '영원무궁한 미래'를 가리키는 말이다.

[번역] 둘째는 불교의 철학적 성질이다. 철학자와 종교가가 이따금 서로 충돌하며 상대를 받아들이지 않는 것은 미신과 진리가 본래 물과 불처럼 어울리지 못하기 때문이다. 종교가들이 하나같이 미신에 책임을 맡기고 돌이킬 줄 모른다면, 철학자들이 반드시 온 힘을 기울여 이것을 막아내고, 이른바 미신적인 종교가들은 앞으로 1세기 안에 세상에서 자취를 감추게 만들리라는 점은 의심할 것도 없다.

[원문] 夫佛敎ㅣ豈曾與迷信宗敎로 同歸一轍이리오 經에 日福慧兩足이라ᄒᆞ시고 又曰一切種智라ᄒᆞ시니 一體種智者ᄂᆞᆫ 證悟自心ᄒᆞ야 瑩徹無礙ᄒᆞ야 無所不知之謂也니 窮無所不有之理야 其無所不知之域者ㅣ非哲學家之究竟歟아 哲學家ㅣ自難이니 於我佛世尊에 何有리오 欲知哲學大家ᆫ대 舍釋迦無有니 謂余不信ᆫ대 請以東西哲學之與佛敎吻合者로 大畧質之ᄒᆞ리라

[번역] 불교가 어찌 이런 미신적인 종교들과 같은 길을 가겠는가. 불경에 "복과 지혜가 아울러 갖추어졌다."[36]라고 하셨고, 또 "일체종지(一切種智)"[37]라고 하셨다. 일체종지라는 것은 제 마음을 깨달아 환히 통하고 막힘이 없어 모르는 것이 없다는 말이니, 어디에나 있는 보편적 이치를 궁리하여 모르는 것이 없는 경지에 도달하려는 것이 철

---

36) 복과 지혜가 아울러 갖추어졌다 : 원문에는 福慧兩足. 불교에서 자각(自覺)과 각타(覺他)의 수행이 원만하면 복과 지혜가 아울러 갖추어지게 됨을 뜻한다. 『법화경(法華經)』「비유품(譬喩品)」 등에 나온다.

37) 일체종지 : ①일체를 그 구체적인 특수상(特殊相)에 있어서 아는 지혜. 모든 것의 개별성을 아는 지혜 ②일체지(一切智 : 모든 것을 다 알아낸 자의 지혜)의 지(智). 부처님의 일체지를 가리킴. 『법화경(法華經)』「서품(序品)」, 『원각경(圓覺經)』「청정혜보살장(淸淨慧菩薩章)」, 『화엄경(華嚴經)』「십회향품(十廻向品)」 등에 나온다.

학자들의 최종적 목표가 아니겠는가. 철학자들은 혼자 이루기 어렵지만, 우리 부처님께서야 무슨 어려움이 있겠는가. 철학의 대가를 알려면 부처님을 빼놓고 찾을 길 없으니, 나를 믿지 못하겠다고 말한다면 동서양 철학이 불교와 합치되는 것을 들어 대략 검토해 보겠다.

[원문] 支那人梁啓超曰佛耶兩種이 并以外敎로 入中國而佛氏ᄂᆞᆫ 大盛ᄒᆞ고 耶氏ᄂᆞᆫ 不能大盛者ᄂᆞᆫ 何也오 耶敎ᄂᆞᆫ 惟以迷信으로 爲主ᄒᆞ고 其哲理淺薄ᄒᆞ야 不足以擊中國士君子之心也오 佛說은 本有宗敎而哲學之兩方面ᄒᆞ야 其證道之究竟也ㅣ在覺悟ᄒᆞ고 其入道之法門也ㅣ在智慧ᄒᆞ고 其修道之得力也ㅣ 在自力ᄒᆞ니 佛敎者ᄂᆞᆫ 不能與尋常宗敎로 同視者也라 自佛學入震旦으로 與之相備然後에 中國哲學이 乃放一異彩라ᄒᆞ니 以是觀之ᄒᆞ면 支那哲學之增光이 實佛敎之賜也라 嗚呼라 佛敎之入于朝鮮이 今一千五百餘年이라 正告于千五百餘年間圓其顧方其趾於朝鮮者曰朝鮮哲學之異彩가 何如오 夫同一不龜手也로대 一人은 用之爲將ᄒᆞ고 一人은 用之未免洴澼絖ᄒᆞ니 顧用之者ㅣ人이라 於不龜手에 何怨이리오

[번역] 중국인 량치차오(梁啓超)[38]는 말했다.[39]

---

38) 량치차오(梁啓超) : 청나라 말기에서 중화민국 초 광동(廣東) 신회(新會) 사람. 계몽사상가. 자는 탁여(卓如)이고, 호는 임공(任公) 또는 음빙실주인(飮氷室主人)이다. 어려서 중국 전통교육을 받았지만, 상해(上海)에서 『영환지략(瀛環志略)』과 서양 서적을 보고 생각이 크게 바뀌었다. 이 해 캉유웨이(康有爲)를 처음 만나 그에게 육왕심학(陸王心學)과 서학(西學)을 배우고 공양학(公羊學)을 익혔다. 광서(光緖) 21년(1895) 캉유웨이와 함께 북경에 강학회(强學會)를 설립하고, 상해에 강학회 분회를 설립하여 혁신운동을 펼쳐 나갔다. 21년 이후에는 탄스통(譚嗣同)과 함께 변법자강운동에 진력했다. 북경(北京)의 『만국공보(萬國公報)』와 상해(上海) 『시무보(時務報)』의 주필로 명성을 떨쳤으며, 마카오(澳門)에서도 『지신보(知新報)』를 발간했다. 1918년 말

불교·기독교 두 가지 모두 외래종교로 중국에 들어와 불교는 크게 번성하고 기독교는 번성하지 못한 것은 어째서인가. 기독교는 오직 미신을 주장하고 그 철리(哲理)가 천박해 중국 지식인의 마음을 충족시키지 못했기 때문이고, 불교는 본래 종교와 철학 양 측면이 있어 도(道)를 얻으려는 최종 목표가 깨달음에 있고, 도에 들어가는 법문(法門)이 지혜에 있고, 도를 닦아 힘을 얻는 것은 자력(自力)에 있으니, 불교는 보통 종교와 같다고 볼 수 없다. 불교의 학문이 중국에 들어온 후로부터

유럽을 방문하면서 유럽 사회가 안고 있는 각종 병리 현상을 직접 둘러보게 되어 귀국 후 서양문명이 이미 파산했음을 선언하기도 했다. 『음빙실전집(飲氷室全集)』과 『음빙실총서(飲氷室叢書)』, 『청대학술개론(淸代學術槪論)』, 『중국근삼백년학술사(中國近三百年學術史)』, 『선진정치사상사(先秦政治思想史)』, 『중국역사연구법(中國歷史硏究法)』, 『중국문화사(中國文化史)』 등의 방대한 저술이 있다.

39) 중국인 량치차오(梁啓超)는 말했다 : 이 인용문의 원출처는 량치차오의 「중국학술사상 변천의 대세를 논함(論中國學術思想變遷之大勢)」(1902) 가운데 〈제6장 불학시대(佛學時代)〉 이하 제4절 〈중국불학의 특색과 그 위인(中國佛學之特色及其偉人)〉 네 번째 항목이다(梁啓超, 『飲氷室文集 上』, 學說, 上海廣智書局, 1905, 65쪽 참조). 전문(全文)은 梁啓超 著·張品興 外編, 『梁啓超全集』 第二册, 第三券 新民說, 北京出版社, 1999, 602~604쪽에도 수록되어 있는데, 공교롭게 네 번째 항목이 빠져 있다. 아마도 편집과정에서 누락된 듯하다. 그리고 만해의 인용문과 량치차오의 원문을 대조해 보면, 만해가 원문 그대로를 인용한 것이 아니라, 일부를 발췌하거나 또 원문과는 다른 글자를 사용했음을 알 수 있다.

한편 이 인용문에서 어디까지가 량치차오의 말이고, 어디까지가 만해의 말인지 기존 번역본마다 차이가 있다. 이원섭, 정해렴 번역본은 본 번역본과 같이 "중국의 학문과 서로 보완한 뒤에 중국의 철학이 색다른 빛을 띠게 되었다."라는 구절까지를 량치차오의 말로 보았다. 반면, 조명제 번역본은 이 구절 다음 "이로써 보면 중국 철학의 발전은 실로 불교의 덕택이다"라는 구절까지를 량치차오의 말로 보고 있다.

이 부분은 량치차오의 원문이나 만해의 인용문에 입각해 살펴보면 논란의 여지가 없다. 량치차오의 원문은 "然後中國哲學乃放一異彩.", 만해의 인용문에서도 "中國哲學이 乃放一異彩라ᄒᆞ니"라고 되어 있다. 따라서 조명제 번역본은 오류인데, 번역의 오류는 물론 출처 표기에서도 오류가 보인다. 조명제는 이 대목의 각주(조명제 옮김, 『조선불교유신론』, 지식을만드는지식, 2014, 15쪽)에서 "원문은 량치차오의 《음빙실문집》 상(上海 廣智書局, 1907), 〈근세지학술(近世之學術)〉에서 인용한 것이다"라고 설명하는데, 앞서 밝혔듯이 이 인용문은 〈제8장 근세의 학술〉이 아니라 〈제6장 불학시대〉에 수록되어 있다.

그 가르침이 중국의 학문과 서로 보완한 뒤에 중국의 철학이 색다른
빛을 띠게 되었다.

이것으로 보면, 중국의 철학이 빛나는 것은 참으로 불교의 덕택인
것이다. 불교가 조선에 들어온 지도 이제 1,500여 년이 지났다. 만약
누군가 1,500여 년 동안 이 조선 땅에서 살다간 사람들[40]에게, "조선
철학의 특색은 무엇인가"라고 묻는다면 어떨까? 똑같은 손 트지 않
게 하는 약[41]인데도 어떤 사람은 그것을 이용해 장군이 되었고 어떤
사람은 그것을 사용해도 솜 빠는 일을 면치 못했으니, 이 약을 쓰는
것은 사람인 것을, 약에 대해 무슨 원망을 하겠는가.

[원문] 德儒康德이 日吾人畢生之行爲가 皆我道德上之性質所表
見也라 故로 欲知吾性之是否自由ㄴ대 非可徒以軀殼之現象으로 論
이라 而當以本性之道德으로 論이니 夫道德之性質則誰能謂其有絲
毫不自由者哉아 道德之性質은 不生不滅ㅎ야 而非被限被縛於空劫
間者라 無過去ㅎ며 無未來而常現在者也니 人이 各皆憑藉此超空
越劫之自由權ㅎ야 而自造其道德之性質ㅎᄂ니 故로 我之眞我가 雖

---

40) 살다간 사람들 : 원문에는 圓其顚方其趾. 둥근 머리(圓顚)와 모난 발뒤꿈치
   (方趾)라는 뜻으로 '인류', '사람' 등을 가리키는 말.
41) 손을 안 트게 하는 약 : 원문에는 洴澼絖. 이 구절의 원출처는『장자(莊子)』
   「소요유(逍遙遊)」편이다. 송(宋)에 손이 안 트는 약을 알고 있는 사람이 있어
   서 대대로 솜 빠는 일을 하고 있었다. 어떤 사람이 백금(百金)을 주고 이 약을
   알아내어 그것으로 오(吳)를 위해 사용한 바, 오가 월(越)과 겨울에 물에서
   싸워 크게 이기자 그 공로로 매우 출세했다. 같은 약도 쓰는 사람에 따라 누
   구는 세탁업을 면치 못했고, 또 누구는 부귀를 누렸다는 것.(宋人有善爲不龜
   手之藥者, 世世以洴澼絖爲事. 客聞之, 請買其方以百金. 聚族而謀曰: "我世
   世爲洴澼絖, 不過數金. 今一朝而鬻技百金, 請與之." 客得之, 以說吳王. 越
   有難, 吳王使之將, 冬與越人水戰, 大敗越人, 裂地而封之. 能不龜手一也,
   或以封, 或不免於洴澼絖, 則所用之異也.")

非我之肉眼所能自見이느 然이느 以道德之理로 推之면 則見其有儼
然逈出於現象之上而立乎其外者니 果爾則此眞我는 必當活潑自由ᄒ
야 而非若肉體之常範圍於不可避之理ᅵ明矣라 所謂活潑自由者는 何
오 吾欲爲善人과 欲爲惡人이 皆由我所自擇이라 旣已擇定則肉體가
乃從其命令ᄒ야 以鑄成善人惡人之資格ᄒᄂ니 由觀之則吾人之身에
所謂自由性與不自由性兩者의 同時并存이 其理較然易明也라ᄒ야늘

[번역] 독일의 학자 칸트[42]는 말했다.[43]

우리 일생의 행위가 모두 자신의 도덕적 성질이 겉으로 드러난 것이다.
그러므로 우리의 본성이 자유로운지 아닌지를 알고자 하면, 한낱 껍데
기인 몸의 현상만으로 논할 수 없고, 마땅히 본성의 도덕으로 논해야
할 것이니, 도덕적 성질이라면 누가 털끝만큼이라도 자유롭지 않다고
말하겠는가. 도덕적 성질은 생기지도 없어지는 것도 아니며, 공간과 시
간에 제한이나 구속을 받지 않는다. 과거도 미래도 없고, 항상 현재인
것이니, 사람이 각자 모두 이 공간과 시간을 초월한 자유권리(본성)에
의지해 스스로 도덕적 성질을 만든다. 따라서 우리의 참된 자아(眞我)
는 나의 육안으로 볼 수 없지만, 도덕의 이치로 미루어 보면 엄연히 현
상 위에서 벗어나 그 밖에 존재하는 것을 보게 될 것이다. 그렇다면 이
참된 자아는 반드시 항상 활발하고 자유로워 육체가 늘 필연의 법칙에
매여 있는 것과는 같지 않음이 분명하다. 이른바 활발하고 자유롭다
는 것은 무엇인가. 우리가 착한 사람이 되거나 악한 사람이 되고자 하

---

42) 칸트(Immanuel Kant, 1724~1804) : 원문에는 康德. 현대 중국어도 같은 표
기. 독일의 철학자, 사상가. 『순수이성비판』, 『실천이성비판』, 『판단력비판』의
3대 비판서를 발표하고 비판철학을 제창했다. 독일 관념론 철학의 선구자로도
불린다.
43) 독일의 학자 칸트는 말했다 : 이 인용문의 원출처는 량치차오의 「근세 제일
대철학자 칸트의 학설(近世第一大哲康德之學說)」(1903)이다(梁啓超, 『飮氷
室文集 下』, 學說, 上海廣智書局, 1905, 132쪽 참조).

는 것은 모두 스스로 선택한 바에 따른 것이다. 자유의지가 선택하여
정하면 육체가 그 명령을 따라 착한 사람, 나쁜 사람의 자격을 만들어
내는 것이니, 이러한 것으로 생각해 보면 우리들의 몸에는 이른바 자
유성과 부자유성 두 가지가 동시에 함께 존재한다는 것이 이론상 쉽
고 분명하다.

[원문] 梁啓超ㅣ釋此說曰佛說에 有所謂ㅎㄴ眞如니 眞如者ㄴ 卽康氏
所謂眞我라 有自由性者也오 有所謂無明ㅎ니 無明者ㄴ 卽康氏所謂
現象我니 爲不可避之理所束縛ㅎ야 無自由性者也라 佛說에 以爲吾
人이 自無始以來로 卽有眞如無明兩種子ㅎ야 含於性海識藏之中而
互相薰ㅎㄴ니 凡夫ㄴ 以無明으로 薰眞如故로 迷智爲識ㅎ고 學道者
ㄴ 復以眞如로 薰無明故로 轉識成智라ㅎ니

末儒ㅣ欲用此義例ㅎ야 以組織中國哲學故로 朱子ㅣ分出義理之性
與氣質之性ㅎ야 其注大學에 云호대 明德者ㄴ 人之所得乎天而虛靈
不昧ㅎ야 以具衆理而應萬事者也라 但爲氣稟所拘와 人欲所蔽則有
時而昏이라ㅎ니라

然이ㄴ 佛說此眞如者ㄴ 一切衆生所公有之體오 非一人之各有一
眞如也라ㅎ고 而康德은 謂人皆自有一眞我라ㅎ니 此其所以爲異也라
故로 佛說에 有一衆生이 不成佛이면 則我ㅣ不能成佛이라ㅎ시니 爲
其體之爲一也라 此ㄴ 其於普度之義에 較博深切明ㅎ고 康德은 謂我
ㅣ苟欲爲善人이면 斯爲善人이라ㅎ니 爲其體之自由也라 此ㄴ 其於修
養之義에 亦較切實而易入이라

若朱子之明德은 旣未能指其爲一體之相ㅎ니 是所以不逮佛也오
又說此明德者ㅣ爲氣稟所拘와 人欲所蔽라ㅎ야 其於自由之眞我與不

自由之現象我에 界限이 未能分明ㅎ니 是所以不逮康德也라 康德之
意는 謂眞我者는 夫非他物所能拘能蔽也라 能拘蔽則是不自由也라
ㅎ니

[번역] 량치차오는 칸트의 학설을 이렇게 해설했다.[44]

부처님 말씀에 이른바 진여(眞如)라는 것이 있는데, 진여란 곧 칸트가
말한 참된 자아로 자유성을 지닌 것이며, 또 이른바 무명(無明)[45]이라
는 것이 있는데, 무명이란 칸트가 말한 현상적 자아로 필연의 법칙에
얽매여 자유성이 없는 것이다. 또 부처님의 말씀에 "우리들이 끝없는
옛적부터 진여·무명의 두 종자(種子)[46]를 지니고 있으며, 그것들이 성
해(性海)[47]와 식장(識藏)[48] 속에 포함되어 서로 훈습(熏習)[49]하니, 범
부는 무명으로 진여를 훈습하기 때문에 반야지(般若智)[50]를 알지 못
하고 식(識)으로 삼고, 도를 배우는 사람은 다시 진여로 무명을 훈습하

---

44) 량치차오는 칸트의 학설을 이렇게 해설했다 : 이 인용문의 원출처는 량치차오
   의 「근세 제일 대철학자 칸트의 학설(近世第一大哲康德之學說)」(1903)이다
   (梁啓超, 『飮氷室文集 下』, 學說, 上海廣智書局, 1905, 132~133쪽 참조).
45) 무명(無明) : 무아(無我)의 진리를 깨닫지 못하고, 자아가 있다고 집착하는
   무지의 상태. 산스크리트어 아비댜(avidya)를 번역한 말로, 모든 번뇌의 근원.
46) 종자(種子) : 유식종(唯識宗)에서는 만유의 모든 현상은 아뢰야식에서 발생
   하고 전개된다 하여, 이것은 내는 마음의 세력이 아뢰야식 가운데 들어있다
   고 주장. 이를 종자라 하며, 여기에는 다시 본래 아뢰야식에 있는 본유종자(本
   有種子)와 여러 가지 짓는 일이 있을 때마다 훈습하는 신훈종자(新熏種子)의
   두 종류가 있다.
47) 성해(性海) : 바다가 온갖 물을 다 받아들이며 넓고 크듯이 진여(眞如)의 이
   성(理性)도 만유(萬有)를 포함하고 있는 것을 바다에 비유한 것.
48) 식장(識藏) : 모든 중생은 불성(佛性)을 지니고 있다는 것으로 여래장(如來
   藏)과 같은 말.
49) 훈습(熏習) : 우리의 몸과 입으로 표현하는 선악의 말이나 행동. 또는 뜻에
   일어나는 선악의 생각 등이, 일어나는 그대로 없어지지 않고, 반드시 어떠한
   인상이나 세력을 자기의 심체(心體)에 머물러 두는 작용. 마치 향이 옷에 배어
   드는 것 같은 데에 비유한 것.
50) 반야지(般若智) : 분별이나 망상(妄想)을 떠나 깨달음과 참모습을 환히 아는
   지혜(智慧)

기 때문에 식을 전환시켜 반야지를 이룬다."[51]라고 하였다.

송대(宋代)의 유학자는 이 범례(凡例)로써 중국의 철학을 조직하고자 했으므로, 주자(朱子)는 의리(義理)의 성(生)과 기질(氣質)의 성을 나누어서 『대학(大學)』에 주석을 붙여 말하기를 "밝은 덕(明德)은 사람이 하늘에서 받은 것으로, 텅 비고 신령하며 어둡지 않아(虛靈不昧), 온갖 이치를 갖추고 모든 일에 따라 작용한다. 다만 기품(氣稟)에 얽매이고 인욕(人欲)에 가려지면 때로 어두워진다."라고 했다.

그러나 부처님은 진여라는 것이 일체 중생이 보편적으로 지닌 본체요 한 사람이 각자 하나의 진여를 가진 것은 아니라고 말했다. 그리고 칸트는 사람이 모두 스스로 하나의 참된 자아를 갖고 있다고 말했으니 이것이 다른 점이다. 그러므로 부처님 말씀에 "한 중생이라도 성불하지 못한 자가 있으면, 나도 성불할 수 없다."[52]라고 하셨으니 모든 사람의 본체가 동일하다고 보는 것이며, 이것은 중생을 널리 구제하려는 뜻에서 칸트보다 넓고 깊으며 매우 밝은 것이다. 칸트는 "만약 내가 착한 사람이 되려고만 하면 누구나 착한 사람이 된다."라고 말했으니 그 본체가 자유롭다고 본 것이며, 수양의 뜻에서 비교적 절실하고 입문하기 쉽다.

주자(朱子)가 말하는 밝은 덕(明德)은 모든 사람이 동일한 본체를 지니고 있는 형상을 가리켜 보일 수 없었으니 이 점은 부처님에게 미치지 못하며, 또 말하기를 '이 밝은 덕이 기품에 얽매이고 인욕(人欲)에 가려진다'고 하여 자유로운 참된 자아와 자유롭지 못한 현상적 자아의 한계가 분명치 않으니 이 점은 칸트에 미치지 못한다. 칸트의 의도는 말하자면 참된 자아는 결코 다른 사물에 얽매인다든가 가려지는 것이

---

51) "우리들이 끝없는 옛적부터… 반야지를 이룬다" : 이 구절은 『대승기신론(大乘起信論)』의 핵심사상을 압축한 것으로, 량치차오는 훗날 『대승기신론고증(大乘起信論考證)』(1922)을 출판했다.
52) 한 중생이라도 성불하지 못한 자가 있으면… : 이 구절은 중생을 구제하겠다는 지장보살(地藏菩薩)의 유명한 서원(誓願)으로 원출처는 『지장보살본원경(地裝菩薩本願經)』「염부중생업감품(閻浮衆生業感品)」이다.

아니며, 얽매이고 가려진다면 그것은 자유롭지 못한 것이라는 점이다.

[원문] 梁氏之言佛與康氏相異之點이 未必盡當이라 何以故오 佛日天上天下에 惟我獨尊이라ᄒᆞ시니 是ᄂᆞᆫ 明其人人이 各有一自由之眞我也라 佛則於人々公有之眞我與各有之眞我에 言之無餘어시ᄂᆞᆯ 但康氏於大同共有之眞我에 未及言之耳라 由是觀之면 佛之哲理가 逈乎博矣라

[번역] 량치차오가 말한 부처님과 칸트의 차이점이 꼭 모두 타당한 것은 아니다. 어째서인가. 부처님은 "천상천하에 오직 '나'가 존귀하다"라고 하셨는데, 이것은 사람마다 각각 하나의 자유로운 참된 자아를 지니고 있음을 밝히신 것이다. 부처님께서는 모든 사람에게 보편적인 참된 자아와 각자가 개별적으로 지닌 참된 자아에 대해 남김없이 말씀하셨지만, 칸트는 모든 사람이 보편적으로 지닌 참된 자아에 대해서는 미처 말하지 못했다. 이로 미루어 보면, 부처님의 철리(哲理)가 훨씬 넓다 하겠다.

[원문] 佛旣成佛而以衆生之故로 又不能成佛이면 衆生이 亦旣成衆生而以佛之故로 又不能成衆生이 明矣라 何則고 心佛衆生이 三無差別이니 誰爲佛이며 誰爲衆生고 此所謂相卽相離ᄒᆞ고 不卽不離ᄒᆞ야 一而萬々而一者也라 界限於曰佛曰衆生間者ㅣ但空中華와 第二月而已라

[번역] 부처님께서 이미 성불했으면서도 중생 때문에 성불할 수 없다면, 중생도 이미 중생이 되었으면서도 부처님 때문에 중생이 될 수

없는 것이 분명하다. 왜 그런가. 마음과 부처와 중생이 셋이면서 차별
없는 하나이니, 누구는 부처가 되고 누구는 중생이 되겠는가. 이것은
이른바 상즉상리(相卽相離)⁵³⁾하고 부즉불리(不卽不離)⁵⁴⁾의 관계여서
하나가 곧 만, 만이 곧 하나인 것이다. 부처라 하고 중생이라 하여 그
사이에 한계를 긋는 것은 다만 허공의 꽃⁵⁵⁾이나 제2의 달⁵⁶⁾과 같이
무의미할 뿐이다.

[원문] 英人倍根이 曰吾人之精神이 如凸凹鏡ᄒᆞ야 外物之來照者ㅣ
或於凸處ᄒᆞ며 或於凹處ᄒᆞ니 於是乎雖同一物이ᄂ 而其所照不同故
로 觀察이 自不得不有所謬니 此爲致誤之第一原因이오 又五官所接
者ㅣ非物之本色而物之假相이니 此爲致誤之第二原因이오 又吾人之
體質이 各〻相異ᄒᆞ니 此爲致誤之第三原因이라ᄒᆞ니

[번역] 영국의 학자 베이컨⁵⁷⁾은 말했다.⁵⁸⁾

  우리의 정신은 올록볼록한 거울과 같아 외부 사물이 와서 비치는 것

---

53) 상즉상리(相卽相離) : 서로 떠나지 않는 것이 상즉(相卽), 서로 떠나는 것이
   상리(相離).
54) 부즉불리(不卽不離) : 부즉(不卽)은 상즉(相卽)의 반대, 불리(不離)는 상리
   (相離)의 반대.
55) 허공의 꽃 : 눈병이나 피로 때문에 보이는 실체가 없이 허공에 뜬 꽃. 『원각경
   (圓覺經)』에서는 무명(無明)을 비유하여 자주 예로 들고, 『능엄경』에서도 비
   슷한 내용이 나온다.
56) 제2의 달 : 하늘에 있는 달이 아닌, 눈을 누르면 생기는 헛보이는 달. 진실 아
   닌 오인한 것.
57) 베이컨(Francis Bacon, 1561~1626) : 원문에는 倍根. 현대 중국어로는 培根.
   영국의 철학자. 근대 경험론의 창시자.
58) 영국의 학자 베이컨이 말했다 : 이 인용문의 원출처는 량치차오의 「근세문명
   초조 베이컨·데카르트의 학설(近世文明初祖倍根笛卡兒之學說)」(1901)이다
   (梁啓超, 『飮氷室文集 下』, 學說, 上海廣智書局, 1905, 19쪽 참조).

은 볼록 나온 곳이나 오목 들어간 곳이다. 여기에는 비록 같은 사물이라도 비치는 데가 다르기 때문에 우리의 관찰도 잘못이 없을 수 없다. 이것이 오류를 범하는 첫째 원인이다. 또 오관(五官)[59]이 접촉하는 것은 사물의 본바탕이 아닌 거짓 모습이니 이것이 오류를 범하는 둘째 원인이다. 그리고 우리의 체질이 각각 다르니 이것이 오류를 범하는 셋째 원인이다.

[원문] 倍氏此說이 苦思極索ᄒ야 有得於實驗而後에 所發之論이니 與楞嚴經義로 多相類라 經에 曰譬如有人以淸淨目으로 觀淸明空이면 惟一淸虛오 逈無所有라가 其人이 無故不動目睛ᄒ야 瞪以發勞ᄒ면 則於空에 別見狂華라ᄒ시니 淸淨與發勞ᄂ 則倍氏之凸凹라 或凸或凹而不同其照가 如空之於淸淨目에 爲空ᄒ고 發勞目에 爲花오

[번역] 베이컨의 이 학설은 힘써 사색하고 실험을 통해 확인한 뒤에 발표한 이론으로 『능엄경(楞嚴經)』의 뜻과 서로 비슷한 점이 많다. 『능엄』에서 이르기를 "비유하면 마치 어떤 사람이 깨끗한 눈으로 맑게 갠 하늘을 바라보면, 오직 하나의 맑고 텅 빈 하늘일 뿐, 멀리 아무 것도 없다. 그러나 그 사람이 까닭 없이 눈동자를 움직이지 않고 오래도록 똑바로 쳐다보다 피로해지면, 허공에서 다른 헛된 꽃이 보이게 된다."[60]라고 했다. 깨끗한 눈과 피로한 눈은 곧 베이컨이 말한 올록볼록한 거울과 같다. 볼록 나오고 오목 들어간 거울이기 때문에 같은 물건이라도 비치는 것이 달라진다는 것은 마치 하늘이 깨끗한 눈에는 하늘로 비치고 피로한 눈에는 꽃으로 보이는 것과 같다.

---

59) 오관(五官) : 다섯 개의 감각 기관. 눈·귀·코·혀·피부. 오근(五根)이라고도 함.
60) 비유하면 마치 어떤 사람이… 헛된 꽃이 보이게 된다 : 이 인용문의 원출처는 『능엄경(楞嚴經)』 권2(『大正藏』第19冊, No.945, p.114a)에 나오는 대목이다.

[원문] 經에 又曰卽身與觸이 二俱虛妄이라ᄒ시니 所觸之物與能觸
之六根이 皆假相故로 曰二俱虛妄이라 倍氏ᄂ 但知所接之物이 非本
色而不知能接之六根이 與之幷非本色이니 此ᄂ 倍氏之遜於佛者也
오 經에 又曰如一水中에 現於日影에 兩人이 同觀水中之日ᄒ고 東西
各各行則各有日이 隨二人去ᄒ야 一東一西ᄒ야 光無準的이라ᄒ시니
倍氏之第三原因이 卽此意也니라

[번역] 경전에 또 이르기를 "몸과 촉감 둘 다 허망하다."[61]라고 하
셨으니 접촉(감각)되는 사물(대상)과 접촉(감각)하는 여섯 기관(六
根)[62]이 모두 가짜 모습이다. 그러므로 둘 다 허망하다고 하신 것이
다. 베이컨은 접촉되는 사물이 본색(실체)이 아닌 것만을 알고, 접촉
하는 여섯 기관도 그 사물과 마찬가지로 실체가 아닌 것을 몰랐으
니, 이것은 베이컨이 부처님보다 못한 점이다. 경전에 또 이르기를 "하
나의 물속에 해 그림자가 비쳤는데, 두 사람이 같이 물속의 해를 보
고 동서로 각각 가면, 해도 각각 두 사람을 따라가니 한 해는 동쪽으
로 가고 한 해는 서쪽으로 가서, 햇빛에 일정한 기준이 없는 것과 같
다."[63]라고 하셨는데, 베이컨의 세 번째 원인이 이와 같은 뜻이다.

[원문] 法儒笛卡兒以爲學者ㅣ 苟各各自有其所信之眞理면 自堅持
之以成一家ᄒ고 其有相異若不相容者어든 則對壘攻擊ᄒ야 往復相
辨ᄒ면 久之而完全之眞理가 行將出乎其間矣라 何也오 智慧ㅣ雖有

---

61) 몸과 촉감 둘 다 허망하다 : 이 인용문의 원출처는 『능엄경(楞嚴經)』 권3(『大
正藏』 第19册, No.945, p.116a)에 나오는 대목이다.
62) 여섯 기관(六根) : 오관(五官, 눈·귀·코·혀·피부)에 의(意)를 더한 것.
63) 하나의 물 속에… 기준이 없는 것과 같다 : 이 인용문의 원출처는 『능엄경(楞
嚴經)』 권4(『大正藏』 第19册, No.945, p.120c)에 나오는 대목이다.

高下大小之差ㄴ 其本性則相同而眞理之爲物이 又純一而無雜者也라 夫以同一本性之智慧로 求純一無雜之眞理ᄒᆞ야 黽勉從事ᄒᆞ면 安有不殊道同歸者耶아 故로 其始에 雖或人人異論이ㄴ 而必有相笑之一日이라ᄒᆞ니

[번역] 프랑스의 학자 데카르트[64]는 이렇게 생각했다.[65]

만일 학자가 정말로 각각 자기 나름 믿는 진리가 있으면, 그 진리를 굳게 지켜 일가(一家)를 이루게 되고, 자기 소신과 달라 서로 용납할 수 없는 주장을 하는 자가 있으면, 곧 상대를 공격하여 주고받고 서로 토론하며 오랜 시일이 지난 뒤에는 완전한 진리가 결국 그 속에서 생겨날 것이다. 왜 그런가. 지혜가 높고 낮고 크고 작은 차이는 있지만 그 본성은 같으며 진리의 성질이 또 순수하고 잡스러움이 없기 때문이다. 같은 본성의 지혜로써 순수하고 잡스러움이 없는 진리를 구하여 힘써 이 일에 종사하면, 어찌 길은 달라도 결론이 같지 않겠는가. 그러므로 처음에는 사람들마다 이론이 다르다 해도 반드시 서로 웃을 날이 있을 것이다.

[원문] 笛氏此論이 與圓覺經義로 節々相符라 笛氏之各々自有云々은 卽經之見解爲礙也오 對壘攻擊云々은 卽經之起諸幻以除幻者也오 完全之眞理云々은 卽經之卽得究竟也오 本性則相同云々은 卽經之衆生國土가 同一法性也오 殊塗同歸云々은 卽智慧愚癡가 通爲般若也라

---

64) 데카르트(Rene Descartes, 1596~1650) : 원문에는 笛卡兒. 현대 중국어로는 笛卡尔. 프랑스의 철학자, 수학자. '서양 근대철학의 아버지'로 유명하며, 합리주의 철학의 길을 열었다.

65) 프랑스의 학자 데카르트는 말했다 : 이 인용문의 원출처는 량치차오의 「근세문명 초조 베이컨·데카르트의 학설(近世文明初祖倍根笛卡兒之學說)」(1901)이다(梁啓超, 『飮氷室文集 下』, 學說, 上海廣智書局, 1905, 23~24쪽 참조).

[번역] 데카르트의 이런 이론은 『원각경(圓覺經)』의 내용과 서로 딱 들어맞는다. 데카르트가 "각각 자기 나름 믿는 진리가 있다."라고 한 말은 경전에서 "견해가 걸림이 된다."[66]라고 한 것이며, "상대를 공격한다."라고 한 말은 경전에서 "여러 미혹함(幻)을 일으켜 미혹함을 제거한다."[67]라고 한 것이다. "완전한 진리"라고 말한 것은 경전에서 "궁극의 진리를 얻는다."[68]라고 한 것이고, "본성은 같다."라고 말한 것은 경전에서 "중생과 국토가 동일한 법성(法性)[69]이다."라고 한 것이다. "길은 달라도 결론이 같다."라고 말한 것은 경전에서 "지혜와 어리석음이 통틀어 반야(般若)가 된다."[70]라고 한 것이다.

[원문] 夫性豈有二며 理豈有異리오 以無二之性으로 尋不異之理 則必握手於一處가 無可疑也라 夫四與四爲八은 不易之數也로대 全昧算學之童子則或爲七ᄒ며 或爲九ᄒᄂ니 七與九ᄂ 卽見解爲碍之幻者라 漸而至於除幻ᄒ면 天下之童子가 無一不以爲八矣리니 眞理者ᄂ 四與四爲八之類也라 疑笛卡兒前生에 多讀圓覺經者也로다

---

66) 견해가 걸림이 된다 : 이 구절의 원출처는 『원각경(圓覺經)』「청정혜보살장 (淸淨慧菩薩章)」(『大正藏』第17册, No.842, p.917a)이다.

67) 견해가 걸림이 된다 : 이 구절의 원출처는 『원각경(圓覺經)』「위덕자재보살장 (威德自在菩薩章)」(『大正藏』第17册, No.842, p.917c)이다.

68) 궁극의 진리를 얻는다 : 원문에는 卽得究竟也라. 이 구절과 일치하는 대목이 『화엄경』이나 『법화경』 등에는 보이는데, 『원각경(圓覺經)』에서는 보이지 않는다. 『원각경』에서 가장 비슷한 구절은 「위덕자재보살장(威德自在菩薩章)」 (『大正藏』第17册, No.842, p.917b)에 나오는 "一切障礙卽究竟覺"이다.

69) 중생과 국토가 동일한 법성(法性) : 이 구절의 원출처는 『원각경(圓覺經)』 「청정혜보살장(淸淨慧菩薩章)」(『大正藏』第17册, No.842, p.917b)이다. 법성 (法性)은 만유(萬有)의 본체. 변화하는 현상 속에서 변하지 않는 이법(理法) 등을 가리킨다.

70) 지혜와 어리석음이… : 이 구절의 원출처는 『원각경(圓覺經)』「청정혜보살장 (淸淨慧菩薩章)」(『大正藏』第17册, No.842, p.917b)이다.

[번역] 본성에 어찌 둘이 있으며 이치에 어찌 다름이 있겠는가. 둘이 없는 본성으로써 다름이 없는 이치를 탐구하면, 반드시 한 곳에서 손잡게 되는 것은 의심할 여지가 없다. 4+4=8은 변함없는 숫자인데, 산수를 전혀 모르는 어린이는 7이라거나 9라고 대답한다. 7과 9라는 대답은 견해가 걸림이 된 헛것(幻)이다. 그러나 점차 헛것을 제거하는 데 성공하면 온 세상의 어린 아이 중에 8이라고 하지 않을 아이는 하나도 없을 것이다. 진리라는 것은 4+4=8이 되는 것과 같다. 데카르트는 전생에 『원각경』을 많이 읽은 사람인 듯하다.

[원문] 其外柏拉圖之大同說과 盧梭之平等案과 陸象山王陽明之禪學이 皆符合佛旨ᄒ니 此ᄂ 東西哲學이 與佛敎相符者之大畧也라 余於西哲之書에 一無所讀ᄒ고 往々撫拾者ㅣ不過其片鱗殘爪之如曉星見於譯傳多手之別書而已라 惜乎其未見全豹也로다

[번역] 그 밖에 플라톤[71]의 대동설(大同說)·루소[72]의 평등론(平等論)·육상산(陸象山)과 왕양명(王陽明)의 선학(禪學)[73]이 모두 부처님의 뜻에 들어맞으니, 이상은 동서양 철학이 불교와 서로 들어맞는 것 중 약간의 사례다. 나는 서양 철학 서적을 하나도 읽은 적이 없고 이

---

71) 플라톤(Plato, B.C. 427~347) : 원문에는 柏拉圖. 현대 중국어도 같은 표기(柏拉图). 고대 그리스의 철학자. 소크라테스의 제자로 객관적 관념론을 주창했다.
72) 루소(Rousseau, Jean Jacques, 1712~1778) : 원문에는 盧梭. 현대 중국어도 같은 표기(卢梭). 프랑스 계몽사상가이자 철학자, 교육론자. 사회계약론을 주창해 프랑스혁명에 이론적 기초를 제공했다.
73) 선학(禪學) : 육상산(陸象山)이나 왕양명(王陽明)은 모두 선(禪)불교의 영향을 깊이 받아 주자학과 구별되는 나름의 학문 세계를 구축했기 때문에 주자학 측으로부터 "선학에 기운다."라는 의심과 비판을 받았다.

따금 주위 모은 것은 샛별처럼 많은 사람의 손으로 번역된 여러 책[74]에서 전하는 편린에 불과한 것들을 보았을 따름이다. 그 전모를 보지 못한 것이 못내 안타깝다.

[원문] 雖然이ᄂ 哲學之爲金科玉律於東西古今者ㅣ亦爲佛經之注脚이 無俟言也라 何以故오 以上所引之數子者ㅣ皆於哲學界에 以無厚로 入有間ᄒ야 恢恢乎有餘地者也니 其爲眞哲學家를 可知라 苟理之異也어니와 不異則此之眞哲學이 與他之哲學으로 不爽毫末이오 苟理之變也어니와 不變則今之眞哲學이 與古之眞哲學으로 不爽毫末ᄒ리니 旣知數子之學理가 密契佛印則非數子而亦數子者ㅣ安知不學理之亦契佛印也리오 非欲强持他事ᄒ야 苟同理也라 同一佛性이며 同一眞理故로 殊道同歸오 萬波一宗이니 佛教者ᄂ 天理之大國也라

[번역] 그러나 동서고금의 철학에서 금과옥조(金科玉條)로 삼아온 내용도 사실 불경의 각주에 불과한 점은 말할 나위도 없을 것이다. 어째서인가. 앞에서 인용한 몇몇 사람들은 모두 철학계에서 훌륭한 성과[75]를 이루어 참된 철학자가 된 것을 알 수 있기 때문이다. 만약

---

74) 여러 책 : 원문에는 別書. 책의 일부분을 뽑아 따로 단행본으로 엮은 것으로 별행서(別行書)라고도 한다. 번역서를 예로 들면 온전한 완역이 아니라 일종의 발췌 번역, 혹은 요약본이다.

75) 훌륭한 성과 : 원문에는 以無厚로 入有間하여 恢恢乎有餘地者也. 이 구절의 원출처는 『장자(莊子)』「양생주(養生主)」 편으로, "지금 저의 칼은 19년이 되었고, 잡은 소가 수 천 마리입니다. 그런데도 칼날은 마치 새로 숫돌에서 갈아낸 것과 같습니다. 저 마디라는 것에는 틈새가 있고 칼날이라는 것에는 두께가 없습니다. 두께 없는 것을 틈새 있는 곳에 넣으면, 널찍이 그 칼날을 놀리는 데에 반드시 남는 공간이 있습니다."(今臣之刀, 十九年矣. 所解數千牛矣, 而刀刃若新發於硎, 彼節者有間, 而刀刃者無厚, 以無厚入有間, 恢恢乎, 其於

진리가 다르다면 모르지만 다르지 않다면 이 참된 철학이 다른 참된 철학과 털끝만치도 어긋남이 없을 것이고, 진리가 변한다면 모르지만 변하지 않는다면 오늘날의 참된 철학이 옛날의 참된 철학과 털끝만치도 다르지 않을 것이다. 이미 앞에서 몇몇 철학자의 학설이 부처님의 법과 일치함을 알았는데, 그 몇 사람 아닌 다른 몇몇 사람들이라고 그 학설이 부처님의 법과 일치하지 않으리라 어찌 알겠는가. 다른 학설을 억지로 가져다 구차하게 같은 진리라고 하려는 것이 아니다. 사람마다 지닌 불성(佛性)이 같고 진리가 같기 때문에 길은 달라도 같은 결론에 이르고 만 갈래가 하나의 근원이 되니 불교는 철학적 진리(哲理)의 큰 나라라 하겠다.

[원문] 夫衆生界가 無盡故로 宗敎界가 無盡이오 哲學界가 無盡이니 但文明之程度가 日進則宗敎與哲學이 漸趨於高尙之域而謬見與迷信을 又安能復睹也리오 夫宗敎而哲學之佛敎는 將來道德文明之原料品也니라

[번역] 중생계가 끝이 없기 때문에 종교계가 끝이 없고 철학계도 끝이 없는 것이니, 다만 문명의 정도가 날로 진보하면 종교와 철학이 점차 높은 차원으로 발전하게 될 것이며, 그때에는 그릇된 철학적 견해나 미신 같은 것이 어찌 다시 눈에 띄겠는가. 종교이면서 철학인 불교는 미래에 도덕·문명의 원료 구실을 할 것이다.

遊刀, 必有餘地矣.)라는 부분에서 인용한 것이다. 도를 닦는 것을 솜씨 좋은 칼잡이가 칼날을 상하지 않고 일을 마치는 것에 비유한 내용이다.

4. 불교의 주의(主義)를 논함(論佛敎之主義)

[원문] 天下에 無無主義之事ᄒ니 苟事而主義不立ᄒ면 紛妄虛逸ᄒ
야 雖成人之智라도 不能治事而奏效也라 主義一定이면 其趣向之易
見이 已如輿薪ᄒ야 前道吉凶成敗를 槩定於坐上이니 論事者ㅣ當先
知其主義而舞惑焉이라

[번역] 세상에 주의(主義)가 없는 일이란 없으니, 만약 어떤 일에 주
의가 서 있지 않으면 어지럽고 허망하며 제멋대로 행동해서 성인의
시혜라도 일을 효과석으로 처리할 수 없다. 수의가 일단 정해지면 추
세를 파악하기 쉬운 것이 마치 수레에 실은 장작을 보는 것처럼 명백
하여 앞날의 길흉·화복을 대개 자리에 앉아서 짐작하게 될 것이다.
그러므로 일을 논하는 사람은 먼저 그 주의를 알아야 헤매는 일이 없
을 것이다.

[원문] 若佛敎之主義ᄂ 大分有二ᄒ니 一曰平等主義오 二曰救世
主義라 平等主義ᄂ 不平等之反對也라 古今天下에 不平等者를 何
其多見而平等者를 不數見也오 同一賢人也로대 顏淵은 夭而仲由ᄂ
刑ᄒ고 同一美人也로대 妲己ᄂ 妖而貂蟬은 忠ᄒ고 同一英雄也로대
華盛頓은 成而拿破侖은 竄ᄒ고 同一萬物也로대 若者生ᄒ며 若者死
ᄒ며 若者强ᄒ며 若者弱ᄒ야 不平等이 與不平等으로 相緣ᄒ야 生

出無數不平等ᄒᆞ니 每一念及於不平等之故에 未嘗不心悄悄其淚漣々
也로다

[번역] 불교의 주의는 크게 나누면 두 가지인데, 첫째는 평등주의
(平等主義)요, 둘째는 구세주의(救世主義)다. 평등주의는 불평등의 반
대다. 예전이나 지금이나 세상에 불평등한 사례는 어찌 그리도 많이
눈에 띄고, 평등한 사례는 적게 보이는가. 같은 현인(賢人)인데도 안연
(顔淵)[76]은 요절하고 중유(仲由)[77]는 형벌을 받았으며, 같은 미인인데
도 달기(妲己)[78]는 요사스러웠고 초선(貂蟬)[79]은 충직했으며, 같은 영
웅인데도 워싱턴[80]은 성공하고 나폴레옹[81]은 귀양살이를 했다. 그리
고 같은 만물이지만 어떤 것은 태어나고 어떤 것은 죽기도 하며, 어떤
것은 강한 반면 어떤 것은 약하여 불평등이 다른 불평등과 서로 얽

76) 안연(顔淵) : 공자의 수제자 안회(顔回).
77) 중유(仲由) : 공자의 제자. 자(字)는 자로(子路).
78) 달기(妲己) : 은(殷)의 주왕(紂王)의 비(妃). 전해지는 이야기에 따르면 주왕
   은 학정(虐政)을 간(諫)하는 현신(賢臣)의 말은 듣지 않고 달기만을 총애했
   다고 한다. 주왕과 달기는 자신을 반대하는 이들에게 잔인한 형벌을 가하여
   구리 기둥에 기름을 발라 숯불 위에 걸쳐 놓고 죄인으로 하여금 그 위를 걷게
   하여 미끄러져서 타 죽게 하는 포락(炮烙)의 형을 구경하면서 웃고 즐기거나
   돈분(躉盆)이란 형을 만들어 죄수들을 구덩이에 독사와 전갈을 집어넣고 그
   들이 괴로워하는 것을 즐겼다고 한다. 또 연못을 술로 채우고 고기를 숲처럼
   매달아 놓고 즐기던 주왕과 달기의 방탕하고 사치스러운 유흥행위에서 '주지
   육림(酒池肉林)'이란 말도 나왔다고 전해진다.
79) 초선(貂蟬) : 후한(後漢) 사람. 왕윤(王允)의 양녀로 왕윤의 부탁을 받고 동
   탁(董卓)에게 시집가 그를 죽이려 했다. 나관중(羅貫中), 『삼국지연의(三國志
   演義)』참조.
80) 워싱턴(George Washington, 1732~1799) : 원문에는 華盛頓. 현대 중국어
   로는 华盛顿.
81) 나폴레옹(Napoleon Bonaparte, 1769~1821) : 원문에는 拿破侖. 현대 중국
   어도 같은 표기(拿破仑). 프랑스의 군인. 제1통령으로 제1제정을 건설하고 유
   럽의 여러 지역을 침략해 세력을 확대했으나 러시아 원정 실패와 워털루 전투
   패배 등으로 유배되었다.

혀 수없이 많은 불평등을 자아내니 늘 불평등의 원인에 생각이 미칠
때마다 마음에 근심이 생겨 눈물 흘리지 않은 적이 없다.

[원문] 然則平等之道奈何오 齊壽, 夭, 善, 惡, 成, 敗, 强, 弱, 等而
爲一歟아 曰惟々否々라 如是如是ᄒ니 若以不平等者로 觀之則無非
不平等也오 若以平等者로 觀之則無非平等也오 不平等者는 何오
事物現象이 被制限於所謂不得不然之公例者ㅣ是也오 平等者는 何
오 超空越劫ᄒ야 無所繫屬之自由眞理是也라

[번역] 그러면 평등의 도리란 어떤 것인가. 장수(長壽)·요절(夭折)·
선(善)·악(惡)·성(成)·패(敗)·강(强)·약(弱) 등을 똑같이 하나로 만
드는 것인가. 그렇다면 그렇고, 그렇지 않기도 하다. 이와 같으니 만약
불평등하게 본다면 불평등하지 않은 것이 없고, 평등하게 본다면 평
등하지 않은 것이 없다. 그러면 불평등이란 무엇인가. 사물 현상이 이
른바 필연의 법칙에 의해 제한을 받는 것이다. 평등이란 무엇인가. 공
간과 시간을 초월하여 얽매임이 없는 자유로운 진리다.

[원문] 果爾々則顔淵仲由之夭刑과 妲己貂蟬之妖忠과 華盛頓拿破
侖之成敗와 萬物之生, 死, 强, 弱, 等이 但其現象之被制限者而已라
若夫超空越劫之眞理則初未嘗夭, 刑, 妖, 忠, 成, 敗, 生, 死, 强, 弱,
也라 蘇子瞻이 曰自其變者而觀之則天之도 曾不能而一瞬이오 自其
不變者而觀之則物與我ㅣ皆無盡藏也라ᄒ니 此於現象眞理之故에
見之已瑩者矣라 所謂平等者는 眞理也오 非現象也니라

[번역] 과연 그렇다면 안연(顔淵)·중유(仲由)가 요절하고 형벌을

받은 것, 달기(姐己)·초선(貂蟬)이 요사스럽고 충직한 것, 워싱턴·나폴레옹이 성공하고 실패한 것, 만물의 태어남·죽음·강함·약함 등은 다만 현상이 필연의 법칙에 의해 제한받은 것일 뿐이다. 만약 공간·시간을 초월한 진리라면 처음부터 요절·형벌·요사스러움·충직함·성공·실패·태어남·죽음·강함·약함 등에 얽매인 적이 없을 것이다. 소자첨(蘇子瞻)[82]은 "스스로 변한다는 점에서 보면 천지도 한 순간이나마 있을 수 없고, 변치 않는다는 점에서 보면 사물과 내가 다 무진장(無盡藏)함을 알게 된다."라고 말했다. 이것은 현상과 진리의 원인을 밝게 본 것이라 하겠다. 이른바 평등이란 진리이지, 현상이 아니다.

[원문] 我佛世尊이 憫夫衆生之迷於不平等之假相而不能解脫故로 乃擧其平等之眞理而示之ᄒᆞ시니 經에 曰了知身心이 畢竟平等ᄒᆞ야 與諸衆生으로 同體無異라ᄒᆞ시고 又曰有性無性이 齊成佛道라ᄒᆞ시니 於平等之理에 深切普博ᄒᆞ야 無所不透라 何其異於不平等者ㅣ 若是其極也오

[번역] 우리 부처님께서는 중생들이 불평등한 거짓된 현상에 헤매어 해탈하지 못함을 불쌍히 여기셨기 때문에 평등한 진리를 들어 보이셨던 것이니, 『원각경』에 "몸과 마음이 끝내 평등하여 중생과 한 몸이라 차이가 없는 것을 깨달아 알라."[83]라고 하셨고, 또 "유성(有性)[84]

---

82) 소자첨(蘇子瞻) : 송대(宋代)의 학자로 이름은 식(軾), 자(字)는 자첨(子瞻), 호는 동파(東坡). 당송팔대가(唐宋八大家)의 한 사람이며 '소동파'라는 이름으로 더 유명하며, 여기 인용된 글의 원출처는 「적벽부(赤壁賦)」다.
83) 몸과 마음이 끝내 평등하여… : 이 구절의 원출처는 『원각경(圓覺經)』「보각보살장(普覺菩薩章)」이다.
84) 유성(有性) : 불성(佛性)이 있는 것.

·무성(無性)⁸⁵⁾이 같이 불도(佛道)를 이룬다."⁸⁶⁾라고 하셨다. 그 말씀이 평등의 도리에 깊고도 절실하며 넓고 넓어서 일체를 꿰뚫지 않은 바가 없다. 어찌 불평등과 다른 점이 이처럼 지극한가.

[원문] 近世自由主義와 世界主義가 實平等眞理之子孫也라 自由之公例에 曰自由者는 以不侵人之自由로 爲界限이라ᄒᆞ니 人人이 各保自由ᄒᆞ야 物侵他之自由면 我之自由가 與人之自由로 同ᄒᆞ고 彼之自由가 與此之自由로 同ᄒᆞ야 自由ㅣ皆成水平線之勢ᄒᆞ야 毫無差異ᄒᆞ면 平等이 孰過리오 且世界主義者는 勿論自國他國此洲彼洲此種彼種ᄒᆞ고 同爲一家ᄒᆞ고 同爲兄弟ᄒᆞ야 無相競爭ᄒᆞ며 無相侵奪ᄒᆞ야 治世界를 如治一家之謂也니 若是則平等乎아 否乎아

[번역] 근세의 자유주의(自由主義)와 세계주의(世界主義)는 사실 평등한 진리의 자손이다. 자유의 법칙에서 말하기를 "자유란 남의 자유를 침범하지 않는 것으로 한계를 삼는다."⁸⁷⁾라고 하니, 사람들이 각

---

85) 무성(無性) : 불성(佛性)이 없는 것.
86) 유성(有性)·무성(無性)이 같이 불도(佛道)를 이룬다 : 이 구절의 원출처는 『원각경(圓覺經)』 「청정혜보살장(淸淨慧菩薩章)」이다.
87) 자유란 남의 자유를 침범하지 않는 것으로… : 이 구절의 원출처는 량치차오의 「10가지 덕성(德性)의 상반(相反)과 상성(相成)에 대한 정의(十種德性相反相成義)」(1900) 가운데 〈2. 자유와 제재(自由與制裁)〉다(梁啓超, 『飮氷室文集 上』, 通論, 上海廣智書局, 1905, 196쪽 참조).
　조명제 번역본에서는 이 대목의 각주(조명제 옮김, 『조선불교유신론』, 지식을만드는지식, 2014, 27~28쪽)에서 "이 구절은 ≪음빙실문집≫ 상, 〈논자유(論自由)〉, 통론, 104쪽에서 그대로 옮긴 것이다"라고 설명하는데, 이 출처 표기는 오류이다. 만해의 인용문과 량치차오의 원문을 대조해 보면 그대로 옮긴 것이 아님을 알 수 있다. 만해의 인용문은 "自由之公例에 曰自由者는 以不侵人之自由로 爲界限이라ᄒᆞ니"인데, 량치차오의 〈논자유〉 해당 부분 원문은 "自由之說曰, 人人自由, 而以不侵人之自由爲界."라고 되어 있다. 의미가 비슷하기는 하지만, 구절이 정확히 일치하지 않는다.

자 자유를 지니고 남의 자유를 침범하지 않는다면, 나의 자유가 다른 사람의 자유와 같고 저 사람의 자유가 이 사람의 자유와 같아서 각자의 자유가 모두 수평선을 이루듯 털끝만치도 차이가 없으면 이보다 더한 평등이 어디 있겠는가. 또 세계주의는 자국과 타국·이 주(洲)와 저 주·이 인종과 저 인종을 막론하고 똑같이 한 집안 형제로 여겨 서로 경쟁하지 없고 침탈하지 않아 세계 다스리는 일을 한 집안 다스리는 듯 하는 것을 말하니, 이와 같다면 평등인가 아닌가.

[원문] 此等議論이 在今日에 縱歸坐上公談이ᄂ 此後文明之程度가 至於極端則將行之於天下ㅣ無待言也라 何也오 有其因者ㅣ有其果ᄒ고 有其眞理者ㅣ有其事ᄒ야 影隨響應ᄒᄂ니 眞理之來에 雖欲拒之ᄂ 扛鼎之手와 開山之砲로도 己不勝任이라 果爾則今後之世界ᄂ 名之曰佛敎世界니라 以何因緣으로 名佛敎世界오 曰平等故며 自由故며 世界大同故로 是故로 名佛敎世界니라 佛之平等이 豈止此而已리오 阿僧祇恒河沙之華藏世界와 如是世界中——物——事를 無一遺漏ᄒ고 皆成平等也니라

[번역] 이러한 논의가 오늘날에는 비록 현실성 없는 탁상공론으로 돌아간다 해도, 이후 문명의 정도가 차츰 발달해 지극함에 이르면 앞으로 세상에 시행될 것임은 더 말할 나위가 없다. 어째서인가. 원인이 있으면 결과가 있고 이치가 있으면 현상이 있어 사물에 그림자가 따르고 소리에 울림이 호응하는 것과 같기 때문이다. 따라서 진리가 오

반면, 「10가지 덕성(德性)의 상반(相反)과 상성(相成)에 대한 정의」의 해당 부분 원문은 "自由之公例曰, 人人自由, 而以不侵人之自由爲界."라고 되어 있다.

는 것을 막으려 해도 솥을 들어 올리는 힘과 산을 쪼개는 대포로도 감당할 수 없을 것이다. 그렇다면 앞으로의 세계는 불교의 세계라고 할 수 있다. 무슨 이유로 불교의 세계라고 하는 것인가. 불교는 평등, 자유, 세계대동(世界大同)을 지향하기 때문이다. 부처님의 평등이 어찌 여기에 그칠 뿐이겠는가. 아승기(阿僧祇)[88] 항하사(恒河沙)[89]처럼 헤아릴 수 없이 많은 화장세계(華藏世界)[90]와 이와 같은 세계 속에 있는 낱낱의 사물·낱낱의 일을 하나도 빠뜨림이 없이 모두 평등하게 이루신다.

[원문] 救世主義者는 何오 獨利主義之反對也라 人之談佛敎者ㅣ多 以謂佛敎者는 獨善其身之敎라ᄒᆞᄂᆞ니 是未足而知佛敎者矣로다 獨 善其身者는 與佛敎로 正成反比例者也라 華嚴經에 曰我當普爲一切 衆生ᄒᆞ야 於一切世界와 一切惡趣中에 盡未來際토록 受一切苦라ᄒᆞ 시고 又曰我當於彼地獄畜生閻羅王等處에 以身爲質ᄒᆞ야 救贖一切 惡趣衆生ᄒᆞ야 令得解脫이라ᄒᆞ시며 其外千言萬偈가 不出於度生ᄒᆞ니 是果獨善其身乎아 嗚呼라 佛其至矣라 衆生이 何以報恩가

[번역] 구세주의(救世主義)란 무엇인가. 이기주의(利己主義)의 반대 말이다. 사람들이 불교를 말할 때 대다수는 '불교는 자기 한 몸만을 위하는 종교'라고 하는데, 이것은 불교를 잘 알지 못한 것이다. 왜냐

---

88) 아승기(阿僧祇) : 범어 'Asamkhya'의 음역(音譯)으로 끝을 헤아릴 수 없이 많은 숫자(무량수)를 뜻한다.
89) 항하사(恒河沙) : 갠지스 강(恒河)의 모래라는 뜻으로 무수히 많은 수량을 비유적으로 이르는 말이다.
90) 화장세계(華藏世界) : 석가모니의 진신(眞身)인 비로자나불(毘盧遮那佛)의 세계를 뜻하며, 연화장세계(蓮花藏世界)라고도 한다.

하면 자기 한 몸만을 위하는 것은 불교와 완전히 반대되기 때문이다. 『화엄경(華嚴經)』에서 이르기를 "나는 마땅히 널리 일체 중생을 위하여, 일체 세계와 일체 악취(惡趣)[91] 속에서 영원토록 일체의 고통을 받으리라."[92]라고 하시고, 또 이르기를 "나는 마땅히 저 지옥(地獄)·축생(畜生)·염라왕(閻羅王) 등의 처소에 이 몸을 인질(人質)로 삼아 모든 악취의 중생을 구제하고 속죄하여 해탈을 얻게 하리라."[93]라고 하셨다. 그 밖의 모든 말씀과 모든 게(偈)[94]가 중생구제의 뜻에서 벗어남이 없었으니 이것이 과연 한 몸만을 위하는 길이겠는가. 부처님의 지극하신 뜻! 우리 중생들은 무엇으로 은혜를 갚을 것인가.

[원문] 夫堯以不得舜으로 爲憂ᄒ시고 舜以不得禹로 爲憂ᄒ시고 禹ㅣ治水於外에 三過其門而不入ᄒ시고 孔子ᄂᆞᆫ 厄於陳蔡ᄒ시고 耶蘇ᄂᆞᆫ 刑于街上ᄒ시니 皆出於救世之至也라 安有不救世而享千秋之馨香者乎아

[번역] 중국의 요(堯) 임금은 순(舜) 같은 어진 이를 얻지 못해 근심했고, 순 임금은 우(禹) 같은 어진 이를 못 얻는 것으로 근심했으며, 우 임금은 밖에 나가 홍수를 다스릴 때 세 번이나 대문 앞을 지나면서도 집안에 들어가지 않았고, 공자(孔子)는 진(陳)·채(蔡)[95]의 접경에서 고

---

91) 악취(惡趣) : 악한 짓이 원인이 되어 태어난다고 하는 고통을 받는 악한 곳. 곧 삼악취(三惡趣)로 지옥(地獄)·아귀(餓鬼)·축생(畜生).
92) 나는 마땅히 널리… 일체의 고통을 받으리라 : 이 구절의 원출처는 『화엄경(華嚴經)』「십회향품(十廻向品)」(『大正藏』第10册, No.279, p.125b)이다.
93) 나는 마땅히 저… 해탈을 얻게 하리라 : 이 구절의 원출처는 『화엄경(華嚴經)』「십회향품(十廻向品)」(『大正藏』第10册, No.279, p.125b)이다.
94) 게(偈) : 송(頌)이라고도 하며, 부처님의 설법을 요약하여 운문(韻文)형식으로 서술한 것.

난을 겪으셨고, 예수는 십자가 위에서 사형을 당했으니, 이는 모두 세상을 건지려는 지극한 마음에서 나온 일들이다. 어찌 세상을 구제하지 않고 오랜 세월 아름다운 향기를 드리우는 이가 있겠는가.

[원문] 雖然이ᄂ 其願力之大多와 慈悲之博深이 莫若佛敎라 苟論獨善其身之罪면 巢父, 許由, 長沮, 桀溺, 荷蓧丈人, 楊朱之徒及學仙者流가 當坐此律이라 若世尊則實獨一無二之救世主也니라

[번역] 그러나 원력(願力)의 크고 많음과 자비의 넓고 깊음에서 불교만한 것은 없다. 만약 자기 한 몸만을 위하는 죄를 논한다면 소부(巢父)[96]·허유(許由)[97]·장저(長沮)·걸익(桀溺)·하조장인(荷蓧丈人)[98]·양주(楊朱)[99] 같은 은자(隱者)들과 선도(仙道)를 배우는 무리들이 이 죄에 해당될 것이다. 부처님은 참으로 오직 하나, 둘도 없는 구세주이시다.

---

95) 진(陳)·채(蔡) : 공자는 진·채의 국경에서 오해로 인해 군대에 포위되어 고난을 겪은 일이 있다. 『논어(論語)』「위령공(衛靈公)」편 참조.
96) 소부(巢父) : 중국고대 전설상의 성군 요(堯)시대에 살았다는 은자(隱者). 요 임금이 같은 시기에 허유(許由)라는 은자에게 보위를 물려주려 하자 '귀가 더럽혀졌다'고 영천(潁川)에서 귀를 씻은 후 기산(箕山)으로 들어가서 숨어버렸는데, 소부는 허유가 귀를 씻은 영천의 물이 더럽혀졌다 하여 소에게 마시지 못하게 하였다는 고사가 있다.
97) 허유(許由) : 전설상의 은자. 그는 기산(箕山)에 살면서 요(堯) 임금이 천하를 양보하고자 했으나 거절했다는 고사가 있다.
98) 장저(長沮)·걸익(桀溺)·하조장인(荷蓧丈人) : 『논어(論語)』「미자(微子)」편에 나오는 은자.
99) 양주(楊朱) : 주말(周末)의 학자로 이기설(利己說)을 주장했다. 『맹자(孟子)』, 『장자(莊子)』, 『한비자(韓非子)』 등에 언급되어 있다.

5. 불교의 유신은 먼저 파괴부터 해야 함을 논함(論佛敎之維新宜先破壞)

[원문] 維新者는 何오 破壞之子也오 破壞者는 何오 維新之母也라 天下에 無々母之子則類能言之로대 無々破壞之維新則莫或知之호느니 何其於比例之學에 推知未遠也오 夫破壞也者는 非毁撤而滅絕之謂也라 但革其舊習之不合於時者호야 使之向新而已라

[번역] 유신(維新)이란 무엇인가, 파괴의 자손이다. 파괴란 무엇인가, 유신의 어머니다.[100] 세상에 어머니 없는 자식이 없다는 것은 대개 말할 줄 알지만, 파괴 없는 유신이 없다는 것은 아는 사람이 전혀 없다. 어쩌면 그리도 비례(比例)의 학문에서 미루어 아는 것이 멀지 못한가.[101] 파괴라는 것은 모두 무너뜨려 없애 버리는 것을 뜻하지는 않는다. 다만 구습(舊習) 중에 시대에 맞지 않는 것을 고쳐서, 이를 새로운 방향으로 나아가게 한다는 것뿐이다.

---

100) 유신과 파괴의 논리 : 이 대목도 량치차오의 영향을 받은 점이 눈에 띤다. 량치차오의 대표적인 글 「신민설(新民說)」(1902)에서는 일본의 메이지 유신(明治維新)을 예로 들며 유신(維新)에 대해 언급하는가 하면, 제11절 〈논진보(論進步)〉에서는 '파괴'의 의의를 집중적으로 논하고 있다.

101) 비례(比例)의 학문에서… : 이 대목은 기존 번역본에서 제각기 다르게 옮기고 있어 예를 들어 둔다.
이원섭 번역본 : "어찌 비례(比例)의 학문에 있어서 추리(推理)해 이해함이 이리도 멀지 못한 것일까"
정해렴 편역본 : "비례(比例)의 학문을 가지고 추리(推理)해 보면, 금방 알 수 있는데도 말이다."
조명제 번역본 : "어찌 비교의 학문에서 추측해 이해하는 것이 이렇게도 멀어지는 것일까?"

[원문] 名雖破壞ㄴ 實非破壞라 愈善維新者ㄴ 愈善破壞ㅎㄴ니 破壞緩者ㄴ 維新이 緩ㅎ고 破壞速者ㄴ 維新이 速ㅎ고 破壞小者ㄴ 維新이 小ㅎ고 破壞大者ㄴ 維新이 大ㅎㄴ니 維新之程度ㄴ 當以破壞도 爲比例差라 維新之最先着手者曰破壞是也니라

[번역] 이름은 파괴지만 사실은 파괴가 아니다. 유신을 더 잘 하는 사람이 파괴도 더 잘한다. 파괴가 느린 사람은 유신도 느리고, 파괴가 빠른 사람은 유신도 빠르며, 파괴가 작은 사람은 유신도 작고, 파괴가 큰 사람은 유신도 큰 것이니, 유신의 정도는 파괴의 정도와 정비례한다. 유신에서 가장 먼저 손대야 하는 것은 파괴다.

[원문] 今有人焉ㅎ야 方病大瘇ㅎ야 治於羣醫에 待其自隤自瘳ㅎ야 杳不加手者ㄴ 不知醫之道也라 姑置之ㅎ고 略加於鍼灸ㅎ야 外合其皮ㅎ고 不除其源ㅎ야 務求姑息者ㄴ 醫之庸者也니 安知不醫之數日에 其殘血餘毒이 已隤亂彌浮於皮之內ㅎ야 病人之苦痛이 愈甚於未醫之前而死期將至哉아

[번역] 지금 어떤 사람이 큰 종기를 앓아 여러 의사에게 보여 치료하는데, 그 종기가 저절로 터져서 병이 스스로 낫기를 기다릴 뿐 손쓸 줄 모르는 사람은 의사로서의 도리를 모르는 것이니 논외로 둔다. 대략 침(鍼)과 뜸(灸)을 시술해 겉으로 피부만 아물게 하고 병의 근원을 제거하지 않아서, 일시적인 효과만 기대하는 것은 용렬한 의사다. 의사가 없는 며칠 사이에 종기에 남은 피와 독이 피부 안에서 곪아 터지고 떠다녀 환자의 고통이 치료받기 전보다 더 심하고 죽을 때가 다가오는 것을 어찌 알겠는가.

[원문] 若夫國醫則不然ᄒᆞ야 割其贅肉ᄒᆞ고 澄其凝血ᄒᆞ야 除其毒 拔其根而後에 按症投劑ᄒᆞ야 漸成完合ᄒᆞ야 使病人으로 宛如未始有 腫者ᄒᆞᄂᆞ니 彼庸醫者ㅣ若一寓目於割肉澄血ᄒᆞ야 若無所顧恤之時ᄒᆞ 면 則不奇驚殊怪ᄒᆞ야 以謂將殺人者ㅣ無幾義리라 雖然이ᄂᆞ 較於完 治之後則孰得孰失과 孰優孰劣을 智愚共辨也니라

[번역] 만약 명의(名醫)라면 그렇지가 않으니, 군살을 째고 엉긴 피 를 짜내 독을 제거하고 병의 뿌리를 뽑은 다음, 증세에 따라 약을 주 어서 점차 완전히 아물게 하여, 환자가 애초에 종기가 생기지 않았던 것처럼 만든다. 용렬한 의사는 만약 명의가 살을 째고 피를 짜내 마 치 동정심도 없는 듯한 모습을 잠깐이라도 보면 크게 놀라고 괴상하 게 여겨, 사람을 죽이게 될 터라 가망이 없다고 말할 것이다. 그러나 완치된 후에 비교해 보면 누가 성공하고 누가 실패했는지, 누가 우수 하고 누가 용렬한지를 지혜로운 자나 어리석은 자나 똑같이 판단할 수 있을 것이다.

[원문] 夫破壞者ᄂᆞ 割肉澄血之類也니 維新者之合先破壞가 若醫 者之惟割澄是先이니 能言維新而不欲破壞者ᄂᆞ 適越而北其軔也라 未有能者也니 僧侶之守舊派ㅣ可以知矣라

[번역] 파괴는 살을 째고 피를 짜내는 일과 같으니, 유신하려는 자 가 파괴를 먼저 하는 것은 의사가 먼저 살을 째고 피를 짜내는 것과 같다. 유신을 말하면서 파괴하려 하지 않는 것은 남쪽으로 가려고 하 면서 수레를 북쪽으로 모는 것과 같아 유신을 할 수 없으니, 수구파 (守舊派) 승려들이 유신할 수 없으리란 점을 짐작할 수 있을 것이다.

[원문] 夫誰不欲事之愈久無弊也리오만은 歲月이 轉深ᄒ면 無從
之弊가 生於不期之地ᄒ야 駸駸然非復前日之顔色이라 朝鮮之有佛敎
가 千五百餘載라 積久生弊에 弊復生弊ᄒ야 至于今日에 弊乃極矣라
所謂弊者ᄂ 實破壞之資料라 有此破壞之資料而務求皮相之改良이
면 無有是處니 凡有志於佛敎維新者ᄂ 不患不維新이오 患不破壞니
라

[번역] 누군들 일이 오래 유지되면서도 폐단이 없기를 바라지 않겠
는가. 그러나 세월이 오래 지나면 어디서 오는지 모를 폐단이 뜻하지
않은 곳에서 생겨 급속도로 퍼지고 예전의 면모를 회복하지 못한다.
조선에 불교가 들어온 지도 1,500여 년이라 오랜 시일을 거치며 폐단
이 생기고 폐단이 다시 폐단을 낳아 오늘날에 이르러서는 폐단이 더
할 수 없는 지경에 이르렀다. 이른바 폐단이란 사실 파괴해야 할 재
료일 뿐인데 이 파괴해야 할 재료를 지닌 채 피상적인 개량을 추구한
다면 옳지 못한 일이니, 불교유신에 뜻을 지닌 사람은 유신하지 못할
것을 걱정 말고, 파괴하지 못할 것을 걱정할 일이다.

6. 승려의 교육을 논함(論僧侶之敎育)

[원문] 敎育多者는 文明聲학고 敎育少者는 文明衰학니니 敎育無者는 野蠻禽獸之道也라 古者에 設庠序學校학야 而敎人者는 欲人之不野蠻禽獸也라 孟子ㅣ日逸居而無爲면 則近於禽獸라학니 人欲自擇인대 必自敎育始라

[번역] 교육이 많으면 문명이 발전하고, 교육이 적으면 문명은 쇠퇴하는 것이니 교육이 없으면 야만·금수(禽獸)가 된다. 옛날에 상(庠)[102]·서(序)[103]·학교를 설치하여 사람을 가르친 것은 사람을 야만·금수로 만들지 않으려는 뜻이었다. 맹자(孟子)는 "편히 살면서 하는 일이 없으면 금수에 가까워진다."[104]라고 했으니, 사람이 스스로 선택하려고 하면 반드시 교육에서부터 시작해야 한다.

[원문] 夫文明은 生於敎育학니니 敎育者는 文明之花오 文明者는 敎育之果라 文明은 似寒暑針학고 敎育은 似氣候학니 隨氣候之程度

---

102) 상(庠) : 주(周) 나라에 설치된 교육기관. 『맹자(孟子)』 「등문공장구 상(滕文公章句 上)」편에 나오는 구절 참조. 『예기(禮記)』 「학기(學記)」편에는 "500집 단위의 지역범위(黨)에 상(庠)이 있고"(黨有庠)라는 구절이 있다.
103) 서(序) : 은(殷) 나라에 설치된 교육기관. 『맹자(孟子)』 「등문공장구 상(滕文公章句 上)」편에 나오는 구절 참조. 『예기(禮記)』 「학기(學記)」편에는 "12,500집 단위의 지역범위(術)에 서(序)가 있고"(術有序)라는 구절이 있다.
104) 편히 살면서… 금수에 가까워진다 : 이 구절의 원출처는 『맹자(孟子)』 「등문공장구 상(滕文公章句 上)」편이다.

而升降者는 寒暑針也오 隨敎育之程度而盛衰者는 文明也니 由是로 知學之可貴而不可失也라 夫人生世間ᄒ야 衣食夢覺之外에 別有目的者ㅣ存焉ᄒ니 目的者는 何오 吾人義務之彼岸이 是也라 到達目的이 自有方法ᄒ야 不可顚倒狼狽也니 欲知方法인대 學盖其要也라 飯泉規矩三이 曰旣立志欲達此目的矣ᆫ대 則所以達之者는 自不得不資於學이라ᄒ니 此其義也니라

[번역] 문명은 교육에서 나오니, 교육은 문명의 꽃이요 문명은 교육의 열매다. 다시 비유하면 문명은 온도계와 비슷하고, 교육은 기후와 비슷하니, 기후의 정도에 따라 오르고 내리는 것이 온도계의 바늘이요, 교육의 정도에 따라 발달하거나 쇠퇴하는 것이 문명이다. 그러므로 배움의 귀중함을 알고 배움을 잃어버려서는 안 된다. 사람은 이 세상에 태어나 입고 먹고 자고 깨고 하는 것 외에 따로 삶의 목적이 있다. 그 목적이란 무엇인가. 우리들의 의무인 피안(彼岸)이 그것이다. 목적에 도달하는 데는 스스로 방법을 갖고 실패가 있어서는 안 되니, 그 방법을 알려면 요령을 배워야 한다. 이이즈미 기쿠조(飯泉規矩三)[105]가 말하기를 "뜻을 세워 목적을 달성하려 한다면, 달성하는 방

---

105) 이이즈미 기쿠조(飯泉規矩三, 1865~1933) : 1865년 도쿄(東京) 출생으로 지역의 중학교 졸업 후 의학(醫學)에 뜻을 두어 미토(水戸)로 유학한다. 그러나 얼마 되지 않아 고향으로 돌아와 한학(漢學)을 공부하기 시작했는데 가세가 기울었다. 결혼 후 1893년 체신성(遞信省)에 근무하며 문필의 능력을 살려,『동경일일신문(東京日々新聞)』에 기자로 입사해 정치란을 담당했다. 그 틈틈이 독학하며 1895년 당시 일본의 저명한 출판사 하쿠분칸(博文館)에서 『학술자수법(學術自修法)』을 출간했는데, 이 책은 판을 거듭하며 널리 읽혔다. 이 책의 집필·간행에 전념하고 있을 때 기독교를 만나게 되었다. 그가 처음 접한 교파는 캐나다 메소디스트파(Methodist)로, 그 교파의 미션스쿨인 도요영화학교(東洋英和學校) 신학부(神學部)에서 기독교를 배우며 기자 생활을 정리했다. 목사가 된 후에는 주로 시즈오카현(靜岡県), 야마나시현(山梨県), 나가노현(長野縣)에 있는 교회의 목사직을 수행했다. 말년에는 치바현(千葉

법은 스스로 배움에 의지하지 않을 수 없다."[106]라고 한 것도 이러한 뜻이다.

[원문] 學亦有要乎아 曰有ᄒᆞ니 以智慧로 爲資本ᄒᆞ고 以思想自由로 爲公例ᄒᆞ고 以眞理로 爲目的ᄒᆞ니 學者ㅣ於此三者에 闕一不可라 雖然이ᄂᆞ 無智慧無眞理ᄂᆞ 猶可言也어니와 無思想自由ᄂᆞ 不可言也라 何也오 無智慧無眞理者ㅣ苟有思想自由면 雖不可以學者로 稱이ᄂᆞ 猶不失自由之人格이라 可以爲愚直之人이어니와 無思想自由ᄂᆞ 不問其學之精與不精ᄒᆞ고 一言以蔽之曰奴隷之學이라 奴隷者ᄂᆞ 何오 無以名之ᄒᆞ야 名之曰生而死人이니 生而死者ᄂᆞ 雖生猶死之謂也라 夫死而死도 人不堪其悲어늘 生而死者ᄂᆞ 雖欲吊之ᄂᆞᆯ 無似矣라 莊子ㅣ曰哀莫大於心死오 而身死ㅣ次之라ᄒᆞ니 豈欺死餘哉리오 形役之奴隷ᄂᆞ 金錢之奴隷오 學理之奴隷ᄂᆞ 精神之奴隷니 金錢之奴隷ᄂᆞ 一時之奴隷오 精神之奴隷ᄂᆞ 永劫之奴隷라 夫人亦何心으로 樂爲永劫之奴隷也리오

[번역] 배움에도 요령이 있는가. 그렇다. 지혜를 자본으로 삼고, 사상의 자유를 법칙으로 삼으며, 진리를 목적으로 삼는 것이니, 배우는 사람은 이 셋 중에 하나라도 부족해서는 안 된다. 지혜가 없고 진리가 없는 것은 그럴 수 있다지만, 사상의 자유가 없어서는 안 된다.

縣)의 목사로 시무하다 병을 얻어 은퇴했고, 1933년 10월 사망했다.
106) 뜻을 세워…의지하지 않을 수 없다 : 이 구절의 원출처는 이즈미 기쿠조의 『學術自修法(학술자수법)』(1895), 3~4쪽에서 인용한 것으로 원문에는 "厥の 志をして目的の地に達せしめむと欲せば厥の手段を學の一事に資らざるを得 ざるもの"(그 뜻으로 하여금 목적지에 도달하게 하려면 그 수단을 배움이란 한 가지 일에 의지하지 않을 수 없는 것)이라고 되어 있다.

왜냐하면 지혜나 진리가 없는 사람이 사상의 자유가 있다면 비록 그를 학자라고 부를 수는 없으나, 자유로운 인격을 잃지 않았기 때문에 우직한 사람이 될 수는 있을 것이다. 사상의 자유가 없다면 그 정밀함의 여부를 물어 볼 것도 없이 한마디로 단언컨대 노예의 학문이다. 노예란 무엇인가. 무어라 이름 붙일 수 없지만 굳이 이름 붙인다면 '살아 있으나 죽은 사람'이라 하겠다. 살아 있으나 죽은 사람이란 비록 살아 있지만 죽은 것이나 마찬가지라는 말이다. 진짜 죽은 경우도 사람들은 그 슬픔을 견디지 못하는데, 살아 있으나 죽은 사람은 조문하려 해도 할 데가 없을 것이다. 장자(莊子)는 말하기를 "마음의 죽음보다 더 큰 슬픔은 없고, 육체의 죽음은 그 다음이다."[107]라고 했으니, 옛 현인의 말씀이 어찌 나를 속이기야 하겠는가. 마음이 육체의 지배를 받는 노예는 물질의 노예요 학리(學理)의 노예는 정신적 노예니, 물질의 노예는 일시적 노예지만 정신적 노예는 영원한 노예다. 사람이 무슨 마음으로 영원한 노예가 되기를 즐거워하겠는가.

[원문] 學者ㅣ對書에 不論深淺美惡ᄒᆞ고 當一ㅅㅅ以吾之智慧로 點檢之ᄒᆞ야 有不合於吾心者어든 雖大聖鴻哲之論이라도 棄之如弊履ᄒᆞ고 合於吾心이어든 雖至愚極小之言이라도 玩之如奇花ᄒᆞ며 且屢變硏究ᄒᆞ야 務合眞理ᄒᆞ야 苟合眞理어든 仍成鉄案ᄒᆞ야 反千古而自立ᄒᆞ며 忤一世而不惑ᄒᆞᄂᆞ니 故로 思想自由者ᄂᆞᆫ 人之生命也오 學之樞機也니라 嗚呼라 幾何其不率朝鮮之僧侶學者ᄒᆞ야 入於奴隷之域也리오 入於奴隷而雖欲無言이ᄂᆞ 不可得也라

---

107) 마음의 죽음보다 더 큰 슬픔은 없고… : 이 구절의 원출처는 『장자(莊子)』「전자방(田子方)」편이다.

[번역] 배우는 사람은 책을 대할 때 글의 깊고 얕음(深淺)과 아름답고 추함(美惡)을 논하지 않고, 마땅히 내 지혜로 하나하나 검토해, 내 마음에 맞지 않으면 그것이 위대한 성인이나 큰 철인(哲人)의 이론이라 해도 헌신짝처럼 버려야 하고, 내 마음에 맞으면 지극히 어리석은 사람이나 매우 보잘 것 없는 사람의 말이라도 진기한 꽃을 보듯 감상하며, 자주 달리 연구하여 진리에 합치하도록 힘써, 만일 그것이 진리에 합치하면 철칙(鐵則)을 만들어 천고(千古)의 진리라도 뒤집어 자립하며, 일세(一世)를 거슬러도 마음에 흔들림이 없어야 한다. 그러므로 사상의 자유는 사람의 생명이며 학문의 중요한 기틀이다. 슬프구나, 조선 승려로서 배우는 이들을 얼마나 많이 제대로 이끌지 못해 노예의 지경에 들어가게 했는가. 노예가 되게 하고서 비록 아무 말 하지 않으려고 하지만 그럴 수 없다.

[원문] 請言學界之思想自由가 莫如僧侶而思想不自由가 亦莫如僧侶라 何則고 僧侶之入學也에 隨其程度而各有學級ᄒ야 受相當之課ᄒᄂ니 每日定課에 學生이 先以一日之力으로 自究其所定課之文義ᄒ야 有得於心而後에 同級이 相聚論講ᄒ야 反覆辨難ᄒ야 槩定得失然後에 始問講於敎師ᄒ야 擴決可否ᄒᄂ니 此ᄂ 僧侶學界之特色이라 比諸他學者之一不自究ᄒ고 惟師是從者에 其思想自由ㅣ有不可同一而語者矣라

[번역] 학계의 사상적 자유가 승려만 못하고, 사상적 부자유도 승려만 못한 점을 말하고자 한다. 무슨 뜻인가. 승려가 입학하면 그 수준에 따라 각각 학급이 정해져 있고 그에 알맞은 과정을 공부하게

되니, 매일 정해진 과정을 공부할 때 학생이 먼저 하루 동안 할 수 있는 만큼 정해진 과정의 뜻을 스스로 연구하여 마음에 터득한 다음, 동급생들이 모여 서로 토론하고 거듭 논쟁을 벌인 후 대략 득실(得失)을 가리고 나서야 비로소 교사에게 물어 옳고 그름을 결정하니, 이것은 승려교육의 특색이다. 다른 분야에서 배우는 사람들이 하나도 스스로 연구하지 않고 오로지 선생의 의견에만 따르는 것과 비교하면, 그 사상적 자유가 같다고 말할 수 없는 것이다.

[원문] 不圖法久生弊ㅎ야 規與行異ㅎ니 學者之所究所論이 無過尋章覓句之短詁而已오 所變所爭이 惟是陵人立我之私見而已라 其於大義深旨則無所過問也라 終日而究ㅎ고 終日論講而 自不知所研究者ㅣ何事며 所論講者ㅣ何義ㅎ야 茫茫然無所得者ㅣ盖十之七八이오 若有一立己見ㅎ야 駁說先輩者면 必以私見外道로 目之ㅎ야 使之不敢置一言於其間ㅎㄴ니 由前之說則何其自由而由後之說則何其不自由也오

[번역] 그런데 뜻밖에 이런 불교학계의 제도가 오래되어 폐단이 생기고 규칙과 실행이 달라져, 배우는 사람들이 연구하고 논하는 것이 이상한 문구를 찾고 짧은 주석을 다는 데 불과할 뿐이며, 토론하고 논쟁하는 것은 오로지 남을 업신여기고 자신의 견해만 내세울 뿐이다. 그러면서 정작 큰 뜻과 깊은 취지에 대해서는 질문하지 않고 종일 연구하고 종일 논강(論講)하면서도, 스스로 연구하는 것이 무엇인지, 토론과 강의하는 것이 무슨 뜻인지 아득해 얻는 바가 없는 사람이 대략 열 명 가운데 일곱 여덟 명이다. 만약 어느 한 사람이 자기 의견

을 내세워 선배의 설을 반박하면, 반드시 사견(私見)을 지닌 외도(外道)로 지목하여, 그들 사이에서 감히 한 마디도 못하게 만든다. 앞에서 말한 규정 이야기에 따르면 그 얼마나 자유롭고, 뒤의 실행 이야기에 따르면 그 얼마나 부자연스러운 것인가.

[원문] 思想自由ㅣ豈區々之章句訓詁와 人我私見而止哉아 此ᄂᆞᆫ 所以學界思想自由가 莫如僧侶而思想不自由ㅣ亦莫如僧侶者也니 若是乎終歸奴隷之學則不敢爲僧侶諱也라 思想이 一不自由면 雖有何等智慧와 何等博涉其善爲奴隷之具而已라 并其智慧博涉而無者則僧侶學之所以墜地於今日也니 學者ㅣ盍反之오

[번역] 사상의 자유가 어찌 사소한 장구(章句)의 훈고(訓詁)와 남과 나의 사견에 그치겠는가. 이것은 학계의 사상적 자유가 승려만 못하고 사상의 부자유도 승려만 못한 까닭이니, 이처럼 끝내 노예의 학문으로 돌아간다면 승려라는 이름도 감당할 수 없을 것이다. 사상이 일단 자유롭지 못하면, 아무리 지혜가 있고 박학해도, 모두 노예 노릇 잘 하는 도구가 될 뿐이다. 그 지혜와 박학은 물론 사상의 자유마저 결핍된 것이 오늘날 우리 승려의 학문이 땅에 떨어지게 된 까닭이니, 배우는 사람들이 어찌 반성하지 않는가.

[원문] 僧侶敎育之急先務가 有三ᄒᆞ니 一曰普通學이라 普通學者ᄂᆞᆫ 如人之衣服飮食也라 無論洋之東西와 種之黃白ᄒᆞ고 皆知衣服飮食而爲生ᄒᆞᄂᆞ니 不衣服飮食者ᄂᆞᆫ 吾知其不數日에 永謝天地矣라 普通學이 亦然ᄒᆞ야 苟有不知者면 動靜云爲日接庶事之間에 無非面墻

이라 不能生存於競爭時代ᄒᆞ느니 故로 文明國에 凡有四其支六其根
ᄒᆞ야 能通言語者면 莫不知之오 且普通學은 專門學之豫備科也니
宗敎學者가 尤當於此三敎意焉이라

[번역] 승려 교육에서 가장 시급한 일이 세 가지 있다. 첫째는 보통
학(普通學)이다. 보통학이란 사람의 옷·음식과 같다. 동양과 서양, 황
인종과 백인종을 따질 것 없이 사람이라면 모두 옷을 입고 음식을 먹
으며 살아갈 줄 아는 것이니, 옷을 입지 않고 음식을 먹지 않는 자가
있다면 내가 알기로 며칠 못 가서 이 세상과 하직할 것이다. 보통학도
그와 같아서 이것을 모르는 자가 있다면 모든 행동과 일상생활의 온
갖 일에서 막히지 않는 것이 없을 것이므로 생존경쟁의 이 시대를 살
아갈 수 없을 것이다. 따라서 문명국에서는 사지(四肢)와 육근(六根)
을 갖추어 말을 할 줄 아는 사람이라면 보통학을 모르는 경우가 없
다. 그리고 보통학은 전문학(專門學)의 예비교과이니, 종교를 배우는
사람은 더욱 마땅히 이 점을 재삼 생각해야 한다.

[원문] 僧侶學者ㅣ 不問其學力之優劣ᄒᆞ고 皆從事於佛敎專門ᄒᆞ야
視普通學을 如仇讐ᄒᆞ야 非徒不學이라 反爲毁之ᄒᆞ느니 多見其不知
量也로다 且佛敎々科書與敎授次第가 皆不得其當ᄒᆞ야 往々事倍而
功不半者ㅣ有之矣라 其學이 萎靡에 散而不收ᄒᆞ야 漸致眼目이 固陋
ᄒᆞ고 胸襟이 腐敗ᄒᆞ야 多以汚怪誕妄之談으로 驚世駭俗ᄒᆞ야 至於使
世人으로 目之而棄物ᄒᆞ야 不齒人類ᄒᆞ니 彼一身之自戕이 已是可哀
而有傷佛敎가 不亦甚乎아

[번역] 그런데도 승려 학인들이 학력의 수준을 가리지 않고 모두

불교의 전문적 학문에 종사하여 보통학을 원수처럼 보면서, 배우지 않을 뿐만 아니라 도리어 헐뜯고 있으니, 사리를 헤아릴 줄 모르는 무지함이 많이 드러난다고 하겠다. 또 불교 교과서와 교수 절차가 적절치 못하기 때문에, 때때로 힘은 두 배나 들이고 성과는 반에도 못 미치는 경우가 있다. 그 학문이 미비하고 산만한데 집약할 줄 몰라서 차츰 안목이 고루해지고 가슴속 생각이 부패하여 괴상하고 허무맹랑한 말로 세상을 놀라게 하며 풍속을 어지럽혀 심지어 세상 사람들 눈에 버린 물건처럼 보이게 만들고 사람들 속에는 떳떳이 끼지도 못하는 지경이다. 승려가 자기 몸을 스스로 상하게 하는 것이 슬픈 일인데 불교를 해치기까지 하니 또한 심하지 않은가.

[원문] 苟爾々則佛教々科書를 或新編或刪定ᄒ야 定其次序ᄒ야 使淺近易曉者로 兼入於普通科ᄒ야 使學得卒業ᄒ야 知所自擇然後에 轉入佛教專門이면 其事甚順ᄒ고 其理易明ᄒ리니 普通學之不可以已ㅣ如是々々ᄒ니라

[번역] 정말 그렇다면 불교 교과서를 새로 편찬하거나 개정해 차례를 정하고 수준이 낮고 알기 쉬운 것을 두루 보통과에 넣어 이것부터 배워 졸업하게 하고 스스로 사리를 가릴 수 있는 능력이 생긴 다음 차츰 불교의 전문학에 들어가게 하면 일은 아주 순탄하고 이치가 쉽고 분명할 것이니, 보통학을 버릴 수 없는 것이 이와 같다.

[원문] 二日 師範學이니 模不模範不範이면 其器之欲無窳落傾欹ㄴ 不可得也니 一使方, 圓, 長, 短, 高, 下, 欹, 正으로 得宜於模範이

면 而器는 不足稱也라 敎人이 亦然ᄒᆞ야 師之道ㅣ得而學亦思過半矣
니라

[번역] 둘째는 사범학(師範學)이다. 본(模, 모형)이 본 노릇을 못하고
틀(範)이 틀 노릇을 못한다면 그 틀로 만든 그릇은 움푹 패고 기울어
지지 않도록 하려 해도 할 수 없다. 한편 네모나고(方)·둥글고(圓)·길
고(長)·짧고(短)·높고(高)·낮고(下)·기울고(欹)·바른(正) 형편에 알
맞은 본을 얻게 되면, 그 본으로 만든 그릇의 품질은 더 말할 것도 없
다. 사람을 가르치는 일도 그와 같아서 스승의 도(道)가 제대로 서면
배움도 절반은 이룬 것으로 생각할 수 있다.

[원문] 師範이 有二ᄒᆞ니 一曰天演師範이니 物境之自然感觸於吾
人根識而有得者오 二曰人事師範이니 敎導薰習ᄒᆞ야 矯救其弊之類
也라 推古及今에 未有不賴此兩道師範而學者라

[번역] 사범에는 두 가지가 있다. 첫째는 자연적 사범(自然師範)이
니 사물의 모습이 자연스럽게 우리의 감각기관과 의식에 닿고 느낌
으로써 얻는 것이요, 둘째는 인위적 사범(人事師範)이니 가르치고 이
끌며 좋은 습관을 들이게 함으로써 그 결점을 바로잡는 것이다. 예로
부터 지금까지 이 두 가지 사범에 의지하지 않고 배운 사람은 없다.

[원문] 庖義八卦는 學於河圖ᄒᆞ고 大禹九疇는 學於洛書ᄒᆞ고 哥侖
布之地球學은 學於浮草ᄒᆞ고 奈端之重學은 學於萍實ᄒᆞ고 瓦特之汽
機學은 學於沸水ᄒᆞ고 達爾文之進化學은 學於灘石ᄒᆞ니 次皆學於天
演師範也오 虞書之敎官과 禮記之任師와 姙姒之胎敎와 孟母之三

遷은 是皆人事師範也라 哲人君子英雄豪傑九流百家之卓々有名於後
者ㅣ安有不得賢師而後成也리오 師範之道不備ᄒ면 誦讀之聲이 溢
街盈途而吾知其將效不收也라

[번역] 복희씨(伏羲氏)[108]의 팔괘(八卦)는 하도(河圖)에서 배웠고
우왕(禹王)[109]의 구주(九疇)는 낙서(洛書)에서 배웠고, 콜럼버스[110]의
지구학(地球學)은 물에 떠다니는 풀에서 배웠고, 뉴턴[111]의 중학(重
學, 역학)은 사과에서 배웠고, 와트[112]의 증기기관학(蒸氣機關學)은 끓
는 물에서 배웠고, 다윈[113]의 진화학(進化學)은 여울돌에서 배웠으니,
이것은 모두 자연적 사범에서 배운 것이다. 그리고 「우서(虞書)」의 교
관(教官)[114]과 『예기(禮記)』의 임사(任師)[115]와 태임(太姙)[116]·태사(太
姒)[117]의 태교(胎敎)와 맹모(孟母)의 삼천(三遷)은 다 인위적 사범이

---

108) 복희씨(伏羲氏) : 원문에는 庖犧氏. 고대 중국 신화에 등장하는 신(神) 또
는 전설상의 제왕. 복희(宓羲)·포희(包犧)·포희(庖犧)·복희(伏戱) 등으로도
쓰인다. 삼황(三皇) 중 한 사람으로 거론되는 경우가 많다.
109) 우왕(禹王) : 고대 중국의 전설상 제왕으로, 하(夏) 왕조의 창시자. 대우(大
禹)·하우(夏禹)라고도 하며, 낙수(洛水)에서 나타난 거북의 등에 아홉 가지
무늬가 있는 것에 착안해 홍범구주(洪範九疇)를 만들었다고 한다.
110) 콜럼버스(Christopher Columbus, 1451~1506) : 원문에는 哥侖布. 현대
중국어로는 哥伦布.
111) 뉴턴(Sir lsaac Newton, 1642~1727) : 원문에는 奈端. 현대 중국어로는 牛
頓. 영국의 물리학자·천문학자·수학자·근대 이론과학의 선구자. 수학에서
미적분법을 창시하고, 물리학에서는 역학의 체계를 확립했다.
112) 와트(James Watt, 1736~1819) : 원문에는 瓦特. 현대 중국어도 같은 표기.
영국의 기계 기술자. 증기 기관의 개량자로 영국의 산업혁명에 기여했다.
113) 다윈(Charles Darwin, 1809~1882) : 원문에는 達爾文. 현대 중국어도 같
은 표기(达尔文). 영국의 박물학자(博物學者), 생물학자. 진화론을 주창해 근
대문명 정신사에 큰 영향을 미쳤다.
114) 교관(教官) : 민중의 교화에 종사하던 관리. 순(舜) 임금 시대의 제도.
115) 임사(任師) : 민중의 교육에 종사하던 관리.
116) 태임(太任) : 주(周) 나라 왕계(王季)의 비(妃)이며, 문왕(文王)의 어머니.
117) 태사(太姒) : 주(周) 나라 문왕(文王)의 비(妃).

다. 철인(哲人)·군자·영웅·호걸과 구류백가(九流百家)[118]로서 후세에 뛰어나게 유명한 사람치고, 어찌 현명한 스승을 얻은 뒤에 대성하지 않은 이가 있겠는가. 사범의 도가 갖추어지지 않으면 글 읽는 소리가 거리에 가득 넘쳐난다 해도, 효과를 거둘 수 없을 것이라는 사실을 나는 알고 있다.

[원문] 今日之師ᄂ 則前日之學生이니 欲知今日師範之良否ᄂ대 先看前日敎育之得失而足矣라 僧侶敎學之事를 槪已言之則所謂師範之資格을 推可知矣라 今日倖々然立於師位者ㅣ六洲之莫辨ᄒ고 五種之未曉ᄒ야 聞生存競爭之說則有時乎聾者音樂이오 對萬國地圖則無處非盲者丹靑이라 夫如是者ㅣ不知凡幾라 嗚呼라 天地大矣오 學界廣矣어늘 後生이 何罪로 甘聽指導於此瞀々然無恥者ᄒ야 蹈其轍而作第二之螟蛉也리오 如是而相續不斷이면 其毒後生이 曷有其極가

[번역] 오늘의 스승은 어제의 학생이니 지금 그 스승의 자격을 알고 싶으면 먼저 과거에 그가 받은 교육의 득실을 살펴보면 충분히 알 수 있을 것이다. 승려의 교육에 관한 일을 대략 앞에서 말했기에 이른바 스승의 자격을 미루어 짐작할 수 있을 것이다. 오늘날 요행히 스승의 자리에 선 자들이 6대주를 구분하지 못하고 5종(五種)[119]을 알지

---

118) 구류백가(九流百家) : 춘추전국시대에 유행했던 학파를 가리키는 말로, 제자백가(諸子百家)라고도 한다. 유가(儒家), 도가(道家), 음양가(陰陽家), 법가(法家), 명가(名家), 묵가(墨家), 종횡가(縱橫家), 잡가(雜家), 농가(農家) 등이 있다.
119) 5종(五種) : 원문에는 五種. 이원섭 번역본과 정해렴 편역본 등은 모두 '오곡(五穀)'으로 되어 있다. 그런데 오곡과 생존경쟁의 설(적자생존)은 별 상관이 없어 보인다. 5종(種)에 대해 한동석, 『宇宙變化의 原理』「제6장 우주의 운동과 변화」〈제3절 變化와 種〉에서는 "인간은 토성(土性)을 특징으로 하고

못하여 생존경쟁의 설을 들으면 때로는 귀머거리가 음악을 듣는 듯 이해하지 못하고, 세계지도를 마주하면 장님이 단청 보듯 캄캄하니, 이런 자가 얼마나 되는지 알 수 없다. 슬프구나, 세상은 크고 학문의 세계는 넓은데, 후배들이 무슨 죄로 이렇게 무식하고 부끄러움도 모르는 자들의 지도를 달게 받아들이고 그 전철을 밟아 제2의 뽕나무 벌레[120]가 되어야 한단 말인가. 이와 같은 일이 끊임없이 계속된다면 후배에게 미치는 해독이 어찌 끝이 있겠는가.

[원문] 此는 無他라 師學不明故라 欲反此道ㄴ대 宜先設師範學校 ᄒ야 僧侶中에 自十五歲以上으로 至四十歲以下ᄒ야 稍有才德者는 皆當應選受學ᄒ고 其科程則普通師範與佛教學을 化合損益ᄒ야 務 圖得當ᄒ면 敎授之不四五年에 小學校之敎師가 固不乏人而學界顔 色이 非復前日之使人一見에 輒欲作嘔者也리라 若是而新之又新ᄒ야 有進無退ᄒ면 將來佛敎之放大光明於世界가 其在斯乎ㄴ져 其在斯 乎ㄴ져 敎育云敎育云而不欲師範者는 葉公之好龍也니라

生한 종(種)이요, 말[馬]이나 원숭이[猿] 같은 것은 火를 특징으로 한 종(種) 이요, 쥐[鼠]나 거북[龜] 같은 것은 水氣를 특징으로 한 종(種)인 것이다. 식 물에 있어서 삼[麻]이나 소나무[松] 같은 것은 木氣를 상징한 종(種)이요, 호 초[胡椒]나 백개자[百介子] 같은 것은 火氣를 상징한 종(種)이요, 나락[稻] 이나 이의인[薏苡仁] 같은 것은 金氣를 상징한 종(種)인 것이다. 이와 같이 만물의 생장 상태의 특징을 최소한도로 통일 요약함으로써 이루어진 것을 종 (種)이라고 하는 바 그것은 오행적인 특징을 벗어나서 이루어질 수는 결코 없 는 것이다."라고 설명하고 있다. (한동석, 『宇宙變化의 原理』, 대원기획출판, 2001, 309쪽)
120) 제2의 뽕나무 벌레 : 이 구절의 원출처는 『시경(詩經)』 「소아(小雅)」편이며 "뽕나무 벌레가 새끼를 낳으면 나나니(벌의 일종)가 이것을 업어 길러 자기를 닮게 한다"(螟蛉有子, 蜾蠃負之)는 말에서 유래한 것으로 자기의 아류를 만 든다는 뜻으로 쓰인다.

[번역] 이러한 일이 생기는 까닭은 다름이 아니라 사범학이 분명 치 않기 때문이다. 이와 같은 상황을 뒤집으려면 먼저 사범학교를 설 립하고 승려 가운데 15세부터 40세까지 조금이나마 재덕(才德) 있 는 사람은 모두 선발해서 배우게 하고, 그 교육과정에는 보통학·사 범학·불교학을 섞고 가감해 적절히 운영하도록 힘쓴다면 가르친 지 4,5년 이내에 소학교의 교사가 부족하지 않고 불교학계의 모습이 이 전에 사람들이 한 번 보고 구역질을 일으키던 것 같지는 않게 될 것 이다. 이렇게 새롭고 또 새롭게 나아가며 퇴보하지 않는다면 앞으로 불교가 세계에 큰 빛을 밝히게 될 텐데, 그것은 바로 이 일에 달렸을 것이다. 교육, 교육 떠들면서 사범학을 가르치려 하지 않는 것은 섭공 (葉公)이 용(龍)을 좋아한 것[121])처럼 그저 빈 말일 뿐이다.

[원문] 三曰 外國留學이니 學於印度ᄒ야 俾探佛祖之眞跡ᄒ며 廣 求經論之未及東傳者ᄒ야 擇其要而譯之ᄒ야 以布世界ᄒ고 學於支那 ᄒ야 佛敎東漸以來之歷史와 乃祖乃師之奇聞異蹟과 其他有關係於 佛敎者를 一々探取ᄒ야 以備參考ᄒ고 學於歐美文明各國ᄒ야 扣其 宗敎之沿革現狀與夫其餘種々ᄒ야 擇其美而以補我闕이면 豈不美哉 아 留學之意가 大率如是耳라 夫交換智識ᄒ며 互通文學은 明達之

---

121) 섭공(葉公)이 용을 좋아한 것 : 이 구절의 원출처는 전한(前漢) 말의 학자 유향(劉向, B.C. 79?~B.C. 6?)이 편집한 『신서(新序)』「잡사(雜事)」다. 이원섭 번역본에는 『장자(莊子)』에 나오는 우화라고 되어 있다. 중국 춘추시대(春秋 時代) 초(楚)나라의 섭공은 용을 매우 좋아하였으므로 집안의 벽과 기둥뿐 만 아니라 가구나 그 밖의 다른 물건에도 용을 그리거나 용의 무늬를 새겨 넣 었다. 이렇게 섭공이 용을 좋아한다는 말을 전해들은 하늘의 용은 직접 섭공 의 집을 찾아갔다. 창문으로 용의 머리가 들어오면서 진짜 용의 몸체를 본 섭 공은 몹시 놀라 어쩔 줄 모르며 도망가고 말았다는 이야기에서 유래한 것으 로, 겉으로만 좋아할 뿐 사실은 전혀 좋아하지 않는 빈말을 뜻한다.

道야오 久遠之術也라 外國留學이 苟得其道면 有不可思議之利益於
尋常萬々之外니 有志者ㅣ當深長思也니라

[번역] 셋째는 외국유학이다. 인도(印度)에 유학해 부처님의 참다
운 발자취를 찾으며, 널리 경(經)·논(論)[122] 가운데 우리나라에 전해
지지 않은 것을 구해다가 중요한 것을 골라 번역해 세상에 전파하게
한다. 또 중국에 유학해 불교가 중국에 건너온 이래의 역사와 조사
(祖師)들의 행적이나 그 밖에 불교와 관계있는 것들을 낱낱이 수집해
참고자료로 삼는다. 구미(歐美)의 여러 문명국에 유학해 그들 종교의
연혁·현황과 기타 여러 가지 일을 배워서 좋은 점을 선택하고 우리의
부족한 부분을 보완한다면 어찌 훌륭하지 않겠는가. 유학의 취지가
대략 이와 같을 뿐이다. 지식을 교환하며 학문을 서로 교류하는 것은
밝게 사리에 통하는 길이요 영원한 대책이다. 외국유학이 참으로 적
절히 시행된다면 헤아릴 수 없는 이익이 많을 것이니 뜻있는 이라면
마땅히 심사숙고해야 한다.

[원문] 教育之不可少緩於今日이 若是其極也어늘 彼老朽腐敗完固
鄙劣之輩가 百方沮戱ᄒ야 因循不進ᄒ야 使靑年으로 斷送不我與之
光陰於無何爲之鄕ᄒ니 嗚呼라 彼輩旣己不學ᄒ야 亡其身衰其敎而
有餘矣라 靑年이 有何怨咎於彼輩而使之無學ᄒ야 同人亡軌아 宅心
無良이 胡至此極고

---

122) 논(論) : 부처가 설법한 가르침을 정리한 경장(經藏)·승단의 규칙과 도덕이
　　나 생활 등의 계율을 정리한 율장(律藏), 그리고 경장과 율장을 주석, 해석한
　　논사(論師)들의 저작물을 모은 것을 논장(論藏)이라 한다. 이 세 가지를 합해
　　삼장(三藏)이라 한다.

[번역] 오늘날 교육을 조금이라도 늦출 수 없는 사정이 이처럼 한계에 이르렀는데도 저 낡고 썩은 고집 세고 비열한 무리가 온통 가로막고 희롱하며, 머뭇거리고 미적대다 진보하지 못하므로, 청년들로 하여금 하는 일 없이 세월을 보내게 하니, 슬프구나, 저 무리들이 이미 배우지 못해 몸을 망치고 종교를 쇠퇴하게 하고도 남음이 있다. 청년들이 저들에게 무슨 원한을 샀기에 배우지도 못하고 같이 멸망의 길로 들어가게 하는 것인가. 악한 마음가짐이 어찌 이렇게 극단에까지 이르렀는가.

[원문] 文明風潮가 其力이 甚大ᄒᆞ야 決非此輩之所能抵抗不遂也니 敎育之將彌滿良好를 可睹掌上이라 雖然이ᄂ 今之文明이 日驟日亟ᄒᆞ야 非馴馬之可追라 少有緩急이면 其差千里니 雖欲無急이ᄂ 烏得無急이리오 大聲疾呼於僧侶同胞曰沮害敎育者ᄂ 必往地獄ᄒᆞ고 振興敎育者ᄂ 當成佛道ᄒᆞ리라

[번역] 문명의 조류는 그 힘이 매우 커서 결코 이런 무리들이 저항할 수 없으니 교육이 앞으로 널리 보급되고 좋아지리라는 것은 손바닥을 들여다보듯 분명하다. 그러나 오늘날의 문명은 날로 급속히 발달하여 네 필 말이 끄는 마차로도 쫓아갈 수 없다. 조금이라도 속도를 늦추거나 서두르면 그 차이는 천 리나 벌어지니 서둘지 않으려 해도 어찌 서둘지 않을 수 있겠는가. 승려 형제들에게 큰 소리로 외치노라. "교육을 방해하는 자는 반드시 지옥에 떨어지고, 교육을 진흥시키는 자는 마땅히 불도(佛道)를 이루리라."

7. 참선을 논함(論參禪)

[원문] 陰陽萬變이 本乎極ᄒ고 繪畵萬像이 後於素ᄒ며 大小萬法이 始於心ᄒᄂ니 明心之道日參禪이라 本非參禪이언만은 是名이 參禪이니라

[번역] 음양(陰陽)의 다양한 변화는 태극(太極)에 뿌리를 두고, 회화(繪畵)의 여러 모습은 흰 바탕 이후에 생기며[123], 크고 작은 모든 현상이 마음에서 비롯하니, 마음 밝히는 길을 '참선(參禪)'이라고 한다. 본래 참선이 아니지만, 이렇게 이름 붙이니 참선이라 한다.

[원문] 心外無物이라 豈有心外之物也리오 時間歷史와 空間萬類가 皆依心而有也니 無一事一物이 能獨立於心外者라 角者爲牛ᄒ고 鬣者爲馬ᄒ고 飛者爲禽ᄒ고 走者爲獸ᄒ고 鱗者爲水族ᄒ고 榮枯者爲草木이 以肉眼으로 泛然觀之則皆實有而非假有나 誰知比牛此馬, 此禽, 此獸, 此水族, 此草木이 本非牛, 非馬, 非禽, 非獸, 非水族, 此

---

123) 회화의 여러 모습…흰 색 바탕이 있은 뒤에 생기며 : 이 구절의 원출처는 『논어(論語)』「팔일(八佾)」편으로, 공자(孔子)와 그의 제자 자하(子夏)의 대화 가운데 나온다. 자하가 『시경(詩經)』의 문장 중에 "고운 미소에 팬 보조개, 아름다운 눈동자에 또렷한 눈, 흰 바탕에 여러 가지 색깔을 그렸구나."(巧笑倩兮, 美目盼兮, 素以爲絢兮)라는 구절의 의미를 공자에게 질문하자. 공자는 "그림 그리는 일은 흰 바탕 이후의 일이다."(繪事後素)라고 대답했다. 여기서 유래하여 '회사후소'는 본질이 있은 다음에 꾸밈이 있다는 것을 비유하여 이르는 말로 쓰인다.

草木也언만은 被心之假定而始爲牛, 爲馬爲禽, 爲獸, 爲水族, 爲草木
也리오

[번역] 마음 바깥에는 사물이 없다. 어찌 마음 바깥의 사물이 있
겠는가. 시간적 역사와 공간적 만물 모두 마음에 의지해 있으니, 어느
한 사물이라도 마음 바깥에 홀로 설 수는 없다. 뿔 있는 것은 소, 갈
기 있는 것은 말, 나는 것은 새, 달리는 것은 짐승, 비늘 있는 것은 물
고기, 잎이 무성하다 시드는 것은 초목이라 하니, 눈으로 대강 보면
모두 실제로 있고 헛것이 아닌 듯하지만, 이 소·말·새·짐승·물고기·
초목 따위가 본래 소도 말도 새도 짐승도 물고기도 초목도 아닌데 마
음이 임시로 정하는 바에 따라 비로소 소·말·새·짐승·물고기·초목
이 되는 것을 누가 알 수 있겠는가.

[원문] 不見夫幻者之或有, 或無, 空中, 或在地下也아 彼幻者ㅣ本非
無, 非有, 不在空中, 不在地下也언만은 見者ㅣ以心으로 定其假相ᄒᆞ야
爲有, 爲無, 爲在空中, 爲在地下니 苟非見者之心이면 所謂有, 無, 在
中, 在地下者ㅣ不能自立ᄒᆞ야 幻者之術이 於是乎窮ᄒᆞᄂᆞ니 然則支那之
長城과 埃及之運河와 英吉利之倫敦과 美利堅之之紐育과 大洋海之
珊瑚島와 西伯亞之大鐵道와 越南人之餘淚와 波蘭亞之密語와 如是
等恒河沙數事物이 何一非心之假定而本無也리오 故로 日一切惟心
造라ᄒᆞ니라

[번역] 보이지 않는 허깨비가 혹은 있기도 하고 혹은 없기도 하고,
혹은 공중에 있기도 하고 혹은 땅 아래에 있기도 하는데, 그 허깨비
는 본래 없는 것도 있는 것도 아니며 공중에 있지도 땅 아래에 있지

도 않건만, 보는 사람이 마음으로 헛된 모습을 만들어 '있다', '없다', '공중에 있다', '땅 아래에 있다'고 하는 것이다. 정말로 보는 사람의 마음 작용이 아니라면, 있느니 없느니 공중에 있느니 땅에 있느니 하는 것이 스스로 존재할 수 없어서 허깨비의 술수도 여기서 끝나버린다. 그렇다면 중국의 만리장성, 이집트의 수에즈 운하, 영국의 런던, 미국의 뉴욕, 태평양의 산호섬(珊瑚島), 시베리아의 대철도, 월남 사람들의 여전한 눈물, 폴란드 사람들 은밀한 말, 이렇게 항하사(恒河沙)의 모래알 숫자만큼 많은 사건과 사물이 어찌 하나라도 마음이 거짓으로 정하여, 본래 실체 없는 것이 아니겠는가. 그러므로 "모든 것은 마음이 지어내는 것"이라고 한다.

[원문] 嗚呼라 一翳在眼에 空華亂墜ᄒᆞ느니 萬物者는 心之空花也오 心者는 萬物之翳也니 苟心之無翳也ᄂᆞᆫ대 萬物之來照者ㅣ不能逃眞相之毫末이라 心一明而萬理如破ᄒᆞ느니 此는 參禪之所由起也니라

[번역] 슬프구나, 한 번 눈이 가려지면 헛꽃(空華)[124]이 어지러이 떨어지니, 만물은 마음이 빚어내는 헛꽃이며 마음은 만물에 의해 가려지는 것이라, 참으로 가려지는 것이 없다면 마음에 와서 비치는 만물이 털끝만큼 미세한 참모습도 숨길 수 없을 것이다. 마음이 한 번 밝아지면 모든 이치를 깨닫게 되니 이것은 참선이 생겨나는 근거다.

[원문] 試問於世界之人日君等이 以何因緣으로 出現於世乎아 彼

---

124) 헛꽃(空華) : 직역하면 '허공에 핀 꽃'이란 뜻인데, '본래 실체가 없는 번뇌'를 비유한 용어다. 『반야경』, 『유마경』, 『원각경』 등을 비롯해 각종 선어록에서 자주 등장한다.

等이 無以對也라 又問日人生之組織이 槪以心理與軀殼二要素爲之
者也라 軀殼則旣已聞命於物理學家及醫學家어니와 心理之組織이
果何以爲之者耶아 心理者는 單純之一原子乎아 抑二個已上之原子ㅣ
和合而成者歟아 別有一物이 在上而造成之者歟아 抑自然爲之者歟
아 彼輩無以對也라 又問日人生百年之內에 必有死之一日이라 其死
之之時에 心與軀殼이 同時泯滅歟아 抑有不死者一物이 超然獨存
於無窮者乎아 彼等이 無以對也라

[번역] 시험 삼아 세계 사람들에게 "그대들은 무슨 인연으로 이 세
상에 태어났는가?"라고 묻는다면, 그들은 대답하지 못할 것이다. 또
"사람의 조직이 마음과 몸의 두 요소로 구성된다. 몸은 물리학자와
의학자의 학설을 들었는데, 마음의 조직은 과연 무엇으로 이루어진
것인가? 마음은 단순한 한 개의 원자(原子)로 되었는가, 아니면 두 개
이상의 원자가 화합해 이루어진 것인가? 따로 하나의 존재가 위에
있어 창조함으로써 이루어진 것인가, 아니면 자연히 그렇게 된 것인
가?"라고 묻는다면, 그들은 대답하지 못할 것이다. 아울러 "인생은 백
년 이내에 반드시 죽는 날이 있을 것인데, 죽을 때 마음과 몸이 동시
에 없어지는가, 아니면 죽지 않는 어떤 것이 홀로 끝없이 존재하는 것
인가?"라고 묻는다면 그들은 역시 대답하지 못할 것이다.

[원문] 嗚呼라 自古迄今에 東西哲學家與理學家ㅣ踵相接也어늘 此
至近在我之心理問題가 尙未結案者는 獨何歟아 理學家則但以腦中
所具之智慧로 硏究事物之理ᄒ야 或推測ᄒ며 或實驗而已라 夫宇宙
事物之理者는 無窮者也오 智慧者는 有限者也라 以有限之智로 究無

窮之理則盡空劫之人而專門從事라도 決不足以卒業矣라 滿世間之
鶖子와 如恒沙之菩薩이 盡思度量ᄒ야도 莫知少分이 正謂此也라

[번역] 아! 예로부터 지금까지 동서의 철학자와 이학자(理學者)가
끊임없이 나타났는데도, 이렇게 지극히 가깝게 내 속에 있는 마음의
문제가 아직도 해결되지 못한 것은 유독 무엇 때문일까. 이학자들은
다만 머릿속에 갖추어진 지혜로 사물의 이치를 연구하여 추측하거나
실험할 뿐이다. 우주 사물의 이치는 무궁하고 우리들의 지혜는 유한
(有限)하다. 유한한 지혜로 무궁한 이치를 밝히려 하면, 세상에 살아
있는 모든 사람들이 이 일에 전문적으로 종사해도 결코 끝낼 수 없을
것이다. "세상에 가득한 사리불(舍利佛)[125]과 항하(恒河)의 모래처럼
많은 보살이 생각을 다해 헤아린다 해도 조금밖에 알 수 없다"[126]라
고 한 것이 바로 이 문제를 말한 것이다.

[원문] 理之至複雜至玄微者ᄂ 不可以思量計較로 得이라 況心者
ᄂ 位乎智慧之上ᄒ야 命令智慧而左右之者也니 以被命令之智慧로
豈可越權而反究其心哉아 故로 心者ᄂ 非智之可究者오 且別無一物
이 位乎心理之上而能解釋此心者則自不得不靜養其心之本體而自明

---

125) 사리불(舍利佛) : 원문에는 '鶖子'. 범어로 사리풋타(Sāriputra)인데, 사리
(Sāri)는 어머니의 이름으로 '해오라기(鶖)'를 의미하고, 풋타(putra)는 '불
(弗)'의 음사(音寫)로 '어린 아이'를 의미하기 때문에 한문 번역에서는 사리자
(舍利子)라고도 표기된다. 부처의 10대 제자 중 한 사람으로, 지혜제일로 불
린다. 『반야경(般若經)』 등 대승불교의 경전에서는 소승을 대표하는 장로(長
老)로 등장하는 경우가 많으며, 그 유명한 『반야심경(般若心經)』의 사리자
(舍利子)가 바로 사리불이다.
126) 세상에 가득한…조금밖에 알 수 없다 : 이 구절의 원출처는 송대(宋代) 사
문(沙門) 급남(及南) 찬(撰), 『법화경요해(法華經要解)』 서(序)다.

이라 故로 息言絕慮ᄒ야 頓斷一切因緣ᄒ고 究竟此一大事公案ᄒ야
一朝에 豁然開悟則心之全體大用이 無不明矣而根本的 心理問題가
於是乎氷釋ᄒ나니 質而言之ᄒ면 參禪은 體也오 哲學은 用也며 參
禪은 自明也오 哲學은 研究也며 參禪은 頓悟也오 哲學은 漸悟也라

[번역] 이치가 매우 복잡하고 미묘한 점은 생각이나 비교로는 알
수 없다. 더구나 마음은 지혜보다 높은 자리에서 명령하여 지혜를 좌
우하는 것이니, 명령을 받는 지혜로 어찌 권한을 넘어 도리어 그 마
음을 연구해 밝힐 수 있겠는가. 그러므로 마음은 지혜로 연구해 밝힐
수 있는 것이 아니요, 또 따로 마음보다 위에 있으면서 이 마음을 해
명할 수 있는 하나의 사물이 없으니, 그 마음의 본체를 고요히 길러
스스로 밝힐 수밖에 없다. 따라서 언어를 그치고 생각을 버리며 단
박에 일체인연을 끊고 이 중대한 공안(公案)127)을 마지막까지 추궁하
여 하루아침에 확 뚫린 듯이 깨닫고 보면, 마음 전체의 큰 작용이 밝
혀지지 않음이 없고 근본적인 심리문제가 여기서 얼음 풀리듯 하게
된다. 요약해 말한다면, 참선은 체(體)요 철학은 용(用)이며, 참선은
스스로 밝히는 것이요 철학은 연구이며, 참선은 돈오(頓悟)128)요 철

---

127) 공안(公案) : 깨달음을 구하기 위해 참선하는 수행자에게 해결해야 할 과제
로 제기되는 부처나 조사의 파격적인 문답 또는 언행(言行). 큰 의심을 일으키
게 하는 부처나 조사의 역설적인 말이나 문답. 공안은 원래 공부(公府)의 안
독(案牘), 곧 백성이 따라야 할 국가의 공문서(公文書)라는 뜻으로, 부처나
조사의 문답 또는 언행은 참선하는 수행자에게 가장 중요한 본보기이므로 이
와 같이 말함. 공안은 당대(唐代)의 선문답(禪問答)에서 형성되기 시작하여
송대(宋代)에 이르러 성행하였고, 그 수는 약 1,700여 개에 이름. 화두(話頭)
와 같음.
128) 돈오(頓悟), 점오(漸悟) : 돈오는 '자신의 마음이 곧 부처'라고 자각하는 것
으로 단박에 깨침. 미혹과 망념을 평정하여 단박 깨침. 수행의 단계를 거치지
않고 홀연히 깨침. 일정한 차례를 거치지 않고 단번에 깨침을 뜻한다. 점오는
얕고 깊은 순서에 따라 점진적으로 수행하여 깨달음에 이르는 것을 뜻한다.

학은 점오(漸悟)다.

[원문] 可以一言收參禪之要者曰寂寂惺惺이 是也라 寂寂則不動ᄒ고 惺惺則不昧ᄒ며 不動則無紛起ᄒ고 不昧則無昏墮ᄒᄂ니 無紛起無昏墮而心之體明矣

[번역] 한 마디로 참선의 요점을 나타내면 '적적성성(寂寂惺惺)'이다. 적적(寂寂)은 마음이 움직이지 않는 것이고, 성성(惺惺)은 어둡지 않은 것이라, 움직이지 않으면 어지러움이 일어나지 않고 어둡지 않으면 흐리멍덩한 데로 빠지지 않으니, 어지러움이 일어나지 않고 흐리멍덩함이 없으면 마음의 본체가 밝게 마련이다.

[원문] 異哉라 今之參禪人이어 古之人은 寂々其心이러니 今之人은 寂々其處로다 古之人은 不動其心이러니 今之人은 不動其身이로다 寂々其處則厭世而已오 不動其身則獨善而已라 佛敎者ᄂ 救世之敎也오 度生之敎也어늘 爲佛弟子者ㅣ厭世獨善而已則不亦違哉아

[번역] 요즘 참선하는 사람들은 이상하다. 옛사람들은 마음을 고요히 했는데 요즘 사람들은 고요한 곳만 찾고, 옛사람들은 마음을 움직이지 않았는데 요즘 사람들은 몸을 움직이지 않는다. 고요한 곳만 찾으면 염세(厭世)일 뿐이며 몸을 움직이지 않으면 독선(獨善)일 뿐이다. 불교는 세상을 구제하는 가르침이요, 중생을 제도하는 가르침인데, 부처님 제자 된 사람이 염세와 독선에 빠져 있을 뿐이라면 또한 잘못된 일이 아니겠는가.

挽近朝鮮寺刹이 除孤庵殘寺外에 禪室이 幾乎無寺無之ᄒ
니 何其禪風之振歟아 雖然이ᄂ 細考其內容則未必盡出於興禪之本
意也라 或以禪室로 爲寺刹榮譽之具ᄒ고 或以禪室로 爲射利之具ᄒ
야 紛紛雜出則禪室이 漸多而眞正之禪侶가 己如鳳毛麟角이라 勢不
得不以無恒之人으로 驅而充之ᄒ니 其弊漸積ᄒ야 至於今日則禪侶
摠數十分之內에 眞正之禪人은 不過一分而口腹之計者二分이오 愚
迷惰怠而兼口腹之計者七分이라 莫知禪旨之端倪ᄒ고 荏苒歲月ᄒ야
但以古祖拈弄之句語로 爲口頭禪ᄒ야 駸駸然甘作意猿睡魔之情友ᄒ
야 送靑春迎白髮於混沉掉擧之間ᄒ니 果胡爲者오

[번역] 최근 조선의 사찰은 외로운 암자나 낡고 쓰러져 가는 절을
제외하고 선실(禪室)이 없는 곳이 거의 없으니, 얼마나 그 선풍(禪風)
을 떨치는 것인가. 그러나 그 내용을 자세히 살펴보면 꼭 모두 선을
일으키려는 뜻에서 나온 것이라고는 할 수 없다. 선실을 사찰의 명예
를 위한 도구로 삼거나, 이익을 낚는 도구로 삼는 곳도 있어 마구잡이
로 생겨나니 선실이 차츰 많아지는 반면 진정한 선승(禪僧)은 봉황의
깃털과 기린의 뿔[129]처럼 드물다. 그래서 어쩔 수 없이 먹고 살기에도
변변찮은 자들을 몰아다가 선실을 채우니 그 폐단이 차츰 쌓여 오늘
날에 와서는 선승 총수가 열 명이라면 그 가운데 진정한 선승은 한
명에 불과하고, 먹고 사는 일만 꾀하는 자가 두 명에, 어리석고 게으

---

129) 봉황의 깃털과 기린의 뿔 : 원문에는 '鳳毛麟角'. 이 용어는 『남사(南史)』 권
   19 「열전(列傳)」 '사초종전(謝招宗傳)'의 '봉모(鳳毛)'와 『북사(北史)』 권83
   「열전」 '문원전(文苑傳)'의 '인각(麟角)'이란 말을 합친 것이다. 사초종과 문원
   은 문장과 풍류에 뛰어난 이들이었는데, 이들을 칭송하는 대목에서 봉모와 인
   각이란 말이 사용되었다. 그 이후 아주 뛰어난 인재를 비유하거나, 보기 힘든
   매우 희귀한 물건을 가리키는 말로 쓰인다.

른데다 먹고 사는 것만 꾀하는 자가 일곱 명인 셈이다. 이들은 선(禪)의 본뜻을 모른 채 세월만 보내고, 다만 옛 조사(祖師)들이 희롱했던[130] 몇 마디 말로 구두선(口頭禪)[131]을 일삼으며 어느새 잡념이 원숭이처럼 어지럽게 날뛰거나 잠만 자는 것[132]을 기꺼워하여, 마음이 어둡게 처지거나[133] 소란스레 들뜨는 상태[134]를 오가며 청춘을 보내고 백발을 맞으니 이 노릇을 정말 어찌할 것인가.

[원문] 若是乎朝鮮之參禪은 僅名義上之參禪이라 質而言之則禪室者는 榮利之産兒오 禪侶者는 以白米貿來者矣라 余不敢以全部로 盡歸於同轍이나 十之八九는 不幸而中吾言矣리라 諸君이 疑吾言乎아 試以今日之禪室로 一朝에 皆廢其餼料則禪侶之多ㅣ果無減於前日乎아 諸君은 請自思어다 夫禪者는 雖上大智라도 參之固不易々어든 果若是汗漫而或見其效哉아 不得不一掃萎靡之積弊ᄒ고 別立正々之規制ᄒ야 以圖將來之完美耳라

[번역] 이처럼 조선의 참선은 겨우 이름만 참선이다. 따져서 말하자면, 선실은 명예와 이익을 낳는 곳이요, 선승은 흰 쌀로 사온 것이라

---

130) 희롱했던 : 원문은 '拈弄'. 가지고 놀다, 장난친다는 뜻.
131) 구두선(口頭禪) : 몸소 수행은 하지 않고, 선(禪)에 대해 장황하게 말만 늘어놓음.
132) 원숭이처럼 어지럽게 잡념을 내거나 잠만 자면서 : 원문에는 '意猿睡魔'. '의원(意猿)'은 마음을 원숭이에 비유한 것. 원숭이가 잠시도 가만히 있지 않는 것처럼 마음이 이리 저리 움직이고 있다는 뜻. '수마(睡魔)'는 수행할 때 잠이 쏟아지는 것을 수행을 방해하는 악마에 비유한 것.
133) 마음이 어둡게 처지거나 : 원문에는 '惛沈'. 마음을 어둡고 답답하게 하는 정신 작용으로 심소(心所)의 이름.
134) 소란스레 들뜨는 상태 : 원문에는 '掉擧'. 정신을 산란케 하는 작용으로 심소(心所)의 이름.

고 할 수 있을 것이다. 나는 감히 선승 전부를 같은 부류로 보려는 것은 아니지만, 십중팔구는 불행히도 내 말이 맞을 것이다. 여러분이 내 말을 의심한다면, 시험 삼아 오늘날의 선실에서 하루아침에 식량을 다 없애보라. 선승의 숫자가 과연 전날보다 줄어들지 않겠는가. 여러분 스스로 생각해 주기 바란다. 선(禪)이란 비록 근기와 지혜가 뛰어나더라도[135] 참구(參究)하기 쉽지 않은데, 과연 이같이 어영부영 하고 무슨 효과를 볼 수 있겠는가. 어쩔 수 없이 그동안 쌓였던 폐단을 제거하고 따로 올바른 규제를 세워 장래의 완성을 꾀해야 할 따름이다.

[원문] 參禪云新에 其道維何오 合朝鮮各寺禪室之財産ᄒ야 設一二大規模之禪學館於相當之地ᄒ고 延聘高明於禪理者數人ᄒ야 以爲師ᄒ고 願參人은 不分僧俗ᄒ고 皆可容而其募集之時에 以一定之法으로 試驗之ᄒ고 其入禪也에 皆有一定之時間ᄒ야 無敢散漫ᄒ고 每月에 或聽講或討論ᄒ야 一則驗之所參之程度ᄒ고 一則交換其知識ᄒ며 久之而優有所得則當著書公於世ᄒ야 開導衆生이면 如來地頭에 一超卽入은 雖不能期其早暮遇之ᄂ 形式上之精進規制가 豈不井然哉아

[번역] 참선을 새롭게 하려면 어떤 방법이 있겠는가. 조선 각지 사찰의 선실 재산을 합쳐 한두 개 큰 규모의 선학관(禪學館)을 적당한 곳에 설립하고, 선의 이치에 밝은 사람을 초청해 스승으로 삼아, 참선하기를 원하는 사람은 승속(僧俗) 구분 없이 전부 수용하되 모집할 때 일정한 방법으로 시험을 치르고, 참선을 닦을 때 모두 일정하게

---

135) 근기와 지혜가 뛰어나더라도 : 원문에는 '上根大智'.

시간을 지켜 산만함이 없도록 하며, 다달이 청강을 하거나 혹은 토론을 벌여 한편으로는 참선의 정도를 시험하고, 다른 한편으로는 각자의 지식을 교환케 한다. 이렇게 상당한 시일이 지나 성과를 얻은 것이 훌륭할 경우 당연히 저서를 세상에 펴내 중생을 깨우치고 이끈다면, 곧 여래(如來)의 경지에 한 번에 넘어 들어가는 것을 기대할 수는 없다 해도 형식상의 정진과 규제가 어찌 짜임새 있지 않겠는가.

[원문] 若夫各寺執務僧侶之不能入於專門者則當於其寺에 設小參法ㅎ야 每日에 利用其執務餘暇之一二時間而參之則可也라 豈獨別設禪室而後에 始云參禪也리오 運水搬柴가 無非妙用이오 溪聲山色이 均是眞相이로다 咄

[번역] 만약 각 사찰의 직무를 맡은 승려들이 선의 전문 과정에 들어갈 수 없다면, 마땅히 각자 절에 조그만 참선모임을 만들어 매일 집무 후에 남는 한두 시간을 이용해 참선하면 될 것이다. 어찌 따로 선실을 설치한 다음에야 비로소 참선이라 말하겠는가. 물 긷고 땔감 나르는 것[136]이 묘한 작용(妙用) 아님이 없고, 시냇물 소리와 산 빛[137]도 조화로운 참 모습(眞想)이다. 앗![138]

---

136) 물 긷고 땔나무 나르는 것 : 원문에는 '運水搬柴'. 불법(佛法)의 수행은 결코 고상한 이론에 있지 않고 그날그날 물을 긷고 땔나무를 하는 일상생활 가운데 있다는 뜻.
137) 시냇물 소리와 산 빛 : 이 구절의 원출처는 송대(宋代)의 시인 소동파(蘇東坡)가 지은 시(오도송) 가운데 '시냇물 소리가 곧 설법이거늘, 산 빛이 어찌 청정한 법신이 아니랴(溪聲便時廣長舌, 山色豈非淸淨身).'라는 대목이다.
138) 앗! : 원문에는 '咄'. 꾸짖는 소리를 나타내는 의성어다. 선승들이 대답 대신 소리를 지르는 할(喝)과 같은 역할을 한다.

8. 염불당 폐지를 논함(論廢念佛堂)

[원문] 朝鮮之所謂念佛者는 乃呼佛也오 非念佛也라 呼佛何爲오 阿彌陀佛이 在於極樂國乎아 西方에 過十萬億國土ᄒ야 有一國ᄒ니 名曰極樂이라 何其遼也오 旣無電話則雖如何大聲疾戶라도 不得聞 於十萬億國土之外ㅣ明矣오 佛身이 充滿於法界乎아 遠近內外ㅣ無非 佛身이니 更何呼哉며

[번역] 조선에서 이른바 염불이라는 것은 부처님을 소리 내어 부르는 것이지 부처님을 염(念)하는 것이 아니다. 부처님을 불러서 어쩔 것인가. 아미타불(阿彌陀佛)[139]이 과연 극락정토(極樂淨土)에 계실까. 서쪽으로 십만 억이나 되는 국토를 지나 한 나라가 있는데 이름이 극락이라 하니 그 얼마나 먼가. 전화가 없으니 아무리 큰 소리로 불러도 십만 억 국토 밖에서는 들을 수 없는 것이 분명하다. 불신(佛身)[140]

---

139) 아미타불(阿彌陀佛) : 아미타(阿彌陀)는 산스크리트어 amitāyus 산스크리트어 amitābha의 음사. amitāyus는 무량수(無量壽), amitābha는 무량광(無量光)이라 번역. 극락정토에 있다는 부처. 아득한 옛날 무쟁념왕(無諍念王)이 출가하여 이름을 법장(法藏)이라 하고 세자재왕불(世自在王佛) 밑에서 수행하던 중 세자재왕불이 법장에게 210억 불국토를 보여주니, 법장은 자신도 불국토를 건설하기로 발심하고 세자재왕불 앞에서 중생 구제를 위한 48가지 서원을 세우고 오랜 수행 끝에 그것을 성취, 아미타불이 되어 이 세계에서 서쪽으로 십만 억 국토 지난 곳에 극락정토를 세우고 지금도 그곳에서 설법하고 있다 함.
140) 불신(佛身) : 부처님의 몸. 본래는 구체적인 부처의 육체를 가리켰는데, 생신(生身)과 법신(法身)의 2신(二身) 혹은 법신(法身)·응신(應身)·보신(報身)의 삼신(三身) 등을 상정하게 되었다.

이 법계(法界) 안에 가득 차 있다고? 멀고 가까움, 안과 밖이 불신 아님이 없으니 새삼 무엇을 부른다는 말인가.

[원문] 自心彌陀乎아 常在吾身中ᄒ야 揮之不去ᄒ며 招之不來ᄒ야 無去無來之主人翁也라 被他人之呼則可커니와 自呼ᄂ 不可ᄒ고 呼他人則可커니와 自呼ᄂ 不可라 以阿彌陀佛로 呼阿彌陀佛이면 雖呼雖對리오 夫至道ᄂ 無言이어늘 何其多言이며 淨名은 一默이어늘 何其不默也오 佛道를 呼而可求也ᆫ대 千呼萬呼而所不辭어니와 呼而不可求也ᆫ대 雖ㅣ呼ᄂ 贅言이니라

[번역] 자기마음이 곧 아마타불이라고? 그럼 아미타불은 항상 내 몸 안에 있어 손을 저어도 가지 않고 불러도 오지 않아, 가고 옴이 처음부터 없는 주인공이니, 남에게 불려질 수 있지만 스스로 부를 수는 없고, 남을 부를 수 있지만 스스로 부를 수는 없다. 아미타불이 아미타불을 부른다면 누가 부르고 누가 대답할 것인가. 지극한 도(道)는 말이 끊어진 경지인데 어찌 그리 말이 많으며 유마거사(維摩居士)는 한 번 침묵[141]했을 뿐인데 어찌 그리 침묵하지 못하는가. 불도(佛道)를 불러서 구할 수만 있다면 천번 만번이라도 부르는 것을 사양하지

---

141) 유마(維摩)는 한 번 침묵 : 원문에는 '淨名'. 범어 Vimala-kiirti로 음사(音譯)하면 비마라힐(毘摩羅詰)·유마힐(維摩詰), 한역(漢譯)으로는 정명(淨名)·무구칭(無垢稱)으로 표기한다. 석가의 속가제자로『유마경(維摩經)』의 주인공이다. 석가세존이 십대제자와 보살들에게 유마의 병문안을 가도록 권하나 이들은 지난날 유마에게 훈계 받은 경험을 말하면서 문병을 사양하는데, 마지막으로 문수보살이 세존의 청을 받들어 병문안을 가서 유마의 설법을 들었다. 유마는 중생을 위한 방편, 집착 없고 걸림 없는 보살의 중생 제도, 보살이 중생을 관찰하는 법, 진정한 불도(佛道)와 그것을 성취하는 방법에 대해 설했다. 여러 보살들이 대립과 차별을 떠난 절대 평등의 경지에 대해 자신의 견해를 밝히지만 유마는 침묵으로 그 경지를 보여주었다.

않겠지만, 불러도 구할 수 없다면 부른다 해도 군말일 뿐이다.

[원문] 吾聞念佛之究竟目的이 在於往生淨土라ᄒ니 其其然가 其其然乎리오 聞成佛而往生淨土오 未聞呼佛而往淨土者며 聞穢土가 則淨土오 未聞穢土之外에 別有淨土也라 土本無穢淨이언만은 但心有穢淨이라 同一世事也로되 拿破侖이 見之無難ᄒ고 懦夫見之有難ᄒ며 同一韓信也로되 屠人이 見之爲乞士ᄒ고 蕭何見之爲英雄ᄒ며 同一國土也로되 問疾大衆이 見之爲穢土ᄒ고 維摩詰이 見之爲淨土라 夫同一境也로되 所見이 絶異者ᄂ 各隨其業識而已니 豈有他哉아 自佛觀之며 無非淨土오 自衆生觀之則無非穢土라 娑婆世界가 卽是蓮華上品也언만은 衆生이 自不見耳라 以何因緣으로 佛이 見之爲淨土ᄒ고 衆生이 見之爲穢土오

[번역] 내가 듣기에는 염불의 최종 목적이 정토에 왕생(往生)하는 것에 있다던데, 과연 그럴까. 그럴 리가 있겠는가. 성불(成佛)하고 나서 정토에 왕생한다는 말은 들었어도 부처님을 불러 정토에 왕생한다는 말은 듣지 못했고, 예토(穢土)가 곧 정토라는 말은 들었어도 예토 밖에 따로 정토가 있다는 말은 듣지 못했다. 국토에는 본래 예토·정토가 없는데 다만 마음에 예토·정토가 있는 것이다. 같은 세상일이라도 나폴레옹이 보면 어렵지 않고 겁쟁이가 보면 어려우며, 같은 한신(韓信)[142]이라도 백정이 보면 거지이고 소하(蕭何)[143]가 보면 영웅이며, 같은 국토라도 문병 온 대중이 보면 예토이고 유마힐이 보면 정

---

142) 한신(韓信) : 한고조(漢高祖) 유방(劉邦)을 도운 명장. 사마천의 『사기(史記)』 「회음후열전(淮陰侯列傳)」 참조.
143) 소하(蕭何) : 한고조(漢高祖) 유방(劉邦)을 도운 정치가.

토인 것이다. 같은 대상인데 보는 바가 더 없이 달라지는 것은 각자
그 업식(業識)[144]을 따르는 것일 뿐 어찌 다른 이유가 있겠는가. 부처
님이 보기에는 정토 아닌 곳이 없고 중생이 보기에는 예토 아닌 곳이
없다. 사바세계(娑婆世界)가 곧 연화상품(蓮華上品)[145]인데도 중생이
스스로 보지 못할 뿐이다. 무슨 인연으로 부처님이 보기에는 정토가
되고 중생이 보기에는 예토가 되는가.

[원문] 佛은 法眼故로 見之爲淨土오 衆生은 肉眼故 見之爲穢土니
法眼者는 何오 無翳而已오 肉眼者는 何오 有翳而已라 有翳無翳가 在
於心之明不明이니 合而言ᄒ면 自心淨土而已라 經에 曰衆生心이 是菩
薩淨土라ᄒ시니 夫自心이 是淨土어늘 求淨土者ㅣ不於自心求ᄒ고 以他
處是求ᄒ면 是는 猶緣木求魚오 括龜索毛니 窮年沒齒나 何益이리오

[번역] 부처님은 법안(法眼)이기 때문에 정토로 보시고 중생은 육
안(肉眼)이기 때문에 예토로 보는 것이다. 법안이란 무엇인가. 가려짐
이 없는 눈일 뿐이다. 육안이란 무엇인가. 가려짐이 있는 눈일 뿐이다.
가려짐이 있고 없고는 마음이 밝고 밝지 못함에 있는 것이니, 종합해
말하면 내 마음이 정토일 뿐이다. 경전에 이르기를 "중생의 마음이
보살의 정토"[146]라 하셨으니, 내 마음이 정토인데도 정토를 찾는 사람

---

144) 업식(業識) : ① 과거에 저지른 미혹한 행위와 말과 생각의 과보로 현재에
　　일으키는 미혹한 마음 작용. ② 오의(五意)의 하나. 무명(無明)에 의해 일어나
　　는 그릇된 마음 작용.
145) 연화상품(蓮華上品) : 극락에서는 연꽃에서 태어나므로 연화세계라 하는데,
　　아홉 가지 등급이 있다. 상품에는 상품상생(上品上生), 상품중생(上品中生),
　　상품하생(上品下生)의 세 등급이 있다.
146) 중생의 마음이 보살의 정토 : 이 구절의 원출처는 『유마경(維摩經)』「불국
　　품(佛國品)」이다.(『大正藏』第14册, No.475, p.538a)이다. "菩提心, 是菩薩淨

이제 마음에서 찾지 않고 다른 곳에서 찾는다면, 이야말로 나무 위에서 물고기를 찾고[147] 거북을 묶어놓고 털을 찾는 격[148]이니 치아가 다 빠지도록 일생을 보낸들[149] 무슨 이익이 있겠는가.

[원문] 或曰若有衆生이 至心念佛ᄒ면 佛이 感其誠易悲其志ᄒ야 導之以極樂이라ᄒ니 曰惡라 惡可리오 是ᄂ 不知因果之說也라 因果者ᄂ 何오 作善因者ᄂ 受善果ᄒ고 作惡因者ᄂ 受惡果ᄒ야 如今之行惡事者ᄂ 或禁獄或懲役ᄒ고 行善事者ᄂ 或褒揚或世祿之類니 天下萬事가 初無無因之果와 無果之因이니 安有一朝一夕에 僥倖而免ᄒ며 偶爾而得者哉아

[번역] 어떤 사람은 "만약 중생이 지극한 마음으로 염불하면 부처님께서 그 정성에 감동하시고 그 뜻을 불쌍히 여기사 극락정토로 인도하신다."라고 말하는데 그것은 틀렸다. 어찌 그럴 수 있겠는가. 이는 인과(因果)의 설을 모르는 말이다. 인과란 무엇인가. 선한 원인을 지은 자는 선한 결과를 얻고 악한 원인을 지은 자는 악한 결과를 얻으니, 요

土, 菩薩成佛時, 大乘衆生, 來生其國"(보리심[중생을 위하는 자비심]이 보살 정토이니 보살이 성불했을 때 대승 중생들이 그 나라에 와서 태어난다).
147) 나무 위에서 물고기를 찾고 : 원문에는 '緣木求魚'. 이 구절의 원출처는 『맹자(孟子)』「양혜왕장구 상(梁惠王章句 上)」으로, 불가능한 일을 무리하게 하려는 모습을 비유한 용어다.
148) 거북을 묶어놓고 털을 찾는 격 : 원문에는 '括龜索毛'. 본래 실재하지 않는 것을 비유한 용어로, 불교의 여러 경전이나 논서, 선시(禪詩) 등에서 龜毛兎角, 兎角龜毛 등으로 글자가 약간씩 변형되어 자주 나온다.
149) 치아가 다 빠지도록 일생을 보내다 : 원문은 '窮年沒齒'. 이 구절에서 치아가 빠진다(沒齒)는 말의 원출처는 『논어(論語)』「헌문(憲問)」편이다. "관중에 대해 여쭈었다. 공자께서 말씀하시기를 "이 사람은 백씨의 병읍의 300호를 빼앗았는데, 거친 음식을 먹으면서도 평생토록 원망하는 말이 없었다."(問管仲. 曰: 人也, 奪伯氏騈邑三百, 飯疏食, 沒齒無怨言)

즘 세상에서 나쁜 일을 한 사람이 감옥에 갇히거나 징역을 살고 착한 일을 한 사람은 포상을 받거나 대대로 녹봉(祿)을 받는 것과 같다. 세상 모든 일이 처음부터 원인 없는 결과도 결과 없는 원인도 없으니, 어찌 하루 밤낮에 요행으로 죄를 면하며 좋은 결과를 우연히 얻겠는가.

[원문] 無往生淨土之因則不得往生이 昭々然明矣라 不問其所作因之善惡호고 但悲其念佛之誠而導往淨土면 是는 佛이 能有無因果也라 雖如何惡業人이라도 能詔佛而足往淨土면 是何以異於有罪者ㅣ私於法司호야 幸而得免也리오 若是者曰濫法이니 濫法之罪는 浮於犯法이라 在律莫嚴이니라

[번역] 정토에 왕생할 원인이 없으면 왕생할 수 없는 것이 아주 분명하다. 사람들이 지은 원인의 선악을 묻지 않고, 다만 염불한 정성만 가엾게 여겨 정토로 인도한다면, 이는 부처님께서 인과를 부정하신다는 것이다. 어떠한 악업을 지은 사람이라도 부처님께 아첨해 정토에 갈 수 있다면, 이것은 죄인이 법관에게 잘 보여 요행히 벌을 면하는 것과 무엇이 다르겠는가. 이런 것을 법의 남용이라 하니, 법을 남용한 죄는 법을 어기는 것보다도 심하여 법률상에서 더 엄하다.

[원문] 佛不欲令衆生으로 作惡因而得善果라 但使人으로 作善業是務而已라 夫春風은 無私호야 好生惡死언만은 但桃花開處에 桃子結호고 李花開處에 李子結호며 種苽得果호고 種豆得荳而已오 不能花薔薇而果柑橘호며 根藷荂而葉芭蕉니 亦春風道德之責任也已라 佛豈外是也시리오

[번역] 부처님께서는 중생이 악한 원인 짓고 선한 결과 얻는 것을 바라지 않으시며, 사람들이 선업(善業) 짓는 데 힘쓰기만 바라실 뿐이다. 봄바람은 사사로움이 없어 살리는 것을 좋아하고 죽이는 것을 싫어하는데, 다만 복숭아꽃 피는 곳에 복숭아가 열리고 오얏꽃 피는 데는 오얏이 열리며, 오이를 심으면 오이가 열리고 콩을 심으면 콩이 날 뿐이다. 꽃은 장미인데 열매는 감귤이 열리거나 뿌리는 버섯인데 잎은 파초일 수 없으니, 이는 봄바람의 도덕적 책임이라 할 것이다. 부처님인들 어찌 예외이겠는가.

[원문] 寢假而佛欲導惡業衆生於淨土則其獨念佛人是導而不導他人ᄒᆞ야 以生差別也리오 圓覺經에 曰別生憎愛則不能入淸淨覺海라ᄒᆞ시고 又曰對境에 不生彼我라ᄒᆞ시니 平等無差大慈大悲之言이라 其無擇을 可知오 寢假以愛憎而導之라도 心則是佛이니 我亦有成佛之道則我自成佛ᄒᆞ야 自往淨土면 有何不可ᄒᆞ야 甘心乞憐於莫遠莫踈之他方佛ᄒᆞ니 何其舍近而取遠이며 奴自而主他也오

[번역] 가령 부처님께서 악업을 지은 중생도 정토에 인도하고자 하신다면, 어찌 염불하는 사람만 인도하고 다른 사람은 인도하지 않아 차별하겠는가.『원각경(圓覺經)』에 "따로 사랑하고 미워하는 마음을 내면 청정한 깨달음의 바다에 들어가지 못한다."라고 하셨고, 또 "대상을 대할 때 나와 남을 차별하는 생각을 일으키지 않는다."라고 하셨다. 이는 평등무차별하고 대자대비(大慈大悲)한 말씀이라 부처님께서 사람을 가리지 않는 것을 알 수 있다. 가령 사랑하고 미워하는 마음으로 인도하신다 해도 마음이 곧 부처이니, 나에게 성불할 만한 도

(道)가 있으면 내 스스로 성불하여 저절로 정토에 가면 될 것을 비굴한 마음으로 더없이 멀고 낯선 다른 곳의 부처님께 구걸하고 있으니, 어찌 가까운 것을 버리고 먼 것을 택하며 자기를 종으로 여기고 남을 주인으로 섬기는가.

[원문] 人無自由면 時乃非人이오 人而依人이면 時或贅疣이라 夫以顱同圓趾同方ᄒ며 支同四官同五之善男子善女人으로 自爲贅疣而已면 不其大哀乎아 支那之古語에 曰自求多福이 在我而已라ᄒ니라

[번역] 사람이 자유가 없으면 그때는 사람이 아니며, 사람이 남을 의지하면 그때는 쓸모없는 혹과 같다. 남들과 똑같이 머리는 둥글고 발꿈치는 네모지며 팔다리는 네 개에 감각기관은 다섯 개인 선남자(善男子)·선녀인(善女人)으로서 스스로 쓸모없는 혹 노릇을 할 뿐이라면 참으로 슬픈 일 아닌가. 중국의 옛말에도 "스스로 많은 복을 찾는 것이 나에게 있을 뿐이다."150)라고 했다.

[원문] 今之所言者ᄂ 欲衆生之廢假念佛而爲眞念佛也라 假念佛者ᄂ 何오 今之所謂念佛也니 呼佛之名號是也오 眞念佛者ᄂ 何오 念佛之心ᄒ야 我亦心之ᄒ고 念佛之學ᄒ야 我亦學之ᄒ고 念佛之學ᄒ야 我亦行之ᄒ야 雖一語一默一靜一動이라도 莫不念之ᄒ야 擇其眞假權實而我實有之면 是眞念佛爾라 懼夫人之不眞念佛而廢之云者ᄂ 乃假念佛之會而已라 以同一佛性之儼然七尺으로 會坐於白晝淸宵之中

---

150) 스스로 많은 복 찾는 것 : 이 구절의 원출처는 『시경(詩經)』 「대아(大雅)」 문왕편(文王篇)으로, "길이 천명에 짝하려고 생각하는 것이 스스로 많은 복을 구하는 것이다"(永言配命, 自求多福)라는 대목에서 인용한 것이다.

ᄒᆞ야 打敗鼓之皮而椎頑鐵之片ᄒᆞ여 以無意味之聲으로 呼不應諾之
名號於九夢一覺之中ᄒᆞ니 果胡爲者오 目此而爲念佛이 何其蔽歟아

[번역] 지금까지 내가 말한 것은 중생들이 거짓 염불을 폐지하고
참다운 염불을 닦게 하려는 것이다. 거짓 염불이란 무엇인가. 오늘날
말하는 염불이니 부처님 이름을 부르는 것이다. 참다운 염불이란 무
엇인가. 부처님의 마음을 생각(念)해 나도 그것을 마음으로 삼고, 부
처님의 배움을 생각해 나도 그것을 배우고, 부처님의 행동을 생각해
나도 그것을 실천하여, 언제든 말하고·침묵하고·고요하고·움직이더
라도 생각하지 않음이 없어서, 그 참(眞)과 거짓(假), 방편(權)과 실제
(實)[151]를 가려내 내가 참으로 이것을 소유하고 실천한다면 참다운
염불인 것이다. 따라서 사람들이 참다운 염불을 하지 않을까 걱정하
며 이를 폐지하자고 한 것은 사실 거짓 염불모임을 겨냥한 말일 뿐이
다. 같은 불성(佛性)을 지닌 엄연한 사람의 몸으로 대낮이나 맑은 밤
에 모여 앉아 부서진 북과 찌그러진 징을 두들기며 무의미한 소리로
대답 없는 이름을 꿈속에서 부르니 이 노릇을 정말 어찌할 것인가. 이
런 것을 보고 염불이라 하다니 얼마나 어리석은가.

[원문] 無論何事ᄒᆞ고 以心念之者ᄂᆞᆫ 夫人而知之어니와 天下에 安
有以聲念之者乎아 若眞念佛者ᅵᆫ대 士者農者工者賈者如何報務ᄒᆞ며
如何用勞者라도 皆可行之니 不必會坐堂上ᄒᆞ야 如有聲之機械然後
에 始可라 孰若廢之而人與財ᅵ有百利而無一害也리오 凡聖이 交徹

---

151) 방편과 실제 : 진리로 이끌기 위해 방편을 설해 가르치는 것이 권(權), 부처님
    의 깨달음 자체를 그대로 나타내는 것이 실(實)이다.

이오 龍蛇混雜이라 佛門이 廣大ᄒᆞ야 斯固容矣라 雖然이ᄂᆞ 權而不
得中이면 不可爲之道오 假而不適時면 不可爲之敎라

[번역] 무슨 일인가 논할 것도 없이 마음으로 생각하는 것은 사람
이면 누구나 알지만, 세상에 어찌 소리로 생각하는 사람이 있겠는가.
만약 참다운 염불이라면 사(士)·농(農)·공(工)·상(商)을 막론하고
어떤 일을 하는 사람이라도 모두 할 수 있을 것이니, 꼭 당상(堂上)에
모여 앉아 죽음기마냥 부처님의 이름을 되풀이해 부른 다음에야 가
능한 것은 아니라 하겠다. 누구라도 만약 이런 거짓 염불을 폐지하면
사람과 재물에 백 가지 이익이 있을 뿐 해로움은 하나도 없을 것이다.
세상에는 평범한 사람과 성자(聖者)가 뒤섞이고 용과 뱀이 섞여 있다.
불문(佛門)은 넓고 커서 이것들을 포용할 수 있지만, 방편이라도 적절
치 못하면 도(道)라 할 수 없고, 임시로 말한(假說) 것도 때가 적합지
않으면 교(敎)라 할 수 없다.

[원문] 君王이 好腰細에 宮中이 多餓死ᄒᆞ고 長安이 好高髻에 遠
方이 或一尺이라 佛門이 多方便에 末流之弊가 弊乃極於斯矣로다
嗚呼라 醫門多疾ᄒᆞ고 梓床闕足이라 余則衆生이ᄂᆞ 猶憂孔殷이어늘
世尊은 大悲라 何以爲情고

[번역] 임금이 허리가 가는 여인을 좋아하니 궁중에 굶어 죽는 사
람이 많아지고,[152] 장안(長安) 사람들이 높은 상투 틀기를 좋아하

---

152) 임금이 허리가 가는 여인을 좋아하니… : 이 구절의 원출처는 『후한서(後漢
書)』 권24 「마원열전(馬援列傳)」으로, 초(楚)나라 영왕(靈王)은 허리가 가는
여인을 좋아해서, 궁궐 안의 미녀들은 너도나도 가는 허리를 갖느라 굶어죽는
이들이 속출했다는 일화(楚王好細腰, 宮中多餓死)에서 인용한 것이다. 이원

자 먼 시골 사람들도 상투를 한 자나 틀어 올리는 자가 나타난 것처럼,[153] 불문에도 방편이 많으니 지엽적인 폐단이 이렇게 극단에 이르렀다. 의사의 집에 병이 많고,[154] 도편수의 침대가 다리가 부러져 있다[155]고 하듯이, 나는 중생이면서도 근심이 매우 많은데, 부처님께서는 어찌 그리 대비(大悲)하시어 정을 베푸시는가.

섭 번역본에는 마요전(馬寥傳)이라고 되어 있다. 정확히 말하자면, 「마원열전」 가운데 마요가 누이인 명덕황후에게 올린 상소에 나오는 구절이다.

153) 장안(長安) 사람들이 높은 상투 틀기를 좋아하자… : 이 구절은 각주 122) 의 구절에 이어 나오는 것이다. 당시의 속담으로, 성 안 사람들이 높은 상투 틀기를 좋아하자 사방에서 높이 한 자나 되는 상투가 나타났다(長安語曰, 城中好高髻, 四方高一尺)는 일화에서 인용한 것이다. 그런데 이원섭 번역본에는 『장자』「인간세(人間世)」편에 나온다고 되어 있다.

154) 의사의 집에 병이 많고 : 이 구절의 원출처는 『장자』「인간세」편의 공자와 그의 제자 안회의 대화다. 스승인 공자가 평소에 "잘 다스려지는 나라는 떠나고, 어지러운 나라로 들어가라. 의원 집 문 앞에 환자가 많은 법이다"(治國去之, 亂國就之, 醫門多疾)라고 했던 말에 따라 안회가 혼란한 위(衛)나라에 가서 뜻을 펴겠다고 하자, 공자는 "옛날의 지극한 사람은 먼저 자기 자신을 살피고 난 뒤에야 남의 일에 상관했다"(古之至人, 先存諸己, 而後存諸人)며 안회를 말린다. 그러므로 이 문장의 원래 문맥으로는 "의원 집 문 앞에 환자가 많다"고 번역해야 한다. 하지만 『조선불교유신론(朝鮮佛敎維新論)』의 원문에서는 뒷 문장, 즉 '도편수의 침대는 다리가 부러진 채(梓床闕足)'라는 구절과 연결해 이해하면, '(병을 고치는) 의사의 집에 (도리어) 질병이 많고, (남의 집을 잘 짓는) 도편수가 (정작 자기) 침대가 부러진 채 (고칠 줄 모른다)"라는 의미로 인용하고 있다.

155) 도편수의 침대는 다리가 부러져 있다 : 이 구절의 원출처는 당(唐)나라 문장가 유종원(柳宗元)의 「재인전(梓人傳)」이다. 재인(梓人)은 목수다. 어떤 목수가 자기 침대 다리 부러진 것을 고치지 못하고 다른 목수에게 맡기는 것을 보고 무능한 사람이라고 지레짐작했는데, 그 후 큰 공사에서 여러 목수들을 지휘하여 훌륭하게 일을 마치는 것을 보고 그를 달리 보게 되었다는 것. 정치도 마찬가지라 천하의 인재를 골라 능력에 맞게 적재적소에 쓸 수 있도록 재상(宰相)의 역할이 중요함을 강조하는 내용이다. 따라서 「재인전」의 원문맥에서는 목수의 사소한 기술상의 무능함보다 그의 전체적인 지휘능력에 초점이 있다. 하지만 『조선불교유신론』의 원문에서는 "(남의 집을 잘 짓는) 목수가 (정작 자기) 침대가 부러진 채 (고칠 줄 모른다)"라는 부정적 의미로 인용하고 있다. 즉 부처님은 대자대비하신지라 염불 같은 사소한 폐단은 관대하게 봐주신다는 의미로 볼 수 있다.

9. 포교를 논함(論布敎)

[원문] 西之言에 曰公法千言이 不如大砲一門이라ᄒᆞ니 以哲學的言
之ᄒᆞ면 眞理不如勢力之謂也라 余ㅣ初聞之에 不覺其俗累ᄒᆞ야 自以爲
不齒文明之言이러니 有觀乎世道競爭之如今日者而後에 始知此言之
不俗累而足以爲今世所謂文明之不二法門이라 夫事物之存亡盛衰ᄒᆞ
야 慘無天日於東西歷史中者ㅣ何其不由公法而由於大砲ᄒᆞ며 不出眞
理而出於勢力者를 屢見不一見也오

[번역] 서양 속담에 "만국공법(公法) 천 마디가 대포 1문(門)만 못
하다."156)라고 하는 것이 있다. 이것을 철학적으로 말하면 진리가 세

---

156) 만국공법(公法) 천 마디가 대포 1문(門)만 못하다 : '만국공법'이라는 용어
는 19세기 청(淸)에서 활동했던 미국인 선교사 마틴(Martin, 1827~1916 : 중
국명 丁韙良)이 청국 학자들과 공동 작업으로 미국의 법학자 휘튼(Wheaton,
1785~1848)의 국제법 서적인 『Elements of International Law』를 한문으로
번역해 1864년에 간행했을 때 청국측이 이 책자에 '萬國公法'이라는 제명을
붙인 것에서 유래되었다. 이상의 정보는 김영구, 『세계관 충돌의 국제정치학:
동양 禮와 서양 公法』, 나남출판, 1997, 45~49쪽 참조.
『만국공법(萬國公法)』은 19세기 후반 조선을 비롯한 동아시아의 지식인들이
서구 근대 국제법 및 주권의 기본 원리와 그 내용을 이해하는 과정에서 커다
란 영향을 받은 서적인데, 원문에서 인용한 "만국공법(公法) 천 마디가 대포 1
문(門)만 못하다"라는 구절과 유사한 문장으로 처음 등장하는 것은 일본 근
대의 사상가 후쿠자와 유키치(福澤諭吉)의 글이다. 후쿠자와는 1878년에 간
행한 『통속국권론(通俗國權論)』의 〈제7장 外戰止むを得ざる事〉에서 "백 권
의 만국공법이 여러 대의 대포보다 못하고(百卷の萬國公法は數門の大砲に
若かず) 여러 책 분량의 화친조약도 하나의 광주리에 담긴 탄약에도 미치지
못하여 대포 탄약이 있으면 주장하는 바를 도리가 되도록 해야 한다"고 주장
했다(福澤諭吉, 『福澤全集』 卷四, 時事新報社, 1898, 51쪽).

력만 못하다는 것을 가리킨다. 내가 처음 이 말을 들었을 때는 그 속됨을 생각지 못하고(그 말이 하도 속된지라) 스스로 문명국에서 나온 말에도 끼지 못할 것이라 여겼다. 그러나 오늘날과 같이 경쟁이 심한 세상을 보고 난 뒤에는 비로소 이 말이 속되지 않다는 것을 알았고 아울러 지금 세상 문명의 둘도 없는 법문(法門)으로 삼기에 충분하다고 생각했다. 사물의 흥망성쇠로 동서양 역사상에 참담한 자취를 남긴 일들은 어쩌면 그렇게도, 공법이 아니라 대포에 의해, 진리가 아니라 세력에 의해 일어나는지, 한 두 번이 아니라 자주 보았다.

그러나 만해의 인용문은 "公法千言이 不如大砲一門이라ᄒᆞ니"라고 되어 있어, 후쿠자와 유키치의 문장과 비슷하기는 하지만 정확히 일치하지는 않는다.『조선불교유신론』본문에서 인용한 "만국공법(公法) 천 마디가 대포 1문(門)만 못하다"라는 구절과 정확히 일치하는 대목은 구한말 개화사상가인 유길준(俞吉濬)의 저서에 나온다. 유길준은『영국, 프랑스, 러시아, 터키의 크림전쟁사(普魯士國厚禮斗益大王的七年戰史)』서문에서 약육강식의 제국주의적 국제상황을 서술하며 "만국공법은 지상공문(紙上空文)에 불과하고……공법 천 마디가 대포 한 대만 못하다"(萬國公法不過是紙上空文……公法千言, 不如大砲一門, 慨嘆亦此矣)라고 지적했다. 俞吉濬,『俞吉濬全集』, 一朝閣, 1971, 483~484쪽.

앞서 언급했듯이 만국공법은 구한말 언론과 지식인들의 주목을 끌었다. 만국공법과 부국강병을 논한 기사를 소개하면 다음과 같다.『독립신문』1898년 1월 20일 사설은 "셰상 사름이 말 ᄒᆞ기를 만국 공법이 대포 ᄒᆞᆫ 즈루믄 못 ᄒᆞ지라 졍치와 법률이 무엇이뇨 하며 혹은 이르되 대한국은 뎨일 병비 (兵備)가 업스니 엇지 외국과 알올나 닷호리요 ᄒᆞ니 이는 지각 업는 즈의 말이라 나라의 관계 되는 것은 병비에 잇슬뿐만 아니라 안과 밧ᄭᅴ 형셰를 민쳡 ᄒᆞ게 슬펴 ᄒᆞ여 갈지니 대개 싸호는 것은 나라 힘을 셰운 뒤에 발동 홀 것이라 가령 말 홀진ᄃᆡ 강ᄒᆞᆫ 나라는 만국 공법을 버리고 대포 ᄒᆞᆫ즈루믄 쓸지라도 약ᄒᆞᆫ 나라는 만국 공법을 쓰는 것이 관즁 홀 바이로다"라고 되어 있다.

『대한매일신보』1910년 2월 26일〈논셜〉에는 "이십 셰긔의 이 셰계는 군ᄉ를 슝샹ᄒᆞᄂᆞᆫ 셰계라 강ᄒᆞᆫ 군ᄉ가 향ᄒᆞᄂᆞᆫ 곳에는 졍의도 쓸 데가 업고 대포가 니ᄅᆞᄂᆞᆫ 곳에는 공법이 쓸 데가 업셔셔 다만 강력만 잇고 강권만 잇슬 뿐이니 춤 혹 독ᄒᆞ도다 이 셰상이여"라는 대목이 나온다.

『대한매일신보』1910년 4월 23일〈시사평론〉에는 "비행긔에 놉히안ᄌ 셔반구를 도라드니 강권슝샹 져 셰계에 인의례지 쓸 대 업고 약ᄒᆞᆫ쟈를 먹는 만 본을 뜨고 견례되여 대포ᄒᆞ방 놋는곳에 만국공법 허ᄉ되니"라는 대목이 나온다.

[원문] 若是乎西人此言이 爲全世界金科玉律而有餘矣라 若是者를 謂之野蠻文明이니 道德宗敎人所不稱이라 雖然이ᄂ 在今日勢力蔑 如之朝鮮僧侶之列者ㅣ一有硏究之必要라

[번역] 이처럼 서양인의 이 말이 전 세계의 금과옥조(金科玉修)가 되고도 남을 것이다. 이런 것을 야만적 문명이라고 말하니 도덕가와 종교인은 찬양하지 않겠지만, 오늘날 세력이 없어서 멸시당하는 조선 승려라면 한번 연구해 볼 필요가 있다.

[원문] 夫甲之勢力이 凌駕乙之勢力에 以道德的言之면 罪在甲而 不在乙이ᄂ 以公例的觀之ᄒ면 罪在乙而在乙而不在甲이니 何以知 之오 以單純道德으로 觀之ᄒ면 天下萬類가 不敢以勢力之故로 相 奪相殘者則更無待辨이라 然而優勝劣敗와 弱肉强食이 亦不可不謂 之理라 所以優所以劣所以强所以弱之道ㅣ不一而足ᄒ야 更僕難盡이 ᄂ 統而言之ᄒ면 勢力而已라

[번역] 갑(甲)의 세력이 을(乙)의 세력을 능가할 때, 도덕적으로 말 한다면 죄는 갑에게 있고 을에게 있지 않지만, 법률적으로 보면 죄가 을에게 있고 갑에게는 없는 것이 된다. 어떻게 그런 줄을 아는가. 단 순히 도덕적으로 보면 세상 만물이 세력 때문에 서로 빼앗고 서로 해 쳐서는 안 된다는 것은 새삼 판단을 기다릴 것도 없다. 그러나 우열·승패와 약육강식 또한 자연의 법칙이라 하지 않을 수 없다. 우수한 까닭·열등한 까닭·강한 까닭·약한 까닭의 이치가 하나같지 않아서 오랜 기간[157]동안 열거한다 해도 다하기 어렵지만, 합해서 말하면 세

---

157) 오랜 기간 : 원문은 '更僕難盡'. 이원섭 번역본의 각주에는 "복(僕)은 빈상

력일 뿐이다.

[원문] 譬之甲之勢力은 如水ᄒ고 乙之勢力은 如地ᄒ니 今有一水於此ᄒ야 地之高下ᅵ不同則就之高乎아 就之下乎아 其將就下則雖五尺童子라도 皆知之ᄒᄂ니 夫同一地也로되 水之不就高而就下者ᄂ 何也오 水高而地下也ᄅᄉᆡ니 使地不高ᄒ면 其誰能保水不就下也리오 苟地下而不能保水不就下ᄂᄃᆡ 莫若自高而水亦從此去矣라 至是에 甲之勢力이 未始有罪不罪之責任而乙之勢力이 自有高下也라

[번역] 비유하면 갑의 세력은 물과 같고 을의 세력은 땅과 같으니 이제 여기에 한 줄기 물이 있고 땅의 높낮이가 같지 않다면, 물이 높은 곳으로 흐르겠는가, 낮은 곳으로 흐르겠는가. 그 물이 낮은 곳으로 흘러가리란 사실은 어린 아이라도 모두 알 것이니, 같은 땅인데도 물이 높은 곳으로 흐르지 않고 낮은 곳으로 흐르는 것은 어째서일까. 물은 높고 땅은 낮기 때문이니, 땅을 높게 하지 않으면 누가 물이 낮은 곳으로 흐르지 않도록 할 수 있겠는가. 만약 땅이 낮아서 물이 낮은 곳으로 흐르지 않게 할 수 없다면 스스로 땅을 높게 해서 물이 또한 이에 따라 흐르게 하는 것보다 더 좋은 바는 없으리라. 이로써 갑

(貧相)으로, 그것을 바꾸는 것은 시간이 오래 걸림을 말한다. 『예기(禮記)』에 "更僕未有終也"가 있다."라고 되어 있는데 원문맥과 동떨어진 설명이다. 이 구절의 원출처는 『예기(禮記)』 「유행(儒行)」편으로, "애공(哀公)이 유가(儒家)의 행동을 물었다. 공자는 대답하기를, 숫자를 급히 세면 그 사물을 다 마칠 수 없고, 그것을 모두 세자면 오래 지체되어 일꾼을 교대해도 끝낼 수 없을 것입니다"라고 했다.(哀公曰, "敢問儒行?" 孔子對曰, "遽數之不能終其物, 悉數之乃留. 更僕未可終也.") 이 대목은 '유가(儒家)의 행동을 일일이 열거해 설명하자면 다 헤아릴 수 없을 만큼 시간이 오래 걸린다'는 뜻에 중점이 있다. 복(僕)은 짐꾼을 뜻한다. 『조선불교유신론』의 원문에서도 일일이 열거하자면 시간이 오래 걸린다는 의미로 인용하고 있다.

의 세력은 처음부터 유죄·무죄의 책임이 없고, 을의 세력이 스스로 높고 낮은 것이다.

[원문] 世之不以乙爲罪ᄒ고 以甲爲罪者ᄂᆫ 其於反求之道에 見之未明者也니 凡天下之爲乙者ㅣ當以此觀으로 爲正觀이 可也라 今他敎之砲가 轟々震地ᄒ고 他敎之勢가 滔々連天ᄒ고 他敎之水가 騰々過顙ᄒ고 朝鮮之佛敎에 何오

[번역] 세상 사람들이 을에게 죄가 있다 여기지 않고 갑에게 죄가 있다 여기는 것은 스스로 돌이켜 보는 도리에 밝지 못한 것이니, 세상에 을 노릇을 하는 사람은 이러한 관점을 정당한 관점으로 삼아야 옳을 것이다. 지금 다른 종교의 대포가 엄청난 소리로 땅을 흔들고, 그 교세가 도도하여 하늘에 닿을 듯하며, 그 물이 점점 불어나 이마까지 넘칠 지경인데 조선 불교는 어떻게 할 것인가.

[원문] 朝鮮佛敎蹂躪之原因이 在於勢力不振이오 勢力不振이 在於敎之不布니 敎者ᄂᆫ 宗敎義務線與勢力線幷進之源泉也라 外敎之入于朝鮮者ㅣ無一不汲々然布敎是務ᄒᄂ니 其孰不曰宗敎人之義務가 自如是也리오 斯固然矣라

[번역] 조선 불교가 유린된 원인은 세력이 부진한 탓이며, 세력 부진은 가르침을 펴지 않은 데 원인이 있다. 가르침이란 종교의 의무와 세력이 함께 나아가는 원천이다. 조선에 들어온 외국종교들은 어느 하나 포교에 힘쓰지 않는 것이 없으니, 누가 종교인의 의무가 이와 같다고 말하지 않겠는가. 종교인의 의무는 본래 그런 것이다.

[원문] 雖然이ᄂ 何不一致疑於其間而深思夫所謂義務之外에 別有競爭者曰勢力也리오 傳敎一人則增一人之勢力ᄒ고 傳敎二人則增二人之勢力ᄒ야 布敎愈多면 勢力이 愈增ᄒ고 勢力이 愈增則人之服從也ㅣ易ᄒ고 人之服從也ㅣ易則布敎之程度가 分外進驟ᄒᄂ니 始焉布敎而之勢力ᄒ고 終焉勢力而之布敎ᄒ야 日征月邁ᄒ면 其積이 愈厚ᄒᄂ니 耶蘇敎之殆偏於東西者ㅣ坐是之故已라

[번역] 그러나 어찌 의무와 세력 사이에 일치를 의심하면서 이른바 의무 외에 따로 경쟁하는 것이 있어서 세력이라 부르는 것은 깊이 생각하지 않는가. 한 사람에게 가르침을 전하면 한 사람의 세력이 늘고 두 사람에게 전하면 두 사람만큼 세력이 늘어나 포교가 더 성행하면 세력이 더 늘고, 세력이 더 늘면 사람들이 따르기 쉽고, 사람들이 따르기 쉬우면 포교의 성과가 예상 외로 진척될 것이다. 처음에는 포교에서 세력으로 나아가고 나중에는 세력에서 포교로 나아가, 세월이 흐르면 그 실적이 더욱 커질 것이다. 기독교가 동서양에 두루 전파된 것도 이런 방식에 기초했기 때문이다.

[원문] 朝鮮佛敎中에 所謂說法이 稍帶布敎之性質이ᄂ 所說이 不出寺院之外ᄒ고 其趣味가 卑野駁雜ᄒ야 一無感人之價値ᄒ고 此外에 別無布敎者ᄒ니 良以現今僧侶摠數가 不過朝鮮人三千分之一이라 是ᄂ 三千人中에 爲僧者ㅣ纔一人이니 爲僧者ᄂ 何人이오 不迫於貧賤則惑於迷信ᄒ야 惰怠愚懦에 散而不收ᄒ야 初不知佛敎眞相之爲何物ᄒ니 若此者ㅣ非人類之下等而何오 積三千人中最下等之一人ᄒ야 以爲佛敎全部社會ᄒ고 所謂信徒者ᄂ 少數之女人而已오 男子則

已如鳳毛麟角이라 嗚呼라 聚羣聾에 不能成一師曠ᄒ고 積羣嚬에 不能成一西施ᄒᄂ니 世人은 皆以僧侶爲少也언만은 余則已不勝其多라

[번역] 조선 불교 가운데 이른바 설법(說法)이 그나마 포교의 성질을 띠고 있지만, 그 설법이라는 것이 절을 벗어나지 못하고 그 취지가 촌스럽고 뒤죽박죽이라 하나도 사람을 감동시킬 만한 가치가 없다. 이 밖에는 따로 포교라는 것이 없으니 참으로 현재 승려의 총수는 조선 인구 전체의 3,000분의 1[158]에 불과하다. 이것은 3,000명 가운데 승려가 겨우 한 명인 것이니, 승려가 되는 사람은 어떤 사람인가. 가난에 쪼들리거나 아니면 미신에 현혹되어 게으른데다가 어리석고 나약하여 풀어진 정신을 수습할 줄 모르니 애초부터 불교의 참다운 모습이 무엇인지 모른다. 이와 같은 자들이 인류 가운데서도 가장 하류가 아니고 무엇인가. 3,000명 중에서 가장 하류에 속하는 한 사람씩을 모아 불교계 전체를 구성하고, 이른바 신도(信徒)는 소수의 여인뿐이며 남자는 봉황의 털이나 기린의 뿔[159]처럼 드물다. 귀머거리를 아무리 모아 놓아도 한명의 사광(師曠)[160]이 될 수 없고, 얼굴 찡그리는 못난이를 아무리 쌓아 놓아도 한 명의 서시(西施)[161]가 될 수

---

158) 3,000분의 1 : 당시 조선 인구를 2,000만 명으로 계산하고 승려의 숫자를 대략 5·6,000명이라 예상한 수치다.

159) 봉황의 깃털과 기린의 뿔 : 원문에는 '鳳毛麟角'. 아주 뛰어난 인재를 비유하거나, 보기 힘든 매우 희귀한 물건을 가리키는 말로도 쓰인다. 〈6. 참선을 논함(論參禪)〉에서 나온 바 있다.

160) 사광(師曠) : 진(晉)의 악사. 음악을 잘 이해하고 총명한 사람. 『맹자(孟子)』「이루장구 상(離婁章句 上)」편 참조.

161) 서시(西施) : 선시(先施)라고도 한다. 춘추 시대 말기 월(越)나라 저라산(苧羅山) 사람. 성이 시(施)라서 서자(西子)라고도 부른다. 저라산 근처에서 나무장수의 딸로 태어났다. 절세 미녀였기 때문에 그 지방의 여자들은 무엇이든 서시의 흉내를 내면 아름답게 보일 것이라 생각하고, 병이 들었을 때 서시가 찡그리는 얼굴까지 흉내를 냈다고 한다. 그래서 효빈(效嚬)이라는 말까지 생

없으니, 세상 사람들은 모두 승려가 적다고들 하지만 내가 보자면 너무 많아서 탈이다.

[원문] 今朝鮮之僧侶數千이 數千其心ㅎ야 一無相成ㅎ니 非多而何오 非夫로다 向使佛敎之人으로 早布敎런들 今日之僧侶가 未必皆三千人之末而信徒가 未必皆少數女人而已리라 欲知今果ㄴ대 作因이 是耳오 欲知來果ㄴ대 今因이 是耳라 先天은 已矣라 付諸東流ㅎ고 來者를 可追라 宜作好因이라 春地芳菲ᄂ 雖屬無情이ᄂ 秋江芙蓉이 實無主人이라 一失其時ㅎ면 馹馬莫追니 慧命之永存이 其在斯乎ㄴ져 布敎之不可以已ㅣ若是其極也니라

[번역] 지금 조선 승려 수천 명은 그 마음도 수천 가지라 서로 합심해 이루는 일이 하나도 없으니 많은 것이 아니고 무엇인가. 슬프다, 예전부터 불교인들이 일찍 포교했다면, 오늘날 승려가 모두 3,000 명 가운데 하류에 속하는 자만은 아니었을 것이며, 신도도 모두 소수의 여인만은 아니었을 것이다. 현재의 결과를 알고자 한다면 지난날 지은 원인이 바로 현재의 결과일 뿐이요, 미래의 결과를 알고자 한다면 현재 짓는 원인이 바로 미래에 나타날 결과일 뿐임을 알아야 한다. 과거는 지나갔으니 흐르는 물에 떠나보내고 미래를 추구해야 할 것이니 마땅히 좋은 원인을 지어야 한다. 봄날의 꽃향기는 무정하지만, 가을 강

___

겼다. 처음에 약야계(若耶溪)에서 빨래를 하고 있다가 문종(文種)에게 뽑혔다. 회계(會稽)에서 오(吳)나라에 패망한 월왕(越王) 구천(勾踐)의 충신 범려(范蠡)가 데려다가 오왕(吳王) 부차(夫差)에게 바쳐졌는데, 남다른 총애를 받았다. 서시의 미색에 빠져 정치를 태만하게 하다가 마침내 멸망하고 말았다고 전해지고 있다. 나중에 범려와 함께 오호(五湖)로 달아났다고도 하고, 강에 빠뜨려 죽였다고도 한다.

에 핀 부용(연꽃)은 실로 주인이 없다. 한 번 그 때를 잃으면 말 네 필이 끄는 수레(駟馬)로도 쫓아갈 수 없으니, 불교가 영원히 존재하는 것이 포교에 달려 있을 터, 포교를 버려둘 수 없는 것이 이처럼 시급하다.

[원문] 人欲布教ㄴ대 先必具其資格이니 資格云何오 一曰熱誠이오 二曰忍耐오 三曰慈愛니 三者闕一이면 不可爲完全布教人이라 不見他教人之布教乎아 不關日之寒暑와 途之遠近ᄒᆞ고 皆可以往布ᄒᆞ며 雖何地何人이라도 皆可以教ᄒᆞ야 一人不得則又一人ᄒᆞ고 今日不得則又明日ᄒᆞ여 愈不得而愈益布ᄒᆞᄂᆞ니 此非熱誠歟아 布教之次에 雖有何等誹謗과 何等詬辱이라도 莫或相薄ᄒᆞᄂᆞ니 此非忍耐歟아 智者賤者驕傲者頑迷者雖如何强剛難化之徒라도 皆歡迎而撫喩之ᄒᆞᄂᆞ니 此非慈愛歟아 如是而教之不布者ㅣ未之有也니 吾知他教隆盛之有今日이 非徒然也라

[번역] 포교를 하고자 하면 반드시 먼저 자격을 갖추어야 한다. 자격이란 무엇인가. 첫째는 열성, 둘째는 인내, 셋째는 자애(慈愛)이니, 이 셋 중에서 하나라도 빠지면 완전한 포교인이라고 할 수 없다. 다른 종교인이 포교하는 것을 보지 못했는가. 날씨가 춥거나 덥거나 길이 멀거나 가깝거나 관계없이 모두 찾아가서 포교하며, 어느 곳 어떠한 사람이라도 다 가르쳐서 한 사람에게 성과를 얻지 못하면 또 다른 한 사람에게 포교하고, 오늘 되지 않으면 또 내일 계속 노력하여, 실패할수록 더욱 포교에 힘쓰니 이것이 열성 아닌가. 또 포교하는 과정에서 어떠한 비방과 어떠한 모욕을 받는다 해도 서로 맞서 싸우는 법이 없으니 이것이 인내 아닌가. 그리고 지혜 있는 사람·천한 사람·

교만한 사람·완고한 사람 등 아무리 억세고 교화시키기 어려운 무리들이라도 모두 환영하여 어루만지고 타이르니, 이것이 자애 아닌가. 이렇게 하고서도 종교가 퍼지지 않는 법은 없으니, 나는 다른 종교가 오늘날 융성해진 것이 저절로 된 일이 아님을 안다.

[원문] 西國人에 有馬達加期者ᄒ야 傳敎十年에 治得一信徒ᄒ고 有吉林德者ᄒ야 傳敎於緬甸五年에 始得一信徒ᄒ고 有拿利林者ᄒ야 傳敎於支那七年에 始得一信徒ᄒ니 嗚呼偉人哉라 逈乎其不可及也로다 若使朝鮮之僧侶로 傳敎外國이면 幾何其不未得一徒之數月에 灰其心ᄒ고 又數月에 回其馬也리오 五年七年十年而猶未渙其初志者ᄂᆞᆫ 吾ㅣ安得不謳歌之夢想之리오

[번역] 스페인 사람 중에 마달가사(馬達加期)라는 이가 있어 전도한 지 10년 만에 비로소 신도 한 명을 얻었고, 구드슨(吉林德)이라는 사람이 있는데 미얀마에서 전도 5년 만에 비로소 신도 한 명을 얻었으며, 또 모리슨(拿利林)이라는 사람이 있는데 중국에서 전도 7년 만에 비로소 한 신도를 얻었다 하니,[162] 얼마나 위대한 사람들인가. 보

162) 스페인 사람에…신도를 얻었다 하니 : 이 구절의 원출처는 량치차오의 「신민설(新民說)」(1902) 제15절 〈논의력(論毅力)〉에 나오는 대목이다. 원문은 다음과 같다. "馬達加斯加之傳敎師, 十年始得一信徒, 吉德林之傳敎於緬甸, 拿利林之傳敎於中國, 一則五年, 一則七年, 乃得一信徒(이하 생략)"(梁啓超, 『飮氷室文集 上』, 通論, 上海廣智書局, 1905, 146쪽 참조).
그런데 『조선불교유신론』 본문에서는 량치차오의 『신민설』 원문과 다르게 표기되어 있어 혼동을 일으킨다. 馬達加斯加는 '馬達加期', 吉德林은 '吉林德'으로 바뀌어 표기되어 있는가 하면, 『신민설』 원문에 없는 구절을 삽입해 "西國人에 有馬達加期者ᄒ야"라고 되어 있어, '馬達加期'를 인명(人名)으로 해석했다. 이원섭 번역본은 『조선불교유신론』 본문에 따라 "스페인 사람에 매클라가스가르(馬達加期)라는 사람이 있어서"라고 되어 있다.
그러나 량치차오의 글 『신민설』 원문에 나오는 馬達加斯加는 아프리카 대륙

통 사람이 미칠 바가 아니다. 만약 조선의 승려를 외국에서 전도하게 하면, 아마 한 명의 신도도 얻지 못한 채 몇 달이 지나면 열정이 식어 버리고 다시 몇 달이 지나면 포기하고 돌아올 것이다. 5년·7년·10년 이 지나도 오히려 처음 가졌던 뜻을 바꾸지 않는 사람을 내 어찌 칭송하고 꿈꾸지 않겠는가.

[원문] 敎理之不及萬一於佛敎者도 猶張牙舞爪ᄒᆞ야 以逞其志어늘 玄妙廣大之如佛敎者ㅣ屛肩縮頭ᄒᆞ야 莫敢誰何ᄒᆞ니 誰之賜歟아 今日

남동쪽에 있는 섬나라 마다가스카르(Madagascar)의 음역(音譯)으로 인명이 아니라 지명(地名)이다. 참고로 량치차오의 『신민설』은 일찍이 조선의 지식인 들에게도 소개되어 큰 영향을 미친 바 있다. 1909년 4월 『서북학회월보(西北 學會月報)』제11호에는 량치차오의 『신민설』 가운데 〈論毅力〉 부분을 국한 문혼용으로 번역해 싣고 있는데, 이 구절의 번역문은 다음과 같다. "馬達斯加 의 傳敎師는 十年에 一個 信徒를 始得ᄒᆞ얏스며 吉德林은 緬甸에 傳敎ᄒᆞ고 拿利林은 支那에 傳敎홀식" 여기서는 량치차오의 글 『신민설』원문의 馬達加 斯加이 '馬達斯加'로 바뀌어 표기되고는 있지만, 지명으로 번역하고 있음을 알 수 있다.

다음으로 이원섭 번역본에 "구드슨吉林德이라는 사람이 있어서 미얀마에서 전도하기 5년에"라고 되어 있는데, 앞서 언급한 것처럼 吉林德은 '吉德林'을 잘못 적은 것이다. 정해렴 편역본도 이원섭 번역본과 같아서 참고가 되지 않는 다. 吉德林에 해당하는 인명의 원어를 찾아보려 애썼지만 마땅한 인물이 눈에 띄지 않았는데, '미얀마에서 전도'한 외국인 선교사로 저명인물은 아도니람 저 드슨(耶德遜, Adoniram Judson, 1788~1850)이 유일하다. 저드슨은 미국 최 초의 선교사이자 미얀마 사역 초기 유일한 개신교 선교사이므로 吉德林은 아 도니람 저드슨(耶德遜)을 가리키는 것으로 보아야 할 것이다.

한편 이원섭 번역본에 "모리슨拿利林이라는 사람이 있어서 중국에서 전도하 기 7년에"라고 되어 있는데, 拿利林이라는 인명의 원어를 찾아보려 애썼지만 역시 마땅한 인물이 눈에 띄지 않았다. '중국에서 전도'한 선교사로 저명한 초 창기 인물 중에 로버트 모리슨(馬禮遜, Robert Morrison, 1782~1834)이 있 다. 모리슨은 영국의 전도사로 런던선교회에서 중국에 파견한 최초의 개신교 선교사다. 拿利林이라는 표기는 현대 중국어의 표기 馬禮遜과 비슷한 부분 이 전혀 없는데, Morrison의 중국어 음역으로서 摩利遜이라는 표기도 사용 되므로, 아마도 拿利林은 로버트 모리슨을 가리키는 듯하다.

之有荒涼은 罪在前人이오 後日之有興復은 責任在今人이라

[번역] 교리(敎理)가 불교의 만 분의 일에도 미치지 못하는 종교조차 어금니를 드러내고 손톱을 가다듬으며 뜻을 펴고 있는데, 불교처럼 깊고 오묘하며 크고 넓은 종교가 어깨가 처지고 머리가 움츠러들어 정체를 알아볼 수 없으니 이것은 누구의 탓인가. 오늘날 불교의 황량한 모습은 옛 사람의 죄이고, 뒷날 불교의 부흥은 오늘날 사람들의 책임이다.

[원문] 勢力者는 保護自由之神將이니 勢力이 一蹶ᄒ면 生或類死라 烏乎라 覆巢之下에 完卵이 無期오 皮之不存이면 毛將焉求리오 佛敎亡而僧侶獨存乎아 佛敎衰而僧侶獨盛乎아 佛敎興亡이 實僧侶興亡之先聲宣告니 然則僧侶之欲興佛敎가 亦間接之利我而已오 若夫勢力利我之外에 雖磨其頂放其踵而無辭者는 曰惟度生之故니 自利々他가 幷在布敎하니라

[번역] 세력이란 자유를 보호하는 신장(神將)이니, 세력이 한 번 꺾이면 살아도 죽은 것과 다를 바 없다. 뒤집어진 둥지 아래서는 성한 알을 기대할 수 없고,[163] 가죽이 남아 있지 않으면 털을 어디서 구하

---

163) 뒤집어진 둥지 아래서는 성한 알을 기대할 수 없고 : 원문에는 覆巢之下에 完卵이 無期오. 이 구절의 원출처는 『세설신어(世說新語)』인데 "둥지가 뒤집히는 데 어찌 알이 온전할 수 있겠습니까"(豈見覆巢之下, 復有完卵乎)라고 되어 있는 것을 변형해 인용한 것이다.
중국의 삼국시대(三國時代)에 위(魏)나라에 공융(孔融)이란 사람이 있었는데, 조조(曹操)를 못마땅하게 여겨 조조가 하는 일에 사사건건 반대했다. 조조가 한 번은 50만 군대를 동원해 유비(劉備)와 손권(孫權)을 정벌하려고 했는데, 이때도 공융은 출정을 반대했다. 조조는 그의 의견을 무시하고 출정을 강행했고, 공융은 조조의 처사를 불평했다. 조조에게 아첨하는 사람이 공융

겠는가.[164] 불교가 없어져도 승려 홀로 남아 있을 수 있겠는가. 불교가 쇠퇴하고도 승려 홀로 번성할 수 있겠는가. 불교의 흥망은 참으로 승려의 흥망을 예고하는 사전선고인 것이니, 그렇다면 승려가 불교를 부흥시키려 하는 것도 간접적으로 자기를 이롭게 하는 일일 뿐이다. 세력으로 나를 이롭게 할 뿐만 아니라 목숨을 던지는 것도 사양치 않는[165]듯이 애쓰는 까닭은 오직 중생을 제도하기 위해서이니 자리(自利)·이타(利他)가 모두 포교에 달려 있는 셈이다.

을 모함하여 말을 부풀려서 조조에게 보고하자, 조조는 공융 일가족을 전부 체포하여 사형에 처하라고 명령했다. 관군이 공융의 집에 들이닥치자, 집안의 어른들은 공융의 어린 자식에게 피신을 권했는데, 공융의 아홉 살 먹은 아들은 "둥지가 뒤집히는 데 어찌 알이 온전할 수 있겠습니까?"(豈見覆巢之下, 復有完卵乎)라고 말하고는 공융을 따라 같이 죽었다. 그 후로 나라가 망하면 백성이 온전할 수 없고, 가정이 파괴되면 가족들이 안전할 수 없다는 뜻으로 쓰인다.

164) 가죽이 남아 있지 않으면 털을 어디서 구할까 : 원문에는 皮之不存이면 毛將焉求. 이 구절은 원래 "가죽이 없이 털이 어디에 붙어 있겠는가?"(皮之不存, 毛將焉傅)라는 고사성어를 변용한 것이다. 사물은 토대가 없이 성공할 수 없다는 뜻을 가죽과 털에 비유한 말인데, 가장 이른 시기에 나온 출처는 『춘추좌씨전(春秋左氏傳)』 희공(僖公) 14년 조에 나오는 기사다.
기원전 645년 중국 진(晉)나라에 기근이 들자 혜공(惠公)은 사신을 진(秦)나라에 파견해 곡식을 팔도록 요청했다. 진(秦) 목공(穆公)은 요청을 수락해 곡식을 진(晉)에 실어 보냈다. 이듬해 진(秦)에 가뭄이 들자 목공도 사신을 진(晉)에 보내 곡식을 팔도록 요청했는데 혜공은 거절했다. 이에 혜공의 신하인 대부 경정(慶鄭)이 간언했다.
"지난 해 우리가 어려웠을 때 진(秦)이 도와주었는데, 그들의 은혜를 잊는다면 이는 무친(無親)입니다. 또한 남의 어려움을 기뻐하는 것은 불인(不仁)이고, 물건을 남에게 주지 않으려는 것은 불상(不祥)입니다. 이러한 일로 이웃 나라에 죄를 짓는 것은 불의(不義)입니다. 무친, 불인, 불상, 불의를 모두 저지르고서 어찌 나라를 유지할 수 있겠습니까?"
그 말을 듣고 혜공의 외숙이자 대부인 괵석(虢射)이 말했다.
"가죽이 없는데 털이 어디에 붙어 있겠습니까?"(皮之不存, 毛將安傅)."
경정이 괵석의 말을 반박했다.
"신의를 버리고 이웃 나라를 배반하면 또다시 우리에게 환란이 있을 때 누가 도와주겠습니까? 신의가 없으면 환란이 생기고 구원을 받지 못하면 반드시 망하기 마련입니다."

[원문] 布敎方法이 固非一道라 或以演說ᄒ고 或以新聞雜誌ᄒ고 或以飜經廣布ᄒ고 或以慈善事業ᄒ야 百方紹介ᄒ야 惟恐闕一이 可也어늘 今朝鮮之佛敎ᄂ 無或於此ᄒ니 未知此外에 別有道理歟아 願聞ᄒ노라

[번역] 포교의 방법은 본래 한 가지가 아니다. 연설로 포교하거나, 신문·잡지를 통해 포교하거나, 경전을 번역해 널리 유포시켜 포교하거나, 자선사업을 일으켜 포교하는 등 백방으로 가르침을 소개해 어느 하나라도 빠뜨릴까 걱정해야 하는데도, 지금 조선의 불교계는 이러한 포교가 전혀 없으니, 이밖에 내가 알지 못하는 별다른 도리가 있는가. 있다면 대답을 듣고 싶다.

곽석이 경정의 말을 다시 반박했다.
"곡식을 준들 원망을 덜지 못하고 오히려 적을 더욱 강대하게 해줄 뿐이니 차라리 곡식을 주지 않느니만 못합니다."
경정이 곽석의 말을 다시 반박했다.
"베풀어준 은혜를 배반하고 남의 재난을 즐기는 것은 백성으로 하여금 군주를 버리게 하는 일입니다."
결국 혜공은 경정의 말을 듣지 않았고, 경정은 물러나와 탄식했다.
"우리 임금은 곧 이 일을 후회하게 될 것이다."
다음해 진(秦) 목공은 진(晉)을 쳐서 혜공을 사로잡았다.

165) 목숨을 던지는 것도 사양치 않는 : 원문에는 磨其頂放其踵而無辭者. 이 구절의 출처는 『맹자(孟子)』 「진심장구 상(盡心章句 上)」으로, "이마에서 발꿈치까지 닳아 없어진다 할지라도 천하를 유익하게 한다면 하는"(摩頂放踵, 利天下, 爲之)이라고 되어 있는 문장을 변형해 인용한 것이다. 맹자가 유가(儒家)를 해치는 학파로 양자(楊子)와 묵자(墨子)를 지목해 비판하는 대목에 나온다. "맹자가 말하였다. 양자는 자신을 위하는 입장을 취하여 터럭 하나 뽑아서 천하를 이롭게 한다 해도 하지 않는다. 묵자는 겸애를 주장하여 이마에서 발꿈치까지 닳아 없어진다 할지라도 천하를 이롭게 한다면 기꺼이 한다."(孟子曰, 楊子取爲我, 拔一毛而利天下, 不爲也. 墨子兼愛, 摩頂放踵, 利天下, 爲之.)

10. 사원의 위치를 논함(論寺院位置)

[원문] 余嘗有志乎擴張佛敎로되 常恨僧侶之思想이 不及他人이라 均是佛性이오 均是肉團이어늘 不及則有萬能而有餘則無一拙ᄒ니 何其一如此而不如彼也오 有口者ㅣ皆曰無敎育이라ᄒᄂ니 盖亦信之라

[번역] 나는 일찍이 불교를 확장하려는 뜻을 갖고 있었지만 늘 승려의 사상이 일반인의 수준에도 미치지 못하는 것을 한탄했다. 같은 불성(佛性)과 같은 육체를 갖고서도 승려들이 모자라는데 비해 그들은 만능이면서 여유가 있어 하나도 졸렬함이 없으니, 승려들은 어찌 그리도 하나같이 이 모양이고 저들만 못한 것일까. 입 있는 사람은 모두 말하기를 "교육을 받지 못했기 때문이다"라고 하는데 그 말도 대개 믿을 만하다.

[원문] 雖然이ᄂ 無敎育者ㅣ不及有敎育者則然矣ᄂ 同是無敎育而其天然思量이 逈出人下者ᄂ 不亦奇乎아 其原因이 在於擇地之不得其道也니 傳에 曰擇不處仁이면 焉得智리오ᄒ니라

[번역] 그러나 교육받지 못한 사람이 교육받은 사람의 수준에 미치지 못한다면 그럴 듯하지만, 같이 교육받지 못한 사람이면서도 그 선천적인 사고력이 남보다 훨씬 떨어지는 것은 또한 이상하지 않은가.

그 원인은 환경을 선택하는 것이 적절치 못한 데 있다. 『논어(論語)』
에서 이르기를 "어진 이가 사는 곳을 선택해 살지 않는다면, 어찌 지
혜롭다 하겠는가?"[166]라고 했다.

[원문] 擇地를 於何觀고 人之所居土ㅣ是也라 僧侶所居之小天地曰
寺院이니 散在於山明水麗ᄒᆞ고 塵烟永絕之中ᄒᆞ야 呼吸烟霞ᄒᆞ고 呑
吐風月ᄒᆞ며 空氣新鮮ᄒᆞ고 幻夢이 淸淨ᄒᆞ니 眞所謂別有天地非人間
이라 噫라 誰智明山麗水가 化作劍樹刀山ᄒᆞ고 烟霞風月이 變爲三毒
五濁ᄒᆞ야 所謂別有天地가 居然爲黑山鬼窟이리오 自古至今에 幾個
達人名士가 誤入此形式界之別有天地精神界之黑山鬼窟ᄒᆞ야 寂々然
草木同腐ᄒᆞ야 一去而不復聞也오 感時懷古者ㅣ能無哀乎아 前軍覆
轍에 後車當戒라

[번역] 땅을 어떻게 보고 선택할 것인가. 사람들이 살고 있는 땅이
면 된다. 승려가 사는 작은 세상을 사원(寺院)이라고 하는데, 사원은
대부분 산과 물의 경치가 아름답고 속세에서 아주 먼 곳에 흩어져
있으며, 안개와 노을을 호흡하고 바람과 달을 마시거나 토하며, 공기
가 신선한 가운데 꿈이 맑으니, 참으로 별유천지비인간(別有天地非人
間)[167]이라고 할 만하다. 그러나 누가 아름다운 산과 물이 검수도산

---

166) 어진 이가 사는 곳… : 원문에는 擇不處仁이면 焉得智. 이 구절의 원출처는
『논어(論語)』「이인(里仁)」편으로 "공자가 말하였다. "마을에 어진 풍속이 있
는 것은 아름답다. 자처할 바를 고르면서 인(仁)에 처하지 않으면 어찌 지혜롭
다 하겠는가?"(子曰 : "里仁爲美, 擇不處仁, 焉得智")라는 대목에서 인용한
것이다. 원래 인(仁)은 사람의 덕을 가리킨 것이지만, 『조선불교유신론』 원문
에서는 "어진 이가 사는 곳"의 뜻으로 의미를 바꾸어 인용했다.
167) 별유천지비인간(別有天地非人間) : 이 구절의 원출처는 이백(李白)의 '산중
답속인(山中答俗人)' 시구(詩句)다. "그대 왜 산 속에 사는가 하고 묻지만, 웃

(劍樹刀山)[168]으로 변하고 안개와 노을과 바람과 달이 삼독오탁(三毒五濁)[169]으로 변해, 이른바 별유천지가 그대로 흑산귀굴(黑山鬼窟)[170]이 되는 것을 알겠는가. 예로부터 지금까지 얼마나 되는 달인·명사가 이 형식적인 별유천지와 정신적인 흑산귀굴에 잘못 들어가 외롭게 초목처럼 썩고 한 번 가면 다시 소식이 들리지 않는 것인가. 이 시대에 느낀 바 옛날을 그리워하는 사람으로서 어찌 슬프지 않겠는가. 앞에 가는 수레가 뒤집히면 뒤에 가는 수레는 마땅히 경계해야 한다.[171]

을 뿐 대답 않고 내 마음 한가로워. 복사꽃 뜬 냇물 저쪽 아득히 흘러가니, 이곳은 도원경(桃源境)이지 인간 세계가 아닐세(問余何事栖碧山, 笑而不答心自閒, 桃花流水杳然去, 別有天地非人間). 인간 세상이 아닌 또 다른 신선 세계를 가리키는 말로 쓰인다.

168) 검수도산(劍樹刀山) : 불교에서 말하는 지옥. 검수(劍樹)는 불효하거나 불경하거나 무자비한 사람이 죽어서 가게 되며, 시뻘겋게 단 쇠뭉치 열매와 칼로 된 잎이 달린 나무 숲속에서 온몸이 찔리는 벌을 받는다고 한다. 도산(刀山)은 신령을 모독하고 살생을 한 자들이 가게 되며, 칼로 이루어진 산에서 온몸이 찔리는 벌을 받는다고 한다.

169) 삼독오탁(三毒五濁) : 삼독은 탐(貪)·진(瞋)·치(癡), 오탁은 겁탁(劫濁)·견탁(見濁)·번뇌탁(煩惱濁)·중생탁(衆生濁)·명탁(命濁)을 가리킨다.

170) 흑산귀굴(黑山鬼窟) : '어둡고 캄캄한 귀신들의 서식지'를 뜻하는 말로, 원출처는 『벽암록(碧巖錄)』 42칙 수시(垂示)에 "혼자서 제창하고 홀로 희롱하여도 흙탕물을 끼얹는 것이요, 북치고 노래하기를 혼자서 모두 하더라도 은산철벽(銀山鐵壁)이다. 이리 저리 궁리했다가는 해골 앞에서 귀신을 보게 될 것이며, 찾으며 생각하면 캄캄한 산 아래 떨어지리라"(垂示云, 單提獨弄帶水拕泥, 敲唱俱行, 銀山鐵壁. 擬議則髑髏前見鬼, 尋思則黑山下打坐.)라고 한 대목이다. 번역은 선림고경총서, 『碧巖錄 中』, 藏經閣, 1993, 98쪽 참조.
참선 공부가 바로 되지 않고 잘못된 방향으로 가는 상태, 혹은 생동감 있는 살아 있는 선(禪)이 아니라, 마른 나무처럼 메마르고 죽은 상태를 가리키는 용어로 선어록에 자주 등장한다. 여기서는 산 속에 자리 잡은 절을 비판하는 의미로 사용되었다.

171) 앞에 가는 수레가 뒤집히면… : 원문에는 前軍覆轍에 後車當戒. 복거지계(覆車之戒)라는 고사성어로 알려져 있다. 이 구절의 출처는 『한서(漢書)』 「열전(列傳)」〈가의전(賈誼傳)〉이다. 앞의 수레가 뒤집히는 것을 보고 뒤에 가는 수레는 미리 경계해야 한다는 뜻으로, 앞사람의 실패를 거울삼아 뒷사람은 똑같은 실패를 하지 않도록 조심해야 함을 이르는 말이다.
전한(前漢) 초기의 명신(名臣) 가의(賈誼)가 문제(文帝)에게 국정의 쇄신을

[원문] 德儒黑革이 日 水性은 使人通ᄒ고 山性은 使人塞ᄒ며 水勢ᄂᆞᆫ 使人合ᄒ고 山勢ᄂᆞᆫ 使之離라ᄒ니 果然否아 果則余於靑鳥之術에 雖無所學이ᄂ 今以寺院位置如思想事業之吉凶關係를 一ᄉᆞ訣之ᄒ리라

[번역] 독일의 철학자 헤겔[172]은 말하기를 "물의 성질은 사람을 통하게 하고 산의 성질은 사람을 막히게 하며, 물의 형세는 사람을 합하게 하고 산의 형세는 사람을 헤어지게 한다."[173]라고 했는데 정말

건의한 상소문에 다음과 같은 내용이 있다. "앞 수레의 뒤집어진 바퀴자국은 뒷 수레에 교훈이 된다(前車覆, 後車戒)는 말이 있습니다. 저 옛날의 하(夏)는 은(殷)과 주(周) 시대를 되돌아보면 그때는 왜 잘 다스려졌던가를 분명히 알 수 있습니다. 이 옛날의 교훈에서 배우지 못한다면 성인(聖人)의 가르침을 어기는 것과 같아서 오래 영화를 누리지 못할 것입니다. 진(秦)나라가 일찍 망한 것을 우리는 눈앞에서 보았습니다. 진나라가 망한 까닭은 진나라가 편 정책에서 알 수 있습니다. 우리는 이런 어리석음을 피하지 않으면 앞날이 암담합니다. 그러므로 앞 수레가 뒤집어진 것을 보고 국가의 큰 계획을 세우고 대책을 세움이 마땅합니다."

172) 헤겔(Georg Wilhelm Friedrich Hegel, 1770~1831) : 원문에는 黑革. 현대 중국어로는 黑格尔. 독일의 철학자. 독일 관념론 철학을 완성했다.

173) 독일의 철학자 헤겔은… : 헤겔을 인용한 이 구절의 원출처는 량치차오의 「지리와 문명의 관계(地理與文明之關係)」에 나오는 대목이다(梁啓超, 『飮氷室文集 下』, 地理, 上海廣智書局, 1905, 3쪽 참조). 또 헤겔의 말로 되어 있는 "물의 성질은~떨어지게 한다"라는 대목의 원출처는 중국 당대(唐代) 풍수가 복응천(卜應天)의 『설심부(雪心賦)』다. 『설심부』는 산천 형세의 모양에 따라 사람에 미치는 길흉화복을 상세히 설명하는 형기풍수론(形氣風水論)을 주장한 풍수지리학의 고전이다.
량치차오의 「지리와 문명의 관계」는 일본의 사상가, 정치학자, 기독교계 지식인 우키타 가즈타미(浮田和民)의 『史学通論(사학통론)』 제5장 「역사와 지리(歷史と地理)」를 번안(飜案)한 것이다. 자세한 사항은 石川禎浩, 「梁啓超と文明の視座」, 狹間直樹 編, 『共同研究·梁啓超-西洋近代思想受容と明治日本』, みすず書房, 1999年, 127頁 참조. 량치차오가 발표한 글 가운데 문명론이나 인종론 등을 논한 상당수는 우키타의 저작에서 관련 부분을 번역 혹은 번안한 것이 많은데, 량치차오는 그 출처를 제대로 밝히지 않았고, 만해도 량치차오의 문장을 그대로 인용하면서 출처를 언급하지 않았다.

그러한가. 정말 그렇다면 나는 풍수설(風水說)[174]을 배운 바 없지만 이제 사원의 위치와 사상·사업의 길흉관계를 낱낱이 밝혀보고자 한다.

[원문] (甲) 無進步的思想이니 進步者ᄂ 進々不退之謂라 吾人意思中에 有前途可取之預想者를 字之曰 希望이니 希望所生之條件이 甚駁雜無算이ᄂ 皆有避苦趨樂之意味則同然야라 趣樂之希望이 無人無之로되 有大小長短之別則不在我而在物也라 何故오 假使一人으로 生於無他一物之世界ᄒ면 但不死而足矣오 方丈之食과 錦繡之衣와 廣廈之居와 駟馬之車가 非所欲也라 旣無他物이 能出於吾不死之上者則吾之希望이 不得不止於不死而更無所聞也라

[번역] (1) 진보적 사상이 없는 것 : 진보라는 것은 앞으로 나아가기만 하고 물러나지 않는 것을 말한다. 우리가 생각 속에서 앞으로 이루고 싶다고 미리 내다보는 것을 희망이라 하는데, 희망이 발생하는 조건은 매우 복잡해 헤아릴 수 없지만, 모두 고통을 피하고 즐거움으로 옮겨가려는 뜻은 마찬가지다. 즐거움을 누리고 싶은 희망이 없는 사람은 없겠지만, 크고 작고 길고 짧은 구분이 있다면 근거가 나에게 있는 것이 아니라 사물에 있다. 어째서인가. 가령 어떤 사람을 아무 것도 없는 다른 세계에 태어나게 한다면 다만 죽지 않는 것으로 만족할 뿐 호화로운 음식[175]·화려한 의복·넓고 큰 집·네 필의 말이

---

174) 풍수설 : 원문에는 靑鳥之術. 청오(靑鳥)는 중국 한(漢)나라 사람으로, 옛 팽조(彭祖)의 제자로 화음산(華陰山)에 들어가 도를 배워 신선이 되었다고 한다. 그는 지리학(地理學)에 능통하여 후에 지사(地師, 풍수)를 일컫는 말이 되었다. 그러므로 '청오지술'은 풍수설을 가리키는 말이다.
175) 호화로운 음식 : 원문에는 方丈之食. 이 구절의 원출처는 『맹자(孟子)』「진

끄는 수레 따위가 욕심나지 않을 것이다. 어떤 사물이라도 죽지 않는 것보다 더 귀중할 수 없으므로, 내 희망은 죽지 않는 것에 머무를 수밖에 없다는 것은 더 물어볼 필요도 없다.

[원문] 若夫人與物이 相殖相繁ᄒ야 充塞無涯ᄒ야 智巧日滋ᄒ고 精華驟增ᄒ면 接觸六根者ㅣ知上而不知下故로 人之欲望之範圍가 漸大ᄒ야 大而至於無外ᄒ고 長而至於無窮ᄒᄂ니 欲望이 旣無外無窮이면 進步思想이 亦無外無窮이니 此所以人與物이 相爲彼爲此ᄒ야 互相階梯而進化也라 大都會之進步가 比之窮峽에 有非常之速率이 是其驗也라 僧侶居之에 惟恐不山ᄒ야 所見所聞이 水流花開와 鳥啼雲公而已라 我已得之어니 誰爭余所오 以是自滿ᄒ야 不能前進一步ᄒ니 此ᄂ 進少思想之關於位置者ㅣ一也오

[번역] 사람과 물질이 서로 번성해 세상에 가득차고 끝이 없어서, 지혜와 기교가 날로 늘고 뛰어난 성과가 급증하면, 육근(六根)에 접촉되는 것이 좋은 것은 알고 나쁜 것은 알지 못하기 때문에 사람의 욕망의 범위가 점점 커져 크게는 무한에 이르고 길게는 무궁해지기에 이른다. 욕망이 무한하고 무궁하면 진보사상도 무한·무궁해질 것이니, 이러한 까닭에 사람과 물질이 서로 피차 계단과 사다리가 되어 진화하게 된다. 대도시의 진보가 외진 산골에 비해 대단히 빠른 속도로 이루어지는 것이 그 증거라 하겠다. 승려들은 거처가 산이 아니면 큰일 날 듯 두려워하는 까닭에, 보고 듣는 것이 물이 흐르고 꽃이 피

심장구 하(盡心章句 下)」다. "음식을 사방 열 자 되는 상에 늘어놓고, 시중드는 첩을 수백 명을 두는 짓은 내가 뜻을 다 이루어도 하지 않는다."(食前方丈, 侍妾數百人, 我得志弗爲也.)

며 새가 울고 구름이 스러지는 것뿐이다. "내가 이미 차지했으니 누가 내 처소를 다투랴?" 하고 자만하여, 한 걸음도 앞으로 나아가지 못하니, 이는 진보[176]사상이 위치와 관계있는 첫 번째 사례다.

[원문] (乙) 無冒險的思想이라 余ㅣ夢與達爾文拿破侖으로 同舟而渡太平洋하니 海天이 茫々하야 一髮無地라 相顧而語하야 以笑河伯之自大러니 小焉에 盲風蜃雨와 驚濤鰐浪이 浴天沒日하야 折槳失柁에 舟無所恃하야 轉動無定하니 擧舟ㅣ失驚하야 不能言이라 枕簟之下에 天水相撲하야 與魚爲間이 纔數寸板이니 焉能無懼리오

[번역] (2) 모험적인 사상이 없는 것 : 내가 꿈에서 다윈[177]·나폴레옹[178]과 같이 배를 타고 태평양을 건너는데 바다와 하늘이 넓고 커서 털끝만한 땅도 보이지 않았다. 서로 돌아보며 이야기하고 하백(河伯)이 스스로 크다고 뽐낸 것을 비웃자니,[179] 잠시 뒤에 사나운 바람이 불고 비가 억수로 쏟아지며,[180] 놀랄만한 파도와 사나운 물결이 높

---

176) 진보사상 : 원문에는 進少思想. 소(少)는 보(步)의 오타.
177) 다윈(Charles Darwin, 1809~1882) : 원문에는 達爾文. 현대 중국어도 같은 표기(达尔文).
178) 나폴레옹(Napoleon Bonaparte, 1769~1821) : 원문에는 拿破侖. 현대 중국어도 같은 표기(拿破仑).
179) 하백(河伯)이 스스로 크다고… : 이 구절의 원출처는 『장자(莊子)』「추수(秋水)」편으로, 하백(河伯)은 중국 황하(黃河)의 수신(水神). 하백이 스스로 큰 체하다 북해(北海)에 가보고 나서야 자신보다 더 큰 바다가 있는 줄 알았다는 이야기다.
180) 사나운 바람이 불고 비가 억수로 쏟아지며 : 원문에는 盲風蜃雨. 맹풍(盲風)은 1초 동안의 6~10m 정도(程度) 빠르기의 바람. 땅 위에서는 작은 나무 전체(全體)가 흔들리고, 바다에서는 물결을 조금 일으킴. 신우(蜃雨)에서 신(蜃)은 교룡(蛟龍)의 일종으로, 기운을 토하여 신기루를 일으킨다고 하는 상상의 동물을 가리킴. 따라서 맹풍신우는 '사나운 바람과 많은 비'로 해석할 수 있다.

게 일어나서[181] 상앗대가 꺾이고 키도 잃어버리고[182] 배는 의지할 데가 없이 흔들리고 안정되지 않아 배 안의 모든 사람들은 크게 놀라고 얼굴빛이 하얗게 질린 채 꼼짝도 못했다. 침대 밑[183]에서 하늘과 물이 서로 부딪쳐 물고기와의 간격이 겨우 몇 치[184]의 널판에 불과하니 어찌 두렵지 않을 수 있겠는가.

[원문] 此時에 拿破崙은 從容周旋ᄒᆞ야 毫不爲亂ᄒᆞ고 達爾文은 斂心端坐ᄒᆞ야 如有所思어늘 余ㅣ時에 驚迷失度ᄒᆞ야 不能一問이러니 已而오 風去浪息ᄒᆞ고 天晴海晏이라 稍稍振起ᄒᆞ야 叙問期故ᄒᆞ대

[번역] 이때 나폴레옹[185]은 침착하게 행동하여[186] 조금도 흐트러짐이 없었고, 다윈은 마음을 가다듬고 단정히 앉아 생각하는 것이 있는 듯했다. 나는 그때 놀라고 정신을 잃어[187] 아무 것도 물어볼 수 없었는데, 이윽고 바람이 그치고 파도가 잔잔해지며 하늘이 개이고 바다는 고요해졌다. 나는 차츰 기운을 회복해 떨치고 일어나 두 사람이

---

181) 놀랄 만한 파도와 사나운 물결이 높게 일어나서 : 원문에는 驚濤鰐浪이 浴天沒日ᄒᆞ야. 욕천몰일(浴天沒日)은 '하늘을 씻고 해가 없어져'라는 뜻으로, 비바람이 몰아쳐 날씨가 흐린 것으로 해석할 수 있다.
182) 상앗대가 꺾이고 키도 잃어버리니 : 원문에는 折槳失柂. 장(槳)은 상앗대(얕은 곳에서 배질을 할 때 쓰는 장대). 타(柂)는 키(선박의 고물에 장치하여 방향을 잡는 기구).
183) 침대 밑 : 원문에는 枕簟. 침(枕, 베개)과 점(簟, 삿자리, 멍석).
184) 겨우 몇 치 : 원문에는 纔數寸. 재(纔)는 겨우, 가까스로.
185) 나폴레옹 : 원문에는 掌破崙. 바로 앞에 '拿破崙'으로 되어 있음. 장(掌)은 나(拿)의 오타.
186) 침착하게 행동하여 : 원문에는 從容周旋. 침착하고 덤비지 않음. 종용(從容)은 현재 쓰는 '조용'하다의 원말. 주선(周旋)은 동용주선[動容周旋(동작의 의용(儀容)과 진퇴)]의 의미.
187) 놀라고 정신을 잃어 : 원문에는 驚迷失度. 경미(驚迷, 놀라서 혼미하고) 실도(失度, 법도/정도를 잃다).

침착한 까닭을 물어보았다.

[원문] 達爾文日 吾ㅣ航海이 繞地球一周ᄒ야 今五年而還이라 始
則吾與子ㅣ何異리오 萬死一生於風浪者ㅣ數次以後에 無大驚大懼ᄒ
고 爲魚爲人者ㅣ數十次以後에 不知風浪之爲何物ᄒ고 今則不特不知
風浪之爲何物이라 亦不知海之爲何物ᄒ고 不特知海之爲何物이라
亦不知舟之爲何物ᄒ고 不特不知舟之爲何物이라 亦不知我之爲何物
ᄒ니 今我之所以不知風浪不知海不知舟不知我者ㅣ皆無形的進化니
俄之所想者ㅣ亦進化之理야로라

[번역] 다윈이 대답했다.

나는 항해하여 지구를 한 바퀴 돈 지 5년 만에 돌아왔습니다. 처음엔
내가 당신과 무엇이 달랐겠습니까. 풍랑으로 수없이 죽다 살아난 경험
을 몇 차례 겪은 다음에야 크게 놀라거나 크게 두려워하는 일이 없게
되었고, 물에 빠져 내가 고기인지 사람인지 모르는[188] 체험을 수십 차
례 겪은 후에는 풍랑이 어떤 것인지를 모르게 되었고, 지금은 다만 풍
랑이 어떤 것인지를 모를 뿐만 아니라 바다가 어떤 것인지를 모르게
되었고, 바다가 어떤 것인지를 모를 뿐 아니라 배가 어떤 것인지를 모
르게 되었고, 배가 어떤 것인지를 모를 뿐 아니라 내가 어떤 것인지도
모르게 되었습니다. 지금 내가 풍랑을 모르고 바다를 모르고 배를 모
르고 나를 모르게 된 까닭은 모두 '무형(無形)의 진화(進化)' 때문이니,
아까 생각한 것도 진화의 이치였습니다.

[원문] 拿翁이 日 異哉라 我는 別無航海之事ᄒ니 請以戰喻ᄒ리라

---

188) 물에 빠져 내가 고기인지 사람인지 모르는 : 원문에는 爲魚爲人.

余ㅣ初戰于西班亞之野에 置身於劍電彈雨之中ᄒᆞ야 睹須臾之生死ᄒᆞ
니 去鬼一髮이라 能無懼乎아 身經百餘戰則自置生死於無用之地라
從茲以還으로 天下에 無所爲畏者ᄒᆞ니 風浪이 雖驚이ᄂ 視矢石有間
이라 吾復何懼리오 雖百十於此者라도 將談而揮之라ᄒᆞ야ᄂᆞᆯ

[번역] 나폴레옹이 말했다

기이하군요. 나는 따로 항해한 일이 없으니 전쟁으로 비유하겠습니다.
내가 처음 스페인 들판에서 싸웠을 때, 칼 빛이 번쩍이고 총알이 비 오
는 듯 하는 가운데 눈 깜빡할 사이에 생사가 달려 있어, 머리털 한 끝
차이로 귀신 되기 십상이었으니[189] 어찌 두려움이 없었겠습니까. 하지
만 몸소 백여 차례 전투를 거친 다음에는 스스로 생사를 초월하는 경
지에 이르게 되었습니다. 이때부터 천하에 두려움이란 것이 없어져 풍
랑이 놀랍다고는 해도 총탄과 거리가 있으니 내가 다시 두려울 게 무
엇이겠습니까. 이것보다 열 배나 백 배 풍랑이 일어나도 나는 담소하며
지휘할 것입니다.

[원문] 一聞此言에 神氣聳動ᄒᆞ야 無翼可飛라 余欠身起敬曰 二子
之所經이 若是其奇壯歟아 宜乎後人之膜拜爭道야로다

[번역] 이 말을 듣자 기운이 치솟아 올라[190] 날개 없이도 날 듯하였
다. 나는 일어나 경의를 표하고[191] 말했다. "두 분의 경험이 이렇게도

---

189) 머리털 한 끝 차이로 귀신 되기 십상이니 : 원문에는 去鬼一髮. 거귀(去鬼)
는 보통 '귀신을 쫓는다'는 의미로 사용되는데, 거(去)는 가다, 떠나다, 없애다,
떨어지다, 쫓다 등 다양한 뜻이 있어, 여기서는 '귀신의 처지로 가다', 혹은 '귀
신의 처지에 떨어지다'로 의역할 수 있다.
190) 기운이 치솟아 올라 : 원문에는 聳動.
191) 일어나 경의를 표하며 : 원문에는 欠身. 1) 공경하는 뜻으로 몸을 굽힘. 2) 하
품을 하거나 기지개를 켬이라는 뜻이 있는데, 여기서는 1)의 뜻으로 해석하는

기이하고 대단했던 것입니까. 마땅히 후세 사람들이 무릎 꿇고 절하며 다투어 칭송할 만합니다."[192]

[원문] 然則天下之冒險思想이 從見聞閱歷而生者오 非人之本有而本無라 不見金剛雪獄之人乎아 絕磵斷崖野人所匍匐戰慄ᄒᆞ야 不敢輕行之處를 行之如飛ᄒᆞ야 莫或少疑ᄒᆞ느니 何其冒險也오 無亦日經歷而已라

[번역] 그렇다면 천하의 모험사상이 보고 듣고, 경험한 것으로부터 생기는 것이요, 사람이 본래부터 가지고 있다든가 아니면 본래부터 없다든가 하는 것이 아님을 알 수 있다. 금강산·설악산에 사는 사람들을 보지 못했는가. 그들은 위태로운 개울이나 벼랑 같이 평지 사람이라면 엉금엉금 기고 벌벌 떨어서 가벼운 마음으로 갈 수 없는 곳도 나는 듯이 걸어가며 조금도 망설임이 없는데, 어찌 그것이 모험이겠는가. 이 또한 경력일 뿐이다.

[원문] 遇事則不然ᄒᆞ야 雖奴隸之牛馬之라도 縮首如鼈ᄒᆞ고 乞憐如蠅ᄒᆞ야 莫敢一抗이로다 噫라 世事ㅣ亦絕磵斷崖之類야어늘 勇於彼而劫於此者는 何야오 在經不經之別이라 居窮處隱ᄒᆞ야 莫之見聞閱歷이면 何怪冒險思想之蔑如也리오

[번역] 그러나 그들은 세상일을 만나면 그렇지 못하니 노예나 소나

___
것이 좋을 듯하다.

192) 무릎 꿇고 절하며 다투어 칭송할 : 원문은 膜拜爭道. 膜은 '꺼풀 막, 무릎 꿇을 모'라는 두 가지 음이 있는데, 여기서 膜拜는 '모배'로 읽어야 한다. 따라서 '무릎 꿇고 절하며 다투어 말하다, 일컫다, 칭송(爭道)하다'고 해석할 수 있다.

말 취급을 하더라도[193] 머리를 자라처럼 움츠리고 파리처럼 애걸복걸하여 감히 저항하지 못한다. 세상일도 위태로운 개울이나 벼랑과 비슷한데, 산에서는 용감하고 세상일에서는 비겁한 것은 무슨 까닭인가. 경험이 있고 없고의 차이 때문인 것이다. 궁벽한 산골에 숨어 살며 견문과 경험이 없으면 모험사상이 없는 것이 어찌 이상하겠는가.

[원문] 梁啓超曰 陸居者ᄂᆞᆫ 以懷土之故로 種々之繫累ㅣ生焉ᄒᆞᄂᆞ니 試一觀海면 忽覺超然萬累之表而行爲思想이 皆得無限自由라 久於海上者ᄂᆞᆫ 能使其精神으로 日以勇猛ᄒᆞ고 日以高尙ᄒᆞᄂᆞ니 此ᄂᆞᆫ 古來瀕海之民이 所以比於陸居者에 活氣較勝ᄒᆞ고 進取ㅣ較銳라ᄒᆞ니

[번역] 량치차오는 말했다.

육지에 사는 사람은 땅을 생각하기 때문에 갖가지 집착이 생긴다. 그러나 시험 삼아 한번 바다를 보면 문득 온갖 번거로움 밖에서 초연함을 깨닫고 행위·사상이 모두 무한한 자유를 얻게 된다. 바다에서 오래 산 사람은 정신이 날마다 용맹하고 고상해질 수 있으니, 이는 옛날부터 바닷가 사람이 육지에 사는 사람보다 활기가 더 뛰어나고 진취적 정신도 더 날카롭기 때문이다.[194]

---

193) 노예나 소나 말 취급 : 원문에는 奴隸之牛馬之. 지(之)는 '가다, 이르다, ~의' 등 여러 의미가 있는데, 여기서는 목적어로 보는 것이 타당하다. 따라서 노예와 우마는 동사로 사용되었다. 『중용(中庸)』20장에 "誠者, 天地道也; 誠之者, 人之道也."라는 구절도 같은 용례다.

194) 량치차오는 말했다 : 이 인용문의 원출처는 량치차오의 「지리와 문명의 관계(地理與文明之關係)」에 나오는 대목이다(梁啓超, 『飮氷室文集 下』, 地理, 上海廣智書局, 1905, 3쪽 참조).

[원문] 以是觀之ᄒ면 陸居者之思想이 其遜於瀕海者ㅣ如此온 況莫窮莫深ᄒ야 天日之外에 更無所睹之寺院乎아 此ᄂ 冒險思想之關於位置者ㅣ二也오

[번역] 이로써 본다면, 육지에 사는 사람의 사상이 바닷가 사람에 비해 뒤떨어지는 것이 이와 같으니 하물며 더없이 궁벽하고 깊어서 하늘의 해밖에 더 볼 것이 없는 사원에 있어서야 말할 필요가 있겠는가. 이것은 모험사상이 위치와 관계있는 두 번째 사례다.

[원문] (丙) 無救世的思想이라 釋迦 孔子 耶蘇 墨子ᄂ 皆救世之至者라 處於羣而不處於獨ᄒ고 巢父, 許由, 商山四皓, 嚴子陵은 皆厭世之至者라 處於山而不處於市ᄒ니 獨者ᄂ 救世者之所惡也오 山者ᄂ 厭世者之所好也니 自古然矣라 救世者之處羣而不處獨은 何也오 欲周見世情之休戚ᄒ야 以救其弊也오 厭世者之處山而不處市ᄂ 何也오 欲不見塵事之苦樂ᄒ야 以遏其情也라

[번역] (3) 구세(救世) 사상이 없는 것 : 석가(釋迦)·공자(孔子)·예수(耶蘇)·묵자(墨子)는 모두 세상을 구제하는 데 지극한 이들이라 무리 속에 살았지 혼자 살지 않았다. 그리고 소부(巢父)·허유(許由)·상산사호(商山四皓)195)·엄자릉(嚴子陵)196)은 모두 세상을 싫어하는 데 지극한 이들이라 산에 살았지 저잣거리에 살지 않았다. 홀로 사는 일

---

195) 상산사호(商山四皓) : 한(漢) 고조(高祖) 때 섬서성(陝西省)의 상산(商山)에 은거하던 동원공(東園公), 기리계(綺里季), 하황공(夏黃公), 녹리선생(角里先生) 등 네 은사(隱士)를 가리키는데, 이들이 수염과 눈썹까지 흰 색이라 사호(四皓)라 했다. 『사기(史記)』「유후세가(留侯世家)」 참조.
196) 엄자릉(嚴子陵) : 후한(後漢) 광무제(光武帝) 때의 은사(隱士).

은 구세주의자가 싫어하는 것이며 산은 염세주의자가 좋아하는 것이니, 예로부터 그러했다. 구세주의자가 무리 속에 살고 혼자 살지 않는 것은 무엇 때문인가. 두루 세태인정의 희비를 관찰하여 그 폐단을 구하고자 함이다. 염세주의자가 산에 살고 저잣거리에 살지 않는 것은 무엇 때문인가. 세속의 고통과 즐거움을 보지 않음으로써 그 정분을 끊고자 하는 것이다.

[원문] 夫赤子之匍匐入井也에 不擇親疎恩仇ㅎ고 皆可以濟之ㅎㄴ니 其濟之之始에 未必盡知濟與否之得失而後에 濟之라 但對其境에 卒有不得已於心者ㅎ야 莫知濟而自濟오 嫂溺에 皆可以援之ㅎㄴ니 其援之之始에 未必盡知禮與援之輕重而後에 援之라 但對其境에 卒有不得已於心者ㅎ야 莫知援而援之라

[번역] 갓난애가 기어가다 우물에 들어갈 때, 사이가 친하거나 멀거나 은혜를 입었거나 원수진 일을 가리지 않고 모두 건질 것이다. 건지기 시작할 때 꼭 건지고 건지지 않고의 득실(得失)을 알고 나서 건지는 것은 아니다.[197] 다만 그런 경우를 대했을 때 갑자기 마음에 어쩔 수 없는 충동이 생겨 건지는 줄 의식하지 못한 채 건지는 것이다. 또 형수가 물에 빠지면 누구나 손을 내밀어 끌어당길 텐데, 처음 끌어당길 때 꼭 예의와 끌어당기는 행동 간의 비중을 따진 후에 손을 내미는 것이 아니다.[198] 다만 그런 경우를 대했을 때 갑자기 마음에

---

197) 갓난애가 기어가다… : 『맹자(孟子)』 「공손추장구 상(公孫丑章句 上)」편에 나오는 일화다.
198) 형수가 물에 빠지면… : 『맹자(孟子)』 「이루장구 상(離婁章句 上)」편에 나오는 일화다.

어쩔 수 없는 충동이 생겨서 손을 내미는 줄 의식하지 못한 채 손을 내밀게 되는 것이다.

[원문] 夫心生於境ᄒ고 事生於心ᄒᄂ니 雖欲無心이나 對境則烏能無心이며 雖欲無行이ᄂ 有心則烏能無行이리오 此所以君子ㅣ以擇地爲急也니 擇地者ᄂ 非擇其吉凶也라 擇其境而已라 古之隱者之所以膾炙人口者曰 待時保節이니 此實厭世之徒ㅣ擇其境이이어늘 美其名曰 待時保節이라ᄒᄂ니 但英雄이 欺人이라 若隱則隱於市ㅣ足矣니 何必隱而後始隱也리오 寺院之地가 皆適於厭世而不適於救世라 其境이 旣已厭世어니 救世之心이 從何而生乎아 厭世之心이 寸進에 佛敎之旨가 尺退ᄒᄂ니 可不勉哉아 此ᄂ 救世思想之關於位置者ㅣ三也오

[번역] 마음은 대상에서 생기고 일은 마음에서 생겨나는 것이니, 비록 무심하려 해도 대상을 접하면 어찌 무심할 수 있으며, 비록 행동하지 않으려 해도 마음이 있으면 어찌 행동하지 않을 수 있겠는가. 이것이 군자가 거처의 선택을 급선무로 삼는 이유이니, 거처를 선택하는 것은 풍수설의 길흉이 아니라 환경을 선택하는 것일 뿐이다. 옛날의 은사(隱士)들이 사람들 입에 오르내린 까닭은 "때를 기다리며 절개를 지켰기 때문"이라고 하는데, 이는 사실 염세의 무리가 그 환경을 택한 것이었을 뿐인데도 그 이름을 아름답게 꾸며 때를 기다려 절개를 지킨다고 말한 것이니, 다만 영웅이 사람을 속이는[199] 일이라 할

---

199) 영웅이 사람을 속이는 : 이 구절의 출처는 명(明)나라 학자 이반룡(李攀龍)의 「당시선서(唐詩選序)」로, 영웅이 책략을 써서 사람들을 기만하는 것을 말한다.

것이다. 만약 숨으려면 저잣거리 속에 숨는 것으로 충분할 텐데 어찌 꼭 산 속에 숨은 후에야 비로소 숨었다 하겠는가. 사원의 위치가 모두 염세에는 적당하고 구세에는 적합지 않으니, 구세의 마음이 어디로부터 생기겠는가. 염세의 마음이 한 치(寸) 나아갈 때 불교의 정신은 한 자(尺)나 후퇴하게 되니 힘쓰지 않을 수 있겠는가. 이것은 구세사상이 위치와 관계있는 세 번째 사례다.

[원문] (丁) 無競爭的思想이라 僧侶ㅣ元來自成世界外之世界와 人類外之人類ㅎ야 與他社會로 劃然分爲鴻溝ㅎ야 利害得失에 互相楚越ㅎ야 遂成獨夫ㅎ니 世界外之世界者는 何오 寺院이 是耳오 人類外之人類者는 何오 不問世事ㅎ고 自潔其身이 是耳라 前此之政治風俗이 有非常之壓迫ㅎ야 有不欲然而不得不然者ㅣ存焉則不可全咎僧侶라

[번역] (4) 경쟁사상이 없는 것 : 승려는 원래 스스로 세계 밖의 세계와 인류 밖의 인류를 구성하고 다른 사회와 뚜렷이 구분되어 이해득실에 서로 관계가 없이[200] 마침내 고립된 존재가 되었으니, 세계 밖의 세계란 무엇인가. 사원이다. 인류 밖의 인류란 무엇인가. 세상일을 외면하고 자신만 깨끗한 존재다. 이전의 정치와 풍속이 승려에게 큰 압박을 가했으므로 그러지 않으려 해도 그러지 않을 수 없는 점이 있었기에 전적으로 승려만 탓할 수 없다.

---

200) 서로 관계가 없이 : 원문에는 互相楚越. 중국 전국 시대 초(楚)나라와 월(越)나라 사이라는 뜻으로, 서로 원수처럼 여기거나, 혹은 서로 멀리 떨어져 있어 아무 관계가 없는 사이를 가리킨다.

[원문] 雖然이ᄂ 向使僧侶로 雜處於都會之地ᄒ야 漸通交涉於人輩이런들 吾知其壓迫之羈絆이 稍々解弛ᄒ야 爭競之力이 猶有愈於今之死灰無復燃之氣若也리라 居於山之窮谷之幽ᄒ야 天地雖壞나 非所知也라 宗敎相敵之鼓角이 動地호대 佛敎則雖鳴金이ᄂ 不足收也오 宗敎陣壘之旗幟가 如林호대 佛敎則雖降旗나 不足竪也니 何故焉고

[번역] 그렇지만 진작 승려들을 도회지에 섞여 살도록 하여 차츰 사람들과 교섭을 트게 했다면, 내 생각에는 그 압박의 굴레가 차츰 풀려 경쟁력이 오늘날처럼 다시 소생시키기 어려운 지경에는 이르지 않았을 것이다. 궁벽한 산속·고요한 골짜기에 거처하여 세상이 무너진다 해도 알지 못하니 종교가 서로 대적하는 북과 피리소리가 땅을 흔드는데 불교는 퇴각 징을 울려도 패잔병조차 거두지 못하고, 종교의 진지(陣壘)에 세운 깃발이 숲과 같은데 불교는 항복 깃발[201]조차 세울 힘도 없으니 어째서인가.

[원문] 其意以謂彼敎之競爭이 雖曰 劇烈이나 姑不犯我之疆土也ㅣ如故則其勝敗利鈍이 於我에 如浮雲이라ᄒ야 絶不知夫彼有勝敗利鈍之影響이 一々落於吾敎라 今有兩物於此ᄒ야 一勝則一敗ᄂ 盡人知之니 然則他敎盛則吾敎衰ᄂ 其然이 明甚이어늘 今以彼敎之兵이 姑不我血其刄으로 以爲無關이라ᄒ면 是何以異於見城門之火ㅣ姑不然池而以魚無殃이리오 惟見其不知量也로다

---

201) 항복 깃발 : 원문에는 降旗. 이원섭 번역본에는 '강기(降旗)'라고 되어 있는데, 원문에서는 '항복 깃발'이란 의미로 사용되었으므로 '항기'라고 읽어야 한다.

[번역] 불교인들은 내심으로 생각하기를, 저들 종교의 경쟁이 비록 격렬하다고는 해도 아직은 우리 영역을 침범하지 않은 것이 예전과 같으니 이기든 지든 유리하든 불리하든[202) 우리에게는 뜬구름 같다고 하여, 저들의 승패와 유리하고 불리한 영향이 모두 우리 불교에 미치는 사실을 전혀 알지 못했다. 지금 여기에 두 개의 사물이 있는데 하나가 이기면 다른 한쪽이 진다는 것은 누구나 안다. 그러므로 다른 종교가 왕성해지면 우리 불교가 쇠퇴해질 것은 분명한데도, 지금 다른 종교의 군대가 잠시나마 칼날로 내 피를 흘리게 하지 않는다고 해서 관계가 없다고 생각한다면, 이것은 성문에 붙은 불이 당장 연못을 태우지[203) 않는 것을 보고 물고기에게 재앙이 없다고 여기는 것과 무엇이 다르겠는가. 오직 그 헤아릴 줄 모르는 견해만 드러낼 뿐이다.

[원문] 夫意思者ᄂ 行爲之要素니 所以造意思者ᄂ 不亦要素之要素乎아 治無競爭思想之罪則不可不先治其所謂小天地오 血氣者ᄂ 疾病之源泉이니 所以造血氣者ᄂ 不亦源泉之源泉乎아 治無競爭思想之病則不可不先治其所謂小天地니 此ᄂ 競爭思想之關於位置者ㅣ 四也라

[번역] 의사(意思)는 행위의 요소이니 의사를 만드는 원인은 요소의 요소가 아니겠는가. 그러므로 경쟁사상(의사)이 없는 허물을 다스

---

202) 유리하든 불리하든 : 원문에는 利鈍. 글자 그대로는 날카로움(利)과 무딤(鈍)인데, 일의 형세가 유리하거나 불리하다는 뜻으로도 쓰인다. 여기서는 후자의 뜻으로 번역했다.
203) 연못을 태우지 : 원문에는 不然池. 然은 燃의 오타.

리려면 먼저 이른바 작은 세계(사원)를 다스리지 않을 수 없다. 혈기(血氣)는 질병의 원천이니 혈기를 만들어내는 원인은 원천의 원천이 아니겠는가. 경쟁사상이 없는 병을 치료하려면 먼저 이른바 작은 세계를 치료하지 않을 수 없으니, 이것은 경쟁사상이 위치와 관계있는 네 번째 사례다.

[원문] 此ᄂ 位置ㅣ關於思想之可恠可驚者오 其餘不利於辦事者ㅣ 亦多矣라 不利於敎育ᄒ고 不利於布敎ᄒ고 不利於交涉ᄒ고 不利於遞信ᄒ고 不利於團體ᄒ고 不利於財政ᄒ니 此則不費多言而知之易者也니 今不枚論ᄒ노라 然則關思想者ㅣ四而關於事業者ㅣ六이라 此四想六事者ᄂ 雖闕一이ᄂ 固不勝其欠於今日이어늘 無一存而有十無者則吾ㅣ何以言之리오

[번역] 이상은 위치가 사상에 관계된 이상하고 놀라운 것들인데, 그 밖에 일을 처리하는 데 불리한 점도 많다. 사원이 궁벽한 곳에 있기 때문에 교육에 불리하고, 포교에 불리하고, 교섭에 불리하고, 통신에 불리하고, 단체 활동에 불리하고, 재정에 불리하다. 이것들은 여러 말을 더하지 않아도 이해하기 쉬우니 지금은 일일이 거론하지 않겠다. 그러면 사원의 위치와 사상에 관계되는 것이 네 가지, 사업에 관계되는 것이 여섯 가지다. 이 네 가지 사상(무진보·무모험·무구세·무경쟁)과 여섯 가지 사업(교육·포교·교섭·통신·단체·재정)은 하나만 빠져도 참으로 오늘날 그 결함을 극복하지 못할 것인데, 한 가지조차 갖추지 못하고 열 가지 모두 없으니 내 무슨 말을 하겠는가.

[원문] 夫超然杳然ᄒ야 孤往絕慮ᄒ고 掃雲酌泉ᄒ며 看花養性을 余亦非不好之也언만은 但刼灰가 善變ᄒ야 成壞가 無定이라 桑田碧海가 一朝易處ᄒ면 漁翁이 放笑於岑上ᄒ고 木夫가 失意於灘頭ᄒ리니 爾時에 吾輩ㅣ當何以處之리오 求死之外에 復無計策이라 惟是之懼ᄒ야 不敢稱意也로다 顧何如犧牲今日之閑方ᄒ야 以保來日之隆敎乎아 狂瀾이 旣倒ᄒ면 有力難回라 傳에 曰 色斯舉矣라ᄒ니라

[번역] 세속에 초연하고 행방이 묘연하여 홀로 산속에 들어가 잡념을 끊고, 구름을 쓸며 샘물을 마시고, 꽃을 보며 성품을 기르는 일을 나도 좋아하지 않는 것은 아니지만, 세상의 큰 변화[204]가 자주 일어나고 파괴됨이 일정하지 않아 뽕나무 밭과 푸른 바다가 하루아침에 처지가 바뀌면[205] 고기잡이 늙은이가 산봉우리 위에서 웃음을 터뜨리고 나무꾼이 여울목에서 실의에 빠질 것이니, 이때에 우리들이 무엇으로 대처해야 하는가. 죽음을 기다리는 길 외에는 방책이 없을 것이다. 오직 이것이 걱정되어 내 뜻을 말하지 않을 수 없다. 생각건대 어떻게 오늘의 한가함을 희생하여 내일의 융성한 불교를 보장할 것인가. 사나운 물결[206]이 일어나면 힘이 있어도 돌이키기 어렵다. 『논어』

---

204) 재해 : 원문에는 劫灰. 『인왕반야경(仁王般若經)』에는 세계가 파멸하는 4겁(劫)-괴겁(壞劫), 겁수(劫水), 겁풍(劫風), 겁화(劫火)-이 나온다. 겁회(劫灰)는 겁화로 모두 타버린 후 남은 재를 말하며, 보통 큰 재해를 뜻하는 말로 쓰인다.

205) 뽕나무 밭과 푸른 바다가 하루아침에 처지가 바뀌면 : 원문에는 桑田碧海가 一朝易處ᄒ면. 세상의 변화가 심한 것을 비유하는 말로, 세월의 무상함을 가리키기도 한다. 원출처는 『신선전(神仙傳)』의 '마고선녀 이야기'에 나오는 대목이다.

206) 사나운 물결 : 이 구절의 원출처는 당(唐)나라 문장가 한유(韓愈)의 「진학해(進學解)」 '廻狂瀾於旣倒'이다.

에서 이르기를 "꿩이 사람을 보고 푸드득 날아올랐다."[207]라고 했다.

[원문] 然則寺院之位置를 可得以改良歟아 日 有三策焉ᄒ니 全部寺院之在山中者를 但存其可爲其念者幾處ᄒ고 其餘는 一幷毁撤ᄒ야 新建於各道各港之都會處면 是爲上策이오 留其大而美者ᄒ고 撤其小者與大而荒者ᄒ야 移建於大都會之地면 是爲中策이오 但廢其庵ᄒ야 合於原寺ᄒ고 一道或數郡之寺院이 合致一出帳所於要害處ᄒ야 處理其布敎與敎育等事면 是爲下策이오 其餘는 非策也라

[번역] 그러면 사원의 위치를 개량할 수 있겠는가. 세 가지 방책이 있으니, 산속에 있는 사원 가운데 기념할 만한 몇 곳만 남기고 그 나머지는 다 철거한 다음, 새로 각 군(郡)과 항(港)의 도회지에 세운다면 이는 상책(上策)이다. 크고 아름다운 사원은 남기고, 작은 것과 크고 황폐한 것은 철거하여 큰 도회지에 옮겨 지으면 이는 중책(中策)이다. 또 암자만을 폐지하여 본사(本寺)에 합하고 한 도(道) 혹은 몇 개의 군(郡)에 있는 사원들이 합동해 주요지에 하나의 출장소를 두어 포교·교육 등의 일을 처리하면 이는 하책(下策)이다. 그 나머지 것은 방책이 아니다.

[원문] 此三者에 果出於何策乎아 上策則民智程度가 姑文弱ᄒ니 決不可行於今日이오 中策則得其人則行ᄒ고 不得其人則不行이오

---

207) 꿩이 사람을 보고 날아올랐다 : 이 구절의 원출처는 『논어(論語)』 「향당(鄕黨)」편의 '色斯擧矣'라는 대목이다. 『논어』의 원래 문맥에서는 새가 사람의 기색을 살펴 움직이는 것을 빗대어 사람도 상황(때)에 잘 맞게(時中) 중용(中庸)을 지켜야 한다는 뜻으로 사용되었으나, 『조선불교유신론』 원문에서 인용한 것은 "놀라서 도망친다."라는 의미로 사용한 듯하다.

下策則庶幾可行이ᄂ 至於全部一致ᄒ야ᄂ 亦不可不待普通以上人
之用事而後에 可得이니 僧侶中에 有此人乎아 無此人乎아 有則吾ㅣ
何以不見也며 無則佛敎ㅣ何忍亡也리오

[번역] 이 세 가지 방책 가운데 무엇이 가장 뛰어난가. 상책은 사람
들의 지혜 수준이 아직 미약하므로 결코 오늘날 실행할 수 없다. 중
책은 적당한 사람을 얻으면 실행할 수 있으나 사람을 얻지 못하면 실
행할 수 없다. 하책은 거의 실행할 만하나, 전부 일치하는 데 이르려
면 보통 이상의 사람이 일하기를 기다린 이후에 가능할 것이니 승려
중에 이런 사람이 있겠는가, 없겠는가. 있다면 내가 어찌 못 보았으
며, 없다면 불교계가 어찌 없는 것을 참겠는가.

[원문] 吾ㅣ占之斷之曰 靑年童子之將爲英雄ᄒ며 將爲豪傑ᄒ야 先
後繼踵ᄒ야 殆不虛寺則斷言無疑로대 若四十歲以上之人物이 能自
居於普通以上之地位則吾不肯許니 謂余不信인대 請人々自思어다 然
則雖下策이ᄂ 亦在於必不可決之數니 嗟夫로다 雖然이ᄂ 英雄이 無
種ᄒ고 成敗가 浮在ᄒ니 天下事ㅣ決非吾人之所預度自定이라 精進
不已ᄒ면 哥侖布ㅣ可以尋美洲오 巴律西可以完磁器니 不爲면 無一可
性之事오 爲之면 無一不可成之事라 以是推之ᄒ면 吾恐全部之僧侶
가 無一非英雄豪傑而所謂上策者를 行之於今日而有餘也일가ᄒ노
라

[번역] 내가 이를 점쳐 단언하자면, 청년이나 어린이가 자라서 앞으
로 영웅이 되고 호걸이 되어 앞과 뒤를 끊임없이 이어 빈 사원이 되
지 않는다면 가능할 것임을 의심하지 않겠지만, 만약 지금의 40세 이

상의 인물이 스스로 보통 이상의 지위에 있다면 나는 가능하다고 믿지 않는다. 내 말을 믿을 수 없다면 모두 스스로 생각해 보기 바란다. 그러면 비록 하책이라도 꼭 결행할 수 없는 운명에 있으니 슬픈 일이다. 그렇지만 영웅은 씨가 없고 성패는 정해져 있지 않으니, 세상일은 결코 우리가 미리 헤아려 스스로 정할 바가 아니다. 정진을 그치지 않으면 콜럼버스가 아메리카 대륙을 찾고 프랑스의 도공(陶工) 팔리시[208]가 자기(磁器)를 완성한 것 같으니, 노력을 하지 않으면 하나도 이룰 일이 없고 노력하면 하나라도 이루지 못할 일이 없다. 이로써 미루어 보면 내 생각에는 아마도 모든 승려가 영웅호걸 아닌 이가 하나도 없어서, 이른바 상책을 오늘에 당장 시행하고도 남음이 있을 것 같다.

---

208) 팔리시(Bernard Palissy, 1509~1590) : 원문에는 巴律西可以完磁器. 이원섭 번역본에는 巴律西를 '패러디'로 磁器를 '자기(磁氣)'로 번역하고 자기장(磁氣場)을 발견한 영국의 과학자 마이클 패러데이(M. Faraday, 1791~1867)로 이해했다. 정해렴 편역본이나 조명제 번역본에서도 페러데이로 보기는 마찬가지인데 모두 오류다. 중국어 巴律西는 프랑스의 도공(陶工)이자 과학자인 베르나르 팔리시(Bernard Palissy, 1509~1590)의 음차이며, 원문에 나오는 '磁器'는 '도자기'를 말하는 것이지 자기장(磁氣)을 말하는 것이 아니다. 또한 패러디 즉 자기장을 발견한 과학자 마이클 패러데이의 중국어 음차는 法拉第이기 때문에, 여기서 巴律西를 패러데이로 볼 수 없다.

11. 불가(佛家)에서 숭배하는 소회(塑繪)를 논함(論佛家崇拜之塑繪)

[원문] 朝鮮佛家에 塑繪之崇拜가 甚多ᄒ야 富於百家라 議者ㅣ以爲塑繪者는 迷信之假相이니 莫若盡擧而付諸一炬ᄒ고 廓淸寺院ᄒ야 頓革黑暗時代之迷信ᄒ고 培養眞理ᄒ야 改建佛敎之新國이라ᄒ니 此言이 一快라

[번역] 조선 불가(佛家)에서 숭배하는 소회(塑繪)[209]가 매우 많아서 아마 백 가지도 넘을 것이다. 어떤 논자는 "소회는 미신에서 나온 거짓 모습이니 전부 들어내 없애 버리거나 불태워 버리고, 사원을 깨끗하게 해서 암흑시대의 미신을 혁신하고, 진리를 배양해 불교의 새 나라를 다시 세워야 한다."라고 하니 이 말이 시원스럽다.

[원문] 然이ᄂ 此則病於人之知識이 劣昧ᄒ야 不足以開迷迎新ᄒ야 務欲大刀闊斧로 一擲卽闢故로 言有一瀉千里之勢ᄒ야 無所顧忌ᄒ야 不肯留情이니 非不快壯也ᄂ 恐或過當이라 裁以一言ᄒ야 以俟智者ᄒ노라

[번역] 그러나 이는 사람들의 지식이 병들고 어리석어 스스로 미혹을 버리고 새 진리를 받아들일 만하지 못하다고 큰 칼과 도끼로 단번에 내리쳐 열고자 하는 것 같아서, 말에 일사천리의 기세가 있어 꺼

---

209) 소회(塑繪) : 사원에 모신 각종 불상(像)과 불화(佛畫).

리는 것이 없고 인정을 고려하지 않으니 시원하고 장쾌하기는 하지만 지나친 점이 두렵다. 그러니 다듬어 한 마디 함으로써 지혜로운 이의 판단을 기다리고자 한다.

[원문] 夫物者는 眞理之假相也오 塑繪者는 物之假相也니 自眞理觀之ᄒᆞ면 塑繪가 己假相之假相也어늘 此物之存在於天壤之間者ㅣ其來ㅣ久矣니 玆曷故焉고 夫人心이 本靜ᄒᆞ야 對境而動者也니 苟非至智與至愚면 對境而不動心者也ㅣ未之有也라 見喪而哀ᄒᆞ고 聞生而喜ᄒᆞ여 見賢思齊ᄒᆞ고 見惡懲勵ᄒᆞᄂᆞ니 此는 對境而動心也라

[번역] 사물은 진리의 거짓 모습(假相)이며, 소회는 사물의 거짓 모습이니, 진리의 관점에서 본다면 소회는 '거짓 모습의 거짓 모습'이 되는데도, 이 소회가 세상에 존재한지 오래 되었으니 어찌된 까닭인가. 사람의 마음은 본래 고요하여 대상을 대하면 움직이는 것이니 참으로 지극히 지혜롭거나 지극히 어리석지 않다면 대상을 대하고도 마음이 움직이지 않을 사람이 없을 것이다. 죽음을 보고 슬퍼하고 살아 있음을 듣고 기뻐하며, 어진 사람을 보고 같아지기를 생각하고, 악을 보면 징계하고 선행에 힘쓰고자 하는 바, 이것은 대상을 대하여 마음이 움직인 것이다.

[원문] 心之所動에 行亦隨之라 古人이 取象於此ᄒᆞ야 惟懼人心之邪僻而不趨正故로 設種々禮義之假相而境之ᄒᆞ니 塑繪ㅣ亦其一也라 使聖人君子之假相으로 設之於堂而血食之ᄒᆞ야 臨之以尊盛良賢之境ᄒᆞ고 使忠臣義士之假相으로 置之於麒麟閣而享香之ᄒᆞ야 臨之以尙

功崇節之境ᄒ고 使孝子烈婦之假相으로 揭之於旌閭而襃揚之ᄒ야 臨
之以昌善勵行之境ᄒ니 此ᄂᆞᆫ 一以表慕前之誼오 一以設勸後之境也라
懲一而勵百ᄒ고 賞一而勸萬은 法律之道德이니 設一假相之境而冀衆
生之模範者ᄂᆞᆫ 塑繪之所有起也라 故로 塑繪者ᄂᆞᆫ 衆生之境也라

[번역] 마음이 움직이면 행동도 마음을 따른다. 옛사람이 여기서 형상을 취하여, 오직 사람들의 마음이 삿되고 치우쳐 바른 곳으로 나아가지 않을까 두려워했기 때문에, 여러 예의(禮儀)의 거짓 모습을 만들어 이것을 대상으로 삼으니 소회도 그 하나다. 성인·군자의 거짓 모습을 집안에 설치하여 혈식(血食)[210]하게 함으로써 성인을 존중하고 현인을 봉양하는 대상으로 삼아 뭇사람이 임하도록 하고, 충신·의사(義士)의 거짓 모습을 기린각(麒麟閣)[211]에 설치해 제사를 받들어 공로와 절개를 숭상하는 대상으로 삼아 임하도록 하고, 효자·열녀의 거짓 모습을 효자문·열녀문 안에 걸어 포상(襃賞)하여 선행을 표창하고 장려하는 대상으로 삼아 임하도록 했다. 이는 한편으로 선인(先人)을 흠모하는 도리를 나타낸 것이요, 다른 한편으로 후인(後人)을 권장하는 대상을 설치한 것이다. 한 사람을 징계하여 백 사람을 힘쓰게 하고, 한 사람에게 상 주어 만 사람을 권장하는 것은 법률적인 도덕이니, 하나의 거짓 모습으로 된 대상을 설치해 중생의 모범이 되기를 바라는 것이 소회가 발생한 원인이다. 그러므로 소회는 중

---

210) 혈식(血食) : 성현(聖賢)의 제사에는 날고기를 썼다.
211) 기린각(麒麟閣) : 전한(前漢)의 궁전 이름. 무제(武帝)가 기린을 얻었을 때 마침 전각이 낙성되어 전각 안에 기린의 화상을 그려 붙이고 기린각이라 했으며, 선제(宣帝)가 공신 곽광(霍光), 장안세(張安世), 한증(韓增), 조충국(趙充國), 위상(魏相), 병길(丙吉), 두연년(杜延年), 유덕(劉德), 양구하(梁丘賀), 소망지(蕭望之), 소무(蘇武) 등 11명의 초상을 그려 벽에 걸었다.

생이 대하는 대상이다.

[원문] 噫라 世之能言理想者ㅣ孰不以塑繪로 爲虛妄無益也리오 甚者는 以爲非徒無益이라 惑亂人志라ᄒᆞ야 冷嘲熱罵로 斥之不已ᄒᆞᄂ니 盖亦然矣라 雖然이ᄂ 誰知此曖昧假相之影響於人之道德心者ㅣ有不可思議之功能也리오 請以余之親歷者로 質之ᄒᆞ리라

[번역] 아! 세상에서 이상(理想)을 말하는 사람이라면 누가 소회를 허망하고 무익하다고 여기지 않겠는가. 심한 경우는 다만 무익할 뿐 아니라 사람의 마음을 미혹하고 어지럽힌다고 하여 비웃고 욕하며 배척해 마지않으니 아마도 사실일 것이다. 그렇지만 이 애매한 거짓 모습이 사람들의 도덕심에 영향을 끼치는 불가사의한 효과가 있음을 누가 알겠는가. 내가 직접 경험한 바로 따져 보겠다.

[원문] 余ㅣ幼時에 嘗入孔子廟에 有一儼然石像이 正立堂中이어ᄂ 見其乾唇露齒와 腰大十圍ᄒᆞ고 油然思其上而術章堯舜文武ᄒᆞ며 下以垂詔萬世之功에 不覺分外敬仰ᄒᆞ고 又入關公廟ᄒᆞ야 其棗顔美髥과 堂々九尺ᄒᆞ고 忽然思其秉燭達夜之義와 斬顔文之信에 神氣凜然ᄒᆞ야 一超欲邁라

[번역] 내가 어렸을 적에 공자묘(孔子墓)에 들어가니, 거기에 하나의 엄숙한 석상(石像)이 당(堂) 안에 바로 서 있었는데, 입술이 위로 올라가 드러난 치아와 열 아름은 됨직한 허리의 크기를 보고, 문득 위로는 요·순·문·무(堯舜文武)[212]의 법을 서술해 밝히며, 아래로는

212) 요·순·문·무(堯舜文武) : 고대사의 제왕인 요(堯)·순(舜)과 주(周)의 문

가르침을 만세(萬歲)에 드리운 공을 생각하여 나도 모르는 사이에 각별한 경의를 표했다. 또 관우(關羽)의 사당[213]에 들어가서는 대춧빛 얼굴, 아름다운 수염과 당당한 9척의 체구에 갑자기 촛불을 들고 밤을 밝히던 의(義)[214]와 안·문(顏文)을 목 베던 신(信)[215]을 생각하니, 기상이 늠름해져 한번 뛰어 달려보고 싶었다.

[원문] 夫孔子之事는 概見於易, 春秋, 論語, 而關公之蹟이 雜出於史乘이라 前에 讀書至孔子關公之事에 非不敬仰而膜拜也로되 其善移我情者ㅣ猶覺淡緩이러니 及見虛妄無類之一塊土石에 其所感이若是其親切急迫하니 書與像이 等是假像之境이어늘 其動心之不同이 逈殊者는 何也오 境有卽接間接之異ㄹ새 心亦有卽動間動之差라間接之境者는 何오 文이 是耳오 卽接之境자는 何오 像이 是耳라 文者는 人而言事而記者故로 曰 間接이오 像者는 卽其人故로 曰卽接이니 間接卽接之別이 雖吾心之假定이나 然이나 所見之境이 自不同則所定之心이 亦不得不不同而所受之感이 亦不得不相殊也니 塑繪之爲功을 至是可見이라

[번역] 공자의 사적은 대개 『주역』, 『춘추』, 『논어』 등에 보이고, 관우의 행적은 역사책에 섞여 나온다. 나는 전에 책을 읽다가 공자와

왕(文王)과 무왕(武王). 모두 고대의 성왕(聖王).
213) 관우의 사당 : 원문에는 關公墓. 관우는 중국 삼국시대 촉한(蜀漢)의 장수.
214) 촛불을 들고 밤을 밝히던 의(義) : 관우는 문(文)에도 조예가 깊었고, 특히 공자가 대의명분을 밝힌 『춘추(春秋)』를 부연한 『좌전(左傳)』을 밤을 새워 애독했다는 것. 나관중, 『삼국지연의』 참조.
215) 안·문(顏文)을 목 베던 신(信) : 관우는 조조의 은혜를 입었는데 조조가 원소(元紹)에게 고전할 때, 그 장수 안양(顏良)·문추(文醜)를 죽여 보답했다. 나관중, 『삼국지연의』 참조.

관우의 일에 이를 때마다 존경해 우러르고 절하지 않은 적이 없었지만, 그들의 착함이 내 감정을 착한 데로 움직이는 것이 담담하고 느슨함을 느꼈다. 그러다가 허망하기 짝이 없는 하나의 돌덩어리를 보고서 받은 느낌이 이처럼 절실하고 급박했었다. 글과 상(像)이 같은 거짓 모습의 대상인데 마음을 감동시키는 차이가 크게 다른 것은 무엇 때문인가. 대상에 직접·간접의 차이가 있어 마음에도 직접적인 감동과 간접적인 감동의 차이가 있는 것이다. 간접적인 대상이란 무엇인가. 글이다. 직접적인 대상이란 무엇인가. 상(像)이다. 글은 사람이 말하고 일한 것을 기록한 것이므로 간접적이라 하는 것이며, 상(像)은 그 사람을 그대로 나타낸 것이기에 직접적이라 하는 것이니 직접·간접의 구별은 우리의 마음이 가정한 것이지만, 보는 대상이 다르면 거기서 생겨나는 마음도 달라질 수밖에 없고, 받는 느낌도 다르지 않을 수 없으니, 소회가 효과 있음을 여기에 이르러 볼 수 있다.

[원문] 今之世에 有奇能異跡者를 必銅若石而像之ᄒᆞᄂᆞ니 皆此之類也리 若使擧世之人으로 一々至於至智或至愚則已어니와 不然이면 塑繪之蹤影이 不絶於地球者를 斷言無疑이ᄂ 後世에 民智가 未開ᄒᆞ야 非其鬼而塑繪之ᄒᆞ야 陰祀而詔之ᄒᆞ야 以祈禍福ᄒᆞ고 妄聽吉凶ᄒᆞᄂᆞ니 於是乎弊亦滋矣라 然則塑繪者ᄂᆞ 可擇而不可亂이오 可簡而不可煩이라 朝鮮佛家之崇奉者ㅣ何其無擇而極煩也오 敢以愚見으로 略辨其可否ᄒᆞ리라

[번역] 오늘날에도 뛰어난 능력이나 남다른 행적이 있는 사람을 반드시 구리나 돌 같은 것으로 상(像)을 만드니 모두 이와 같은 부류인

것이다. 만약 세상 사람이 모두 지극히 지혜롭거나 지극히 어리석게 된다면 모르지만, 그렇지 않으면 소회의 자취와 그림자가 지구상에서 끊어지지 않으리란 것을 의심할 바 없다고 단언한다. 그러나 후세에 사람들의 지혜가 미개해 받들어야 할 것도 아닌 귀신의 상(像)과 그림을 만들어 놓고 아첨하며 제사를 지냄으로써 화복(禍福)을 빌고 망령되이 길흉을 물으니 폐단이 또한 매우 크다. 그렇다면 소회는 가려내 혼란스럽지 않고, 간단하여 번잡하지 않도록 해야 할 것이다. 조선 불가(佛家)에서 받드는 것은 어찌 그리도 가려냄이 없이 지극히 번잡한가. 감히 어리석은 견해로 대략 그 옳고 그름을 판별하고자 한다.

[원문] (1) 羅漢獨聖者는 以小乘之局見으로 耽寂滅樂ᄒᆞ야 得小果而自足ᄒᆞ고 不肯入纏度生故로 爲佛所呵라 圓覺經에 曰成就百千萬阿羅漢辟支佛果가 不如有人이 聞此圓覺無碍法門ᄒᆞ고 一刹那頃에 隨順修習이라ᄒᆞ시고 又曰修獨覺者는 永不成佛이라ᄒᆞ시니 由是觀之ᄒᆞ면 羅漢獨聖者는 實吾佛之罪人이오 僧家之外道也라

[번역] (1) 나한독성(羅漢獨聖)[216]은 소승(小乘)의 좁은 소견으로 적멸(寂滅)[217]의 즐거움에 빠져 작은 과보(果報)를 얻고도 스스로 만족하며 번뇌(煩惱) 속에 들어가 중생을 제도하려 하지 않으므로 부처님께 꾸지람을 듣는다. 『원각경(圓覺經)』에 이르기를 "백·천·만 아라한(阿羅漢)·벽지불(辟支佛)[218]의 과보가 어떤 사람이 이 원각무애법

---

216) 나한독성(羅漢獨聖) : 산스크리트어로 arhan. 음역(音譯)으로 아라한(阿羅漢) 혹은 나한이라고도 함. 자기 깨달음에 만족하여 중생 제도를 생각지 않는 소승의 성자. 독성은 의역(意譯).
217) 적멸(寂滅) : 불교의 이상인 열반(涅槃)의 역어. 모든 번뇌가 끊어진 상태.
218) 벽지불(辟支佛) : 산스크리트어로 pratyeka-buddha. 어떤 외부적인 인연

문(圓覺無碍法門)²¹⁹⁾을 듣고 한 찰나에 수순(隨順)²²⁰⁾하여 수행하고 익히는 것만 못하다."²²¹⁾라고 하셨고, 또 "독각(獨覺)²²²⁾은 영구히 성불(成佛)할 수 없다."라고 하셨다. 이로써 보면 나한독성은 실로 우리 부처님의 죄인이요, 승가(僧家)의 외도(外道)다.

[원문] 夫佛之或入地獄ᄒ시며 或入畜生ᄒ사 受種々苦而無辭者ᄂ 惟度生之故라 一語一默一動一靜이 盡是利他之意어ᄂ 奈彼小乘이 不體此意ᄒ고 以小自樂ᄒ야 不欲度他ᄒ니 非但吾佛之所呵라 今之文明世界社會主義之所不容이라 求佛道者ㅣ疎而遠之ᄂ 可커니와 親近之ᄂ 不可ᄒ고 排而斥之ᄂ 可커니와 崇奉之ᄂ 不可ᄒ니라

[번역] 부처님께서 지옥에 들어가시거나 축생(畜生)에 들어가시거나 온갖 고통을 받으시고도 사양치 않으신 것은 오직 중생을 제도하려는 마음 때문이다. 그러므로 부처님의 말씀·침묵·움직임·고요함이 모두 이타(利他)의 뜻에서 나오는 것인데도 저 소승(小乘)의 무리가 이 뜻을 본받지 못하고, 작은 것을 갖고 스스로 즐기면서 다른 중생을 제도하고자 하지 않으니, 다만 우리 부처님으로부터 꾸지람을 듣는 데 그치는 것이 아니라, 오늘날 문명세계의 사회주의²²³⁾에 의해서도 용납되지 않는다. 그러므로 불도(佛道)를 구하는 자가 나한을

에 의해 스승 없이 혼자 깨닫는 사람. 독각(獨覺)·연각(緣覺)이라고도 함.
219) 원각무애법문(圓覺無碍法門) : 원만히 깨달아 막힘이 없는 가르침.
220) 수순(隨順) : 부처님의 가르침을 믿어 그대로 따르는 것.
221) 백·천·만 아라한(阿羅漢)·벽지불(辟支佛)… 수행하고 익히는 것만 못하다 : 이 구절의 원출처는 『원각경(圓覺經)』「위덕자재보살장(威德自在菩薩章)」(『大正藏』第17冊, No.842, p.918a)이다.
222) 독각(獨覺) : 독성(獨聖)과 같음.
223) 사회주의 : 개인보다도 사회를 위주로 한다는 뜻.

멀리 하는 것은 옳지만 가까이 하는 것은 옳지 않고, 배척하는 것은 옳지만 받드는 것은 옳지 않다.

[원문] (2) 七星者는 尤無稽而可笑者라 星可像也ㄴ대 在天之星辰이 甚多ㅎ니 奚特七星니며 以其如來之化現也ㄴ대 乃至天地日月과 森羅萬象이 均是一體어늘 何必七星이리오 爲佛徒者ㅣ奉如來之眞相이 足矣라 遠及化現이 無乃太煩乎아

[번역] (2) 칠성(七星)은 더 황당무계해서 웃음거리다. 별을 상(像)이라 한다면 하늘에 있는 별이 수없이 많은 터에 어찌 유독 칠성만을 위하며 또 그것이 여래(如來)의 화현(化現)[224]이기 때문이라면 하늘과 땅·해와 달과 삼라만상이 똑같이 부처님과 한 몸(一體)인 것을 어째서 꼭 칠성만이겠는가. 불제자(佛弟子) 된 사람은 여래의 참된 상(像)을 받들면 충분할 것이다. 멀리 부처님의 화현(化現)까지 받드는 것은 지나치게 번거롭지 않은가.

[원문] (3) 十王者는 聞閻羅國十位大王也라 能黜陟人之生死ㅎ고 且審判之罪業ㅎ야 隨輕重而賞罰之라ㅎ니 質而言之ㅎ면 卽死人之裁判官也라 泛觀之則莫此畏나 深觀之則莫此不畏라 何也오 裁判官이 雖似爲懲治罪人而設이느 實則爲保護善人而設也니 吾固無罪면 必受保護矣오 且裁判官은 深通法律ㅎ야 詳細審查則服從其法律者ㅣ必無幸免橫羅之弊리니 何懼之有리오 且學佛者는 必往極樂ㅎ느니

---

224) 화현(化現) : 부처님이나 보살이 중생 제도를 위해 여러 형태로 자기를 나타내는 일.

元非閻羅國之附庸則於閻王에 何有哉아

[번역] (3) 시왕(十王)은 듣자 하니 염라국(閻羅國)에 있는 열 명의 대왕으로, 사람의 생사를 좌우할 수 있고 또 죄업(罪業)을 심판해서 그 경중(輕重)을 따라 상벌을 가한다고 한다. 요약해 말하면 죽은 사람의 재판관이다. 얼핏 보기에는 이보다 두려운 것이 없지만, 깊이 관찰하면 이보다 두렵지 않은 것도 없다. 왜 그런가. 재판관은 죄인을 징계해 다스리기 위해 있는 듯하지만, 사실은 착한 사람을 보호하기 위해 있는 것이니 우리에게 정말 죄가 없다면 반드시 보호를 받을 것이다. 또 재판관은 깊이 법률에 통달해서 상세히 심사할 것이므로, 그 법률에 복종한 사람은 반드시 요행히 벌을 면한다든지 억울하게 죄를 뒤집어쓴다든지 하는 일이 없을 것이니, 무슨 두려움이 있겠는가. 또 불도(佛道)를 배우는 사람은 반드시 극락에 갈 것이니, 극락이 본디 염라국에 딸린 작은 나라도 아닌데 염라왕이 무엇이 두렵겠는가.

[원문] 若不修淨業ᄒ야 墮若地獄이면 生之死之가 自有當律이니 諂之何裨리오 寢假以諂而得免이라도 擧世界日々死人之數가 必多不少而無一不判決閻王이 固無暇出裟婆界ᄒ야 察衆生之祈禱與否而受囑也리니 雖一日萬拜ᄂ 竟何贖罪리오 金玉而像之ᄒ고 丹靑而繪之ᄒ야 五體投地而恭敬承事ᄒ니 果胡爲者오

[번역] 만약 정업(淨業)²²⁵⁾을 닦지 않아 지옥에 떨어진다면 죽이고 살리는 것에 스스로 해당하는 법률이 있을 것이니, 아첨한다고 무슨

---

225) 정업(淨業) : 불법(佛法)에 의한 깨끗한 행위.

도움이 되겠는가. 가령 아첨으로 요행히 죄를 면할 수 있다 해도, 전 세계에서 나날이 죽어가는 사람의 숫자가 반드시 많을 것이라, 하나라도 판결하지 않음이 없는 염라왕이 당연히 사바세계(娑婆世界)에 나와서 중생의 기도 여부를 살펴 부탁을 받을 틈이 없을 것이니, 하루에 만 번을 절한다 해도 끝내 어찌 속죄가 되겠는가. 그런데도 금과 옥으로 상(像)을 만들고 단청으로 그림을 그려 놓고 오체투지(五體投地)[226]로 공경하고 받드니 참으로 무엇 하는 짓인가.

[원문] (4) 神衆者는 佛在靈山時에 所護衛之常隨衆也니 保護佛法이 實彼之責任이라 勸之而不加勉ᄒ고 禁之而不加止ᄒ야 行爲動作이 唯佛之聽ᄒ야 不能自由則又何可疑也리오 佛法僧은 一轍이니 彼旣保護佛法이라 安有不護僧之理乎아 若不護僧이면 不必責之曰 僧者는 行我法成我敎者也라 爾何不護오ᄒ시리니 雖欲冷視ㄴ 不可得也라

[번역] (4) 신중(神衆)은 부처님께서 영산(靈山)에 계실 때에 호위하기 위해 늘 따르던 신들 무리니, 불법(佛法)을 보호하는 것이 그들의 책임이다. 권한다고 더 힘쓰지 않고 금지한다고 그치지도 않아서, 행위와 동작이 오직 부처님의 말씀만을 들을 뿐 자유로울 수 없으니, 또 무엇을 의심할 것인가. 불(佛)·법(法)·승(僧)은 하나의 수레바퀴이니, 그들이 이미 불법을 보호하면서 어찌 승려를 보호하지 않을 리가

---

226) 오체투지(五體投地) : 불교 신자가 교만과 어리석음을 참회하고 자기 자신을 무한히 낮추면서 불·법·승 삼보(三寶)에 큰절을 올려 최대의 존경을 표하는 방법. 양 무릎·양 팔꿈치·이마 등 신체의 다섯 부분이 땅에 닿도록 절을 하기 때문에 붙여진 이름.

있겠는가. 만약 승려를 보호하지 않는다면 부처님께서 반드시 꾸짖으시기를 "승려는 내 법을 행하고 내 가르침을 성취하는 사람들이다. 너희들은 어찌 보호하지 않느냐?"하실 것이니, 승려를 냉대하고 싶어도 할 수 없을 것이다.

[원문] 果爾則譬之컨대 僧侶ᄂᆞᆫ 似上官ᄒᆞ고 神衆은 似保護巡査라 今有日上官於此ᄒᆞ야 叉手跪坐ᄒᆞ야 叩頭乞憐於保護巡査則不笑其蔽弱者ㅣ 幾希矣리니 吾黨이 何不視此而亦自視也오 今猶恐其後ᄒᆞ야 屈身聽福於神衆者ᄂᆞᆫ 余不勝其倒置矣라

[번역] 과연 그렇다면 비유컨대 승려는 상관과 같고 신중은 호위순경과 같다. 지금 여기에 상관이 있어 손을 맞잡고 꿇어앉아 오히려 호위순경에게 머리를 조아려 애걸한다면 그 나약함을 비웃지 않는 자가 드물 것이니, 우리 승려들은 어찌 이 신중만 보고 자신을 보지 않는 것인가. 지금 남에게 뒤질세라 신중에게 몸을 굽혀 복을 비는 사람들이 있는데, 나는 그 가치가 거꾸로 뒤집힌 것을 참기 힘들다.

[원문] 漢之人에 有賈誼者ᄒᆞ야 其言에 曰足反居上이오 首顧居下라 倒懸이 如此호되 莫之能解라ᄒᆞ니 嗟夫라 其餘天王竈王山神國師等은 荒虛誕陋ᄒᆞ야 初無可言之價値라 今不屑屑ᄒᆞ노라 此皆今日佛家崇奉塑繪中最曖昧而無當者라

[번역] 중국 한대(漢代)의 사람으로 가의(賈誼)[227]가 있었는데, 그

---

227) 가의(賈誼) : 한(漢)의 문제(文帝) 때의 문사(文士). 시문에 뛰어나고 제자백가에 정통하여 18살 때부터 문명(文名)을 떨쳤다. 문제(文帝)의 총애를 받

말에 "발이 도리어 위에 있고, 머리가 도리어 아래에 있어서 거꾸로 됨이 이와 같은데도 아는 이가 없다."[228]라고 했다. 아! 그 나머지의 천왕(天王)·조왕(竈王)·산신(山神)·국사(局師) 따위는 허황하고 터무니없이 조악[229]해서 애초부터 말할 가치도 없으니 지금 더 언급하지 않는다. 이 모든 것이 오늘날 불가(佛家)에서 받드는 소회 중 가장 애매하고 마땅치 않은 것들이다.

[원문] 嗚呼라 伊來朝鮮佛敎之智識이 果若是其昧陋也아 是之莫道於今日優勝劣敗之公例가 誠非一朝一夕之故而其來有自矣라 禍福이 無門ᄒᆞ야 惟人所招어늘 犧牲其滿身自由ᄒᆞ야 婢膝奴顔於頑虛不靈之下ᄒᆞ니 塑繪之弊가 到此極矣라 誰能使滿天下之此等塑像으로 一炬而飛之ᄒᆞ고 萬波而沈之ᄒᆞ야 不復留於世間ᄒᆞ야 還我佛敎之眞理而無缺也오

[번역] 아! 옛날부터 조선 불교계의 지식이 참으로 이처럼 어리석고 고루했던가. 비로소 오늘날 피할 길 없는 우승(優勝)·열패(劣敗)의 법칙이 참으로 하루 밤낮이 아니라, 예로부터 있었던 것임을 알겠다.

아 약관의 나이로 최연소 박사가 되었다. 1년 만에 태중대부(太中大夫)가 되어 진(秦)나라 때부터 내려온 율령(律令)과 관제(官制), 예악 등의 제도를 개정하고 전한의 관제를 정비하기 위한 많은 의견을 상주했다. 그러나 주발(周勃)과 관영(灌嬰) 등 당시 고관들의 시기를 받아 장사왕(長沙王)의 태부(太傅)로 좌천되었다. 4년 뒤 복귀하여 문제의 막내아들 양회왕(梁懷王)의 태부가 되었지만 왕이 낙마하여 급서하자 애도한 나머지 한 해 뒤 33살로 죽었다. 저서에 『신서(新書)』 10권과 『가장사집(賈長沙集)』이 있다. 진(秦)나라가 망한 까닭을 논한 「과진론(過秦論)」은 널리 알려져 있다.

228) 발이 도리어 위에 있고… : 이 구절의 원출처는 『한서(漢書)』 권48 「가의전(賈誼傳)」에 실린 가의의 상소문이다.

229) 터무니없이 조악 : 원문에는 誕陋. 탄(誕)은 거짓, 속임수, 누(陋)는 추함, 조악함.

화복(禍福)은 문이 없어 오직 사람이 제 손으로 불러 오는 것인데도, 그 온 몸의 자유를 희생해 가면서 허황하고 신통치도 않은 신들 아래서 종처럼 무릎 꿇고 아첨하니, 소회를 받드는 폐단이 여기 한계에 도달한 셈이다. 누가 온 세상의 이런 소상들을 불태워 날려 보내고 바다에 던져 가라앉혀 다시는 세상에 머물지 못하도록 함으로써 우리 불교의 진리로 돌이켜 흠 없게 할 수 있을까.

[원문] 難者ㅣ曰迷信이 盡去ㅎ면 宗敎之性質이 萎焉ㅎ리니 子欲以佛敎로 爲哲學耶아 曰子ㅣ何其俗累也오 宗敎之迷信云者ᄂ 乃惟一之迷信이오 非衆多之迷信이니 假使佛敎를 以迷信言之라도 迷信於佛而足矣라 烏得朝迷信於佛ㅎ고 暮迷信於羅漢ㅎ고 又迷信七星ㅎ고 又迷信於十王ㅎ고 又迷信於神衆ㅎ고 又迷信於天王竈王山神國師等而無有定信也리오 此ᄂ 與畵出魍魎이 不知所之ㅎ야 之山而之水而之木而之石而不堪其疲者로 同一樣子니 此非迷信이라 亦迷信之賊이라

[번역] 비난하는 사람이 "미신이 다 없어지면 종교의 성질이 시들어 버릴 것이니, 당신은 불교를 철학으로 만들고자 하는 것인가?"라고 하는데, 나는 다음과 같이 대답했다: 그대는 어찌 그리도 속물스러운가. 종교적 미신이라 하는 것은 오직 하나를 믿는 미신일 뿐 여러 가지를 믿는 미신은 아닌 것이니, 가령 불교를 미신이라고 한다 해도 부처님을 미신하는 것으로 충분한 것이다. 어찌 아침에는 부처님을 미신하고, 저녁에는 나한을 미신하고, 또 칠성을 미신하고, 또 시왕을 미신하고, 또 신중(神衆)을 미신하고, 또 천왕·조왕·산신·국사 따위

를 미신함으로써 일정한 믿음이 없을 수 있겠는가. 이것은 낮에 나온 도깨비가 갈 바를 몰라[230] 산으로 갔다가 물로 갔다가 나무로 갔다가 돌로 갔다가 하면서 피로를 견디지 못하는 것과 같은 모습이니, 이는 미신이 아니라 미신의 적이다.

[원문] 旣非智信이오 又非迷信이면 果屬何信고 無以名之ᄒ야 名之曰亂信이니 亂信者ᄂ 無信之信也라 無入而不敗라 若目此而謂迷信인대 是ᄂ 迷信之多ㅣ莫如朝鮮之佛敎오 若以迷信으로 爲宗敎之性質인대 是ᄂ 迷信이 愈多而宗敎有興也라

[번역] 이미 지혜로운 믿음도 아니고 또 미신도 아니라면 과연 무슨 믿음에 속하는 것인가. 이름 붙일 만한 것이 없어 억지로 이름 붙이면 난신(亂信)이니, 이런 난신이란 신앙이 없는 신앙이기 때문에 입문해서 실패하지 않는 경우가 없다. 만약 이것을 가리켜 미신이라고 한다면, 이는 미신이 많기로 조선 불교만한 것이 없고, 만약 미신을 가지고 종교적 성질이라 한다면 미신이 많을수록 종교가 흥성한다는 말이 될 것이다.

[원문] 然則朝鮮之佛敎ㅣ有此莫多之迷信而尙不雲布世界ᄒ고 幾不能保其殘喘於山盡水窮之地ᄒ야 汲汲然殆有不可終日之勢者ᄂ 何也오 由是로 知朝鮮之僧侶ᄂ 雖迷信이ᄂ 幷無也라 噫라 佛敎者ᄂ 逈出迷信萬萬之外ᄒ야 其理가 甚眞實高尙이어늘 豈亂信輩之所可望

---

230) 도깨비가 갈 바를 몰라 : 원문에는 魍魎이 不知所之. 이 구절의 원출처는 『회남자(淮南子)』「覽冥訓」인데, 원문에 "魍魎不知所往"라고 되어 있는 것을 약간 변형해 인용한 것이다.

見也리오 亂信之具를 宜先改革이라 嗚呼라 毒蛇在手에 壯士斷腕ᄒᆞᄂᆞ니 況其毒이 浮於蛇ᄒ고 其斷이 易於腕者乎아 何憚而不變哉리오

[번역] 그렇다면 조선 불교가 이렇게 많은 미신을 갖고 있으면서도 세계에 널리 퍼지지 못하고 거의 그 남은 목숨을 깊은 산속에서도 보존하지 못하고, 급급하게 거의 오늘 하루를 넘기지 못할 것 같은 형세에 있는 것은 어째서인가. 이로써 조선 승려들은 미신조차 없음을 알 수 있다. 아! 불교는 멀리 미신을 벗어나 그 교리가 매우 진실하고 고상한데 어찌 난신의 무리가 바라보기나 할 수 있겠는가. 난신의 도구-잡신의 소상(塑像)따위-를 먼저 개혁해야 한다. 독사가 손을 물면 장사는 팔을 끊어버리는 법이니[231], 하물며 그 독이 독사보다 심하고, 그것을 끊는 것이 팔보다 쉽지 않은가. 무엇을 꺼려서 고치지 못하겠는가.

[원문] 亂信之具則然矣ᄂ 佛菩薩之塑繪ᄂᆞ 皆可留歟아 佛菩薩之像은 皆留之無妨이ᄂ 此亦甚煩이오 此佛菩薩은 名則雖殊ᄂ 理則一也니 莫若擧一而統萬이라 若擧一而統萬則其惟釋迦牟尼佛乎ᆫ져 夫釋迦牟尼佛은 上承諸佛ᄒ시고 下攝羣品ᄒ시며 爲衆生ᄒ사 入地獄을 如傳舍ᄒ시고 閔後世ᄒ사 演說法을 如雲雨ᄒ시니 實千佛之

---

231) 독사가 손을 물면 장사는 팔을 끊어버리는 법 : 원문에는 毒蛇在手에 壯士斷腕. 이 구절의 원출처는 량치차오의 「新民说(신민설)」 중 〈論进步(논진보)〉편(梁啓超著·張品興 編, 『梁啓超全集 第二冊』第三卷「新民說」, 北京: 北京出版社, 1999, 687쪽)의 "諺曰:"螫蛇在手, 壯士斷腕."라는 구절이다. 그런데 이 글은 량치차오의 창작이 아니라 중국의 옛 고전에서 인용한 것이다. 다양한 출전이 있는데 가장 이른 시기의 것은 『한서(漢書)』「열전(列傳)」卷33「전담전(田儋傳)」의 구절이다. "蝮手則斬手, 足則斬足. 何者? 爲害於身也."

代表오 萬世之導師라 後生이 當金銀琉璃硨琚瑪磂其像而紀念之膜
拜之可也니 無論何寺ㅎ고 只以釋迦像一位로 奉安之ㅎ고 極敬極肅
ㅎ야 毋或相瀆ㅎ며 瞻其顔而思其事ㅎ고 感其情而施於行이니 夫若
是則雖假相之假相이ㄴ 庶無愧於眞理矣리라

[번역] 난신의 도구는 그렇다 해도, 불(佛)·보살의 소회는 모두 남
겨둘 것인가. 불·보살의 상(像)은 모두 남겨두어도 괜찮겠지만, 이것
도 매우 번거로운 일이다. 불·보살은 이름은 달라도 이치는 하나이니
어느 한 분을 들어 다른 여러 불·보살을 통합하는 것이 좋겠다. 만약
한 분을 들어 다른 불·보살을 통합한다면 오직 석가모니불만이 적합
할 것이다. 석가모니불은 위로는 여러 부처님들의 뜻을 이으시고 아
래로는 중생을 거두어 제도하시며, 중생을 위하여 지옥에 들어가시
기를 여관에 들어가듯 하시고, 후세 사람을 불쌍히 여기사 설법 베풀
기를 구름과 비처럼 하셨으니, 참으로 천불(千佛)의 대표이며 만세의
도사(導師)[232]이시다. 사람들이 마땅히 그 상(像)을 금·은·유리·거거
(硨磲)[233]·마노(瑪瑙)[234] 등으로 만들어 기념하고 예배함이 옳다. 어
느 사원이든 다만 석가상 한 분만을 받들어 모시고 지극히 공경하
여, 혹시라도 서로 모독하지 말고, 그 얼굴을 우러러 보면서 그 자취
를 생각하고 그 정을 느끼며 행동에 옮겨야 한다. 이와 같이 한다면
비록 거짓 모습의 거짓 모습이긴 하지만 거의 진리에 부끄러움이 없

232) 도사(導師) : 바른 길로 인도하는 스승.
233) 거거(硨磲) : 거거과의 바닷조개. 껍데기는 부채를 펼쳐놓은 모양인데, 겉은
    회백색이고 속은 광택 있는 젖빛임. 껍데기는 여러 가지 장식품으로 쓰이며 예
    로부터 칠보(七寶) 중의 하나로 귀하게 여김.
234) 마노(瑪瑙) : 석영(石英)의 한 가지. 매우 아름다운 빛과 광택이 있으며 홍
    (紅)·흑(黑)·백(白)의 세 종류가 있음. 도장(圖章)·문방구 등의 장식품을 만
    드는 데 주로 쓰임.

을 것이다.

[원문] 且別置一大紀念館於別處ᄒ고 自佛菩薩로 至有奇事異聞
於佛敎界者ᄂ 莫論古今ᄒ고 莫辨何國人ᄒ고 皆牌其位而列置館中
ᄒ고 守護而享馨之ᄒ야 以爲慕賢勸後之盛擧則庶不害於事體리니
此非祈福之謂也라 但紀念之謂也라

[번역] 그리고 따로 다른 곳에 하나의 큰 기념관을 설치해 보살로
부터 불교계에 특별한 행적이나 소문이 있는 사람은 옛날이나 지금
이나 국적을 가릴 것 없이 모두 위패(位牌)를 만들어 기념관 안에 배
치하고, 지키며 제사를 지냄으로써 어진 이를 사모하고 뒷사람을 권
장하는 훌륭한 행사로 삼는다면, 거의 사리를 해치는 일이 없을 것이
다. 이는 복을 빌자는 말이 아니라 어디까지나 기념하자는 말일 뿐이
다.

12. 불가(佛家)의 각종 의식을 논함(論佛家之各種儀式)

[원문] 朝鮮僧家之百度가 未舉ᄒ야 無一可觀이라 至若齋供儀式 (梵唄四物·作法禮懺 및 其他) 與祭祀禮節等事(對靈·施食 및 其他)ᄒ 야는 甚煩亂無倫ᄒ고 卑劣駁雜ᄒ야 罔有紀極ᄒ니 統而名之曰魑魅 之 演劇이라ᄒ면 庶幾近ᄒ니 今差言之ᄒ야 不足辨論이오 其餘平時 禮式(巳時供佛·朝夕禮佛·念誦·誦呪 等 其他)도 莫不淆亂失眞ᄒ니 無 論大小如何禮式ᄒ고 一切掃蕩ᄒ야 立一簡禮而行之足矣니라

[번역] 조선 불가(佛家)의 백 가지 법도는 갖추어지지 않아 볼 만 한 것이 하나도 없다. 재공양(齋供養) 의식[범패사물(梵唄四物)·작법 예참(作法禮懺) 및 기타]과 제사 때의 예절 등[대령(對靈)·시식(施食) 및 기타]에 이르러서는 매우 번잡하고 혼란스러워 질서가 없고 비루 하고 잡스럽기가 끝이 없다. 이것을 통틀어 이름 붙이기를 '도깨비 연 극'이라고 하면 거의 사실에 가까울 듯하니, 지금은 말하기도 부끄러 워 따져 논하지 않겠다. 그 밖에 평상시의 예식[사시공불(巳時供佛)· 조석예불(朝夕禮佛)·염송(念誦)·송주(誦呪) 및 기타]도 혼란스럽고 참된 모습을 잃어, 크고 작은 어떤 예식이든 간에 모두 쓸어버리고 난 다음 하나의 간략한 예식을 정해 시행하면 충분할 것이다.

[원문] 簡禮를 何以爲지오 各寺院에 禮佛을 每日一次호되 趁時에

執禮가 打雲集鐘(禮佛之警號) 五椎(依舊本)어든 僧侶及信徒가 整裝齊進于佛堂(釋迦像奉安處)호야 爇香行三頂禮後에 齊唱讚佛歌(歌曲은 後日別告) 一遍而退而已라

[번역] 간략한 예식을 어떻게 한다는 것인가. 각 사원에서는 예불을 매일 한 번씩 하되, 집회 때가 되어 집례(集禮)가 운집종(예불의 신호)을 다섯 번 치면[구본(舊本)을 따름] 승려와 신도는 옷깃을 가다듬고 일제히 불당(佛堂)[235]에 나아가 향을 사르고 삼정례(三頂禮)[236]를 한 다음 같이 찬불가[가곡(歌曲)은 뒷날에 따로 알림]를 한 번 부르고 물러나면 된다.

[원문] 或曰他則旣己聞命矣ㄴ 禮佛을 一日一次호되 但行三頂禮호고 且廢巳時供養이면 無乃太簡乎아 曰不然호다 夫禮煩則亂이라 亂則不敬호고 不敬則禮之本意가 蔑如也라 惟其禮之務本也故로 喪禮는 主哀호고 祭禮는 主敬호야 其區區小節을 出入이라도 可也니 與其煩而不敬으로 孰若簡而敬이며 與其昵而不肅으로 孰若疎而敬이리오 至尊之像은 可敬而相肅이오 不可親而相褻이니 一日一禮가 未必爲簡이라

[번역] 어떤 사람은 "다른 것은 그대로 따라도 좋겠지만, 예불을 하루 한 번씩 하되, 삼정례만 하고 사시공불(巳時供佛)[237]을 폐지한다면 지나치게 간략한 것이 아닌가?"라고 말하는데, 나는 이렇게 대답한

---

235) 불당(佛堂) : 불상(佛像) 봉안처.
236) 삼정례(三頂禮) : 오체투지(五體投地)와 같이 최대한 경례를 세 번 하는 것.
237) 사시공불(巳時供佛) : 매일 사시(巳時), 즉 오전 9시~11시쯤 부처에 올리는 공양(供養)으로 사시공양, 혹은 사시마지(巳時摩旨)라고도 한다.

다. : 그렇지 않다. 예(禮)는 번잡하면 혼란스러워지고, 혼란스러우면 공경하지 않게 되고, 공경하지 않으면 예(禮)의 본래 뜻이 없어지고 만다. 예의는 근본에 힘쓰기 때문에 상례(喪禮)는 슬픔을 주로 하고 제례(祭禮)는 공경을 주로 하여 그 밖의 자질구레한 절차에는 변동이 있어도 괜찮으니, 번잡하면서 공경하지 않는 것과 간략해도 공경하는 것 어느 쪽이 나으며, 친숙해 엄숙함이 없는 것과 멀면서도 공경함이 있는 것 어느 쪽이 낫겠는가. 지극히 존귀하신 분의 상(像)은 공경하고 엄숙히 대해야지, 친숙한 나머지 버릇없이 굴어서는 안 될 것이니, 하루 한 번의 예불이 꼭 간략하다고는 할 수 없다.

[원문] 今佛像을 無時不對ᄒ야 坐臥起居와 飮食談笑에 與之相接則勢不得不習而相昵ᄒ야 以至於褻慢而無所不至也니 正坐於親狎太近故耳라 不如稍遠其拜觀之期ᄒ야 使生其渴仰之心而後에 從而禮之면 其心이 全而其敬이 篤ᄒ리니 然則一日一禮가 猶覺其煩이라

[번역] 지금 우리나라 승려들은 불상을 때를 가리지 않고 마주대하여 일상의 모든 행동과 밥 먹고 담소할 때도 늘 접하고 있으므로 자연스런 추세로서 어쩔 수 없이 익숙해지고 가까워져 버릇없이 굴고 못하는 짓이 없을 지경에 이르렀다. 이것은 바로 익숙해지고 너무 가까워졌기 때문일 뿐이다. 그러므로 예배하는 시간을 약간 멀리 하는 것만 못하니, 우러러 사모하는 마음을 일으킨 다음에 좇아서 예배하도록 하면 그 마음이 온전하고 공경함이 두터워질 것이다. 그렇게 하면 하루 한 번의 예불도 오히려 번거롭게 느낄 것이다.

[원문] 雖然이 太遠其期하면 易致懈怠成忘하야 難以提醒故로 姑定之오 三頂禮는 實無儉於前者也라 今之所爲禮懺이 或二三十拜하며 或八九十拜는 其實을 皆合數十百千或無量數之諸佛菩薩或法 或僧而一拜者니 三寶之數가 甚多故로 拜數가 亦多(禮懺者는 朝鮮拜佛之別號라 拜佛時에 先唱佛·法·僧 三寶名號而後에 拜之니 每拜如是하야 多在八九十拜也라)라 嗚呼라 無始以來之佛·法·僧 三寶가 其數無量하야 固非衆生軀殼之所能拜而窮盡也라 或二三十拜와 或八九十拜而止하면 不亦太簡乎아 今三拜於一世尊이 比前에 實多々矣로다 三數者는 簡煩之中故로 故로 定之하노라

[번역] 그러나 예불 사이를 너무 멀리 하면 쉽게 게을러지고 잊어버려 깨닫기 어려워지기 때문에 잠시 그렇게 정하자는 것이다. 삼정례만 한다는 것도 실제로 이전의 예배보다 횟수를 줄인 것이 아니다. 지금의 이른바 예참(禮懺)[238]이라는 것은 혹은 20~30번 혹은 80~90번 절하지만 실제로는 수십 수백 수천 또는 무량수(無量數)의 여러 불·보살과 법(法)·승(僧)을 모두 합쳐 놓고 한 번 예배하는 것이니, 삼보(三寶)[239]의 숫자가 매우 많기 때문에 예배하는 숫자도 많아지는 것이다[예참(禮懺)은 조선 예불의 별명이다. 예배할 때에 불·법·승 삼보의 이름을 선창한 다음에 절을 하는 것이니, 절할 때마다 이처럼 하여 많으면 80~90번 절하게 된다]. 아! 무시(無始) 이래 불·법·승 삼보의 숫자가 끝이 없어서 본래 중생의 몸으로 다 예배할 수 없으니, 20~30번이나 80~90번 절하는 것으로 그친다면 또한 너무 간략

---

238) 예참(禮懺) : 예불(禮佛)과 같음.
239) 삼보(三寶) : 불·법·승. 삼보라고 함.

한 것 아니겠는가. 지금 한 세존께 삼배를 드리자는 것도 앞의 예참에 비해 사실은 많은 것이다. 삼배는 간략함과 번잡함의 중간이라고 생각해 정한 것이다.

[원문]　且供佛은 貴在法供이오 不貴飯供이니 日日供飯이면 適足以相瀆而已니 廢之ㅣ有何不可리오 但特別時(佛誕辰成道日 涅槃日 時薦之類라)에 供以珍潔之物ᄒ야 以表衆生之微誠則容或可也니라

[번역]　또 부처님에 대한 공양(供養)은 법공양(法供)[240]이 귀한 것이지 밥공양(飯供)[241]은 귀한 것이 아니다. 날마다 밥공양을 일삼는다면 부처님을 모독하는 것이 될 뿐이니, 이를 폐지하는 것이 어찌 옳지 않겠는가. 다만 특별한 때[부처님 탄신일(佛誕辰)·성도일(成道日)·열반일(涅槃日)·시천(時薦) 등]에 진귀하고 깨끗한 음식을 바쳐 중생으로서 작은 정성을 표시하는 것은 허용할 수도 있다.

[원문]　或이 又問曰齋供祭祀等事ᄂ 何以爲之耶아 曰齋供與祭祀가 是俱祈福之事라 福不可以祈得이오 且佛亦非禍福之主니 祈之無補於獲福이오 祭祀者ᄂ 乃祖乃考之恩義未絕ᄒ야 爲子孫者ㅣ不勝追遠感時之懷而表其誠於獻需拜禮之間者라 故로 四世則親盡無服ᄒ고 祭亦不行ᄒᄂ니 以其恩義淺薄故也라 今張三李四之皮肉無關者ㅣ有何恩義於僧侶ᄒ야 歲々行祭而不知懈也오 佛敎ㅣ以度他爲主故로 僧侶之慈悲가 欲使人之靈魂으로 往生淨土而祭之歟아 然則何

---

240) 법공(法供) : 법을 수호하고 중생을 제도하는 것.
241) 반공(飯供) : 음식을 부처님께 바치는 것.

不天下之人을 一々皆祭而但祭其納財者乎아

[번역] 어떤 사람이 또 묻기를 "재공양(齋供養)과 제사(祭祀) 등의 일은 어떻게 해야 하는가?"라고 한다. 나는 이렇게 대답한다. : 재공양과 제사는 모두 복을 비는 의식이다. 복은 빌어서 얻을 수 있는 것이 아니며 부처님도 본래 화복의 주관자가 아니시니, 빌어도 복을 얻는데 아무 도움이 되지 않는다. 또 제사는 조부나 부모의 은혜가 아직 끊어지지 않아 자손 된 자가 옛날을 추억하고 그 때를 그리워하는 생각을 이기지 못해 음식을 마련해 올리고 절하면서 감사함을 표현하는 의식이다. 그러므로 4대(代)가 되면 친함이 다하여 상복을 입지 않고 제사도 지내지 않으니 이것은 은혜가 엷어졌기 때문이다. 지금 혈연관계도 없는 일반 사람이 승려에게 무슨 은혜를 끼쳤다고 해마다 제사지내며 싫증낼 줄 모르는 것인가. 불교는 중생 제도를 위주로 하기 때문에 승려의 자비심이 사람들의 영혼을 정토(淨土)에 왕생(往生)시키려고 제사지내는 것인가. 그렇다면 어째서 세상 사람을 하나하나 모두 제사지내지 않고 오직 제물 바친 사람만 제사지내는가.

[원문] 且祭而可往淨土인대 一祭而足이오 祭而不可往인대 萬祭而無益이어늘 世々不違祭는 何也오 余ㅣ知之矣로다 無他라 爲其鑠飯殘羹之計耳라 一飯一羹을 雖捆履織席이ㄴ 何患不得ᄒ야 行此諂無人理之事而偃焉無怍ᄒ니 悲夫로다 齋供與祭祀之意味가 若是ᄒ니 廢之可也라

[번역] 또 제사지내서 정토에 왕생할 수 있다면 한 번 제사로도 충분할 테고, 제사지내도 왕생할 수 없다면 만 번 제사로도 아무 효과

가 없을 텐데도 대대로 제사를 어기지 않는 것은 무엇 때문인가. 나는 그 이유를 알고 있으니, 다름이 아니라 남은 밥과 찌꺼기 국을 얻어먹기 위해서일 뿐이다. 한 그릇의 밥과 국은 짚신을 삼고 멍석자리를 짜도 얻을 수 있는데, 그것을 어찌 못 얻을까 걱정하여 사람의 도리가 아닌 일에 아첨해 고개를 숙이는 것을 이상하게 부끄럽게 여기지 않고 행하니, 참으로 슬프다. 재공양과 제사의 의미가 이와 같으니 폐지하는 것이 옳다.

[원문] 又問日然則將不奉佛而僧侶는 無祭祀歟아 日否라 是非欲人之不崇佛而并其祖考先師之祭而廢之也라 但廢其祈福妄祭之事耳라 此事가 似小實大니 改良이 莫急이라 今之言齋供節次와 祭祀禮式者 欲去煩而就簡則有之나 欲并其齋供祭祀而廢之云者는 呼於天下而不得一人하니 盖安於習慣하야 不究其本而但究其末則然矣라 論事者 以正眼으로 先置於習俗利害之外而觀之然後에 按理點檢이면 庶不大誤리라

[번역] 어떤 사람이 또 묻기를 "그러면 앞으로 부처님을 받들지도 않고, 승려는 제사를 지내지도 말자는 이야기인가?"라고 한다. 나는 이렇게 대답한다. : 그렇지 않다. 사람들이 부처님을 숭배하지 말자거나 조상과 선사(先師)의 제사를 아울러 폐지하자는 것이 아니다. 다만 복을 빌며 허망하게 제사지내는 일을 폐지하자는 것뿐이다. 이 일이 작은 것 같지만 사실은 중대하니 개량이 매우 급하다. 요즘 재공양의 절차와 제사의 예식을 언급하는 사람들이 번잡함을 제거하고 간략함을 선택하자고 말하는 경우는 있지만, 재공양과 제사를 아울

러 폐지하자고 하는 사람은 세상에 외쳐 보아도 한 사람도 없으니, 대개 습관에 젖어 그 근본을 연구하지 않고 다만 그 지엽적인 점만 고민하기 때문에 그렇다. 일을 논하는 사람들이 바른 눈으로 먼저 관습이나 이해관계를 떠나 관찰한 다음에 이치를 생각하고 점검한다면 거의 큰 실수를 하지 않을 것이다.

[원문] 又問曰廢齋供與祭祀면 寺院之財源이 將渴而僧侶之生活이 日縮矣리니 然則佛敎ㅣ果保哉아 曰吁라 唯子之不知量也로다 天下之宗敎가 甚多而無一不富盛於佛敎者則果有齋供與祭祀而致此歟아 以齋供祭祀之餘瀝으로 甘作保寺活命之大計者則此所以朝鮮佛敎之不及於天下之他敎也니 子實之東而向西者로다 何不更思回首오

[번역] 어떤 사람이 또 묻기를 "재공양과 제사를 폐지하면 절의 재원(財源)이 앞으로 고갈되어 승려의 생계가 날로 위축될 것이다. 그러면 불교가 과연 보존될 수 있겠는가?"라고 한다. 나는 이렇게 대답한다. : 아! 그대는 사리를 헤아릴 줄 모른다. 세상에 종교가 매우 많지만 어느 하나 불교보다 부유하고 융성하지 않은 것이 없는데, 참으로 재공양과 제사를 지냈기 때문에 이렇게 번성한다는 것인가. 재공양과 제사 지내고 남은 밥으로 사원을 보존하고 승려의 생계를 꾀하는 큰 계획으로 삼으며 만족한다면, 이는 조선 불교가 세상의 다른 종교에 미치지 못하는 이유가 될 것이니, 그대는 참으로 동쪽으로 가려고 하면서 서쪽으로 향하는 격이구나. 어찌 다시 생각하여 머리를 돌리지 않는가.

13. 승려의 인권회복은 반드시 생산하는 데서 비롯되는 것임을 논함
(論僧侶之克復人權必自生利始)

[원문] 數百年來로 僧侶ㅣ受非常之壓迫ᄒ야 人幾不人ᄒ니 遊衣遊食이 亦一大原因이라 遊依遊食者ᄂ 今經濟學家所謂分利是也니 分利者니ᄂ 害於國ᄒ며 害於世界也라 人之所以衣者ᄂ 織也오 所以食者ᄂ 耕也니 不織而衣則必衣人之織이오 不耕而食則必食人之耕이니 旣不織不耕而衣食於人則我亦辦他一物之價値가 與我之所衣所食者로 適足以相償者而相報然後에 彼此無感而全部之經濟가 無缺이라

[번역] 수백 년 이래 승려들은 대단한 압박을 받아 다른 사람들이 거의 사람 취급을 하지 않았으니, 그러한 취급을 받게 된 것은 놀면서 입고 먹은 것도 하나의 큰 원인이다. 놀면서 입고 먹는 것은 오늘날의 경제학자가 말하는 '분리(分利)'²⁴²)에 해당한다. 분리는 남에게 해롭고 나라에 해로우며 세계에도 해롭다. 사람이 옷을 입을 수 있는 이유는 길쌈하는 데 있고, 먹을 수 있는 이유는 농사짓는 데 있으니 길쌈하지 않고 옷을 입는다면 반드시 남이 길쌈한 것을 입는 셈이며, 농사짓지 않고 먹는다면 반드시 남이 농사지은 것을 먹는 셈이다. 이처럼 길쌈도 농사도 하지 않고 남의 것으로 입고 먹는 경우, 나도 다

---

242) 분리(分利) : 남이 올린 이익을 수고 없이 나누어 갖는 것.

른 한 물건의 가치를 판단할 때 내가 입고 먹는 것을 갚기에 충분한 것으로 보답한 다음에야 서로 감정이 없어지고 전체 경제도 결함이 없게 될 것이다.

[원문] 若有一人이 徒衣徒食ㅎ야 絶無相償이면 是는 空費耕織者之幾分勞力而全部經濟가 欠一人之力量ㅎ리니 人羣勞力之增減과 經濟之滿縮이 必以分利人之多寡로 爲比例差니 分利者는 生利之賊也라 不得不受壓迫於生利者而無一辭自護者則亦理之常이라 我不出相當之價値而待養於人則是는 生存之權限이 不在我而在人也니 欲死則已어니와 欲生則人雖如何賤之蔑지라도 皆甘心聽之ㅎ야 惟以救一縷之苟連으로 爲榮ㅎ리니 奚暇에 保其自由ㅎ야 免夫壓迫乎아

[번역] 만약 어떤 한 사람이 하는 일 없이 입고 먹을 뿐 전혀 갚는 것이 없다면, 이것은 농사짓고 길쌈하는 이의 노력의 몇 분의 일을 헛되이 소비하는 것이며, 전체 경제에서도 한 명의 역량이 줄어들게 된다. 대중 노동력의 증감과 경제의 발달·위축이 반드시 분리인(分利人)의 많고 적음으로 비례 차이를 이루니, 분리자(分利者)는 생산의 도둑이다. 그러므로 생산자에 의해 압박을 받을 수밖에 없고, 그래도 한마디 변호할 말조차 없는 것은 이론상 당연하다. 내가 상당한 가치를 내어 놓지 않은 채 남에게 부양받기만 기다린다면, 생존의 권한이 나에게 있지 않고 남에게 있는 것이니 차라리 죽고자 한다면 모르지만 살고자 한다면 남이 아무리 천시하고 멸시한다 해도 모두 달갑게 받아들여 오직 한 가닥 목숨을 구차하게 이어가는 것으로도 영광이라 할 것이니, 어느 틈에 자유를 보전하여 압박을 면하겠는가.

[원문] 朝鮮之僧侶 | 孰敢保有不分利之名也리오 自來生活上方法이 槪有二道ᄒ니 一曰欺取生活이오 二曰丐乞生活이니 欺取生活者는 何오 粗解文字ᄒ고 稍近狡猾者 | 以禍福布施等說로 甘誘愚迷之婦女ᄒ야 狗其行而狐其媚ᄒ야 營作縷身糊口之計是也오 丐乞生活者는 何오 全部大多數之所業이라 門造而面拜ᄒ야 求其一錢數粟之謂也니 此外는 無別生計라

[번역] 조선의 승려가 누가 감히 분리(分利)하지 않는다는 이름을 갖겠는가. 예전부터 승려의 생활 방법이 대개 두 가지 있었으니, 첫째는 기취(欺取) 생활이요 둘째는 개걸(丐乞) 생활이다. 기취 생활이란 무엇인가. 어설프게 글자를 깨치고 좀 교활한 자가 화복(禍福)·보시(布施) 따위의 말로 우매한 부녀자를 꾀어, 개처럼 행동하고 여우처럼 아첨해서 누더기를 몸에 걸치고 입에 풀칠하는 계략을 꾸려가는 것이다. 개걸 생활이란 무엇인가. 거의 대다수의 승려가 하는 짓으로 남의 집 대문에 이르러 절하면서 한 푼의 돈이나 몇 톨의 곡식을 구하는 것을 말하니 이 밖에는 따로 생계를 꾸릴 방법이 없다.

[원문] 僧家에 有一種奇談ᄒ니 曰菩薩萬行이 是라 以爲菩薩萬行에 以最善丐乞로 爲第一義라ᄒ야 以乞食으로 爲佛敎之宗旨ᄒ야 人爭趨之ᄒ야 惟恐後乞ᄒ고 若有從事於生利者면 輒毁而眂之ᄒ야 目以失志ᄒᄂ니 噫라 旣云菩薩萬行則菩薩之乞食이 豈非萬分中之一也아 寔出於修道度生之至意方便이오 固非從事乞食ᄒ야 以營身計어ᄂ 後人이 一不問其菩薩之九千九百九十行ᄒ고 但擇其一丐乞而行之ᄒ야 勤守勿失ᄒ니 是何妙法歟아 群數十百千丐乞之人ᄒ야 組

織一敎會ᄒᆞ고 所謂上流者ᄂᆞᆫ 以欺取로 爲能ᄒᆞ니 雖欲人之無賤이ᄂᆞ
得乎아

[번역] 승려들 사이에 한 가지 이상한 이야기가 있으니 보살만행
(菩薩萬行)이라는 것이다. 그들은 보살만행에서 구걸을 제일 잘 하는
것이 으뜸이라 하여, 걸식을 불교의 종지(宗旨)로 삼아 사람마다 다투
어 달려가 오직 걸식에 뒤처질까 두려워하고, 만약 생산에 종사하는
승려가 있으면 문득 헐뜯고 떠들어대며 그가 승려의 마음가짐을 잃
은 것처럼 지목하기 일쑤다. 아! 이미 보살만행이라 말했으니, 보살의
걸식이 어찌 그 만 가지 가운데 하나가 아니겠는가. 이것은 수도(修
道)와 중생제도의 지극한 뜻에서 나온 방편일 뿐, 오로지 걸식을 종
사해 호구지책을 삼으라는 뜻이 아닌데도, 후세 사람들이 하나같이
보살의 9,999행은 묻지 않고 오직 그 하나에 불과한 걸식만 선택해
실행하며 부지런히 지키고 놓지 않으니 이것이 무슨 묘법(妙法)이겠
는가. 이런 수십·수백·수천의 걸식하는 인간들이 떼를 지어 하나의
교회(敎會)[243]를 조직하고 그 가운데 이른바 상류(上流)에 속하는 자
는 기취(欺取)를 능력으로 여기고 있으니 남들이 천시하지 않기를 바
랄 수 있겠는가.

[원문] 於是에 擧國之人이 視僧侶를 如牛馬ᄒᆞ며 如奴隷ᄒᆞ야 少不
顧恤호되 僧侶ᄂᆞᆫ 認以當然之天職ᄒᆞ야 曾莫之恠ᄒᆞ고 甚者ᄂᆞᆫ 以忍辱
下心으로 爲口頭禪ᄒᆞ야 惟恐他人之輕侮가 不及已也ᄒᆞ야 愈賤而愈
喜ᄒᆞᄂᆞ니 嗟夫라 天賦人權이 洪均不貧ᄒᆞ야 盡地蒼生이 無欠無多어

---

243) 교회(敎會) : 교인(敎人)의 모임. 사원이나 불교 단체.

ㄴ 此何人斯아 自戕其天良之權利가 若是其極而無恥也오

[번역] 이에 온 나라 사람들이 승려를 소·말이나 노예같이 보고 조금도 불쌍히 여기지 않는데, 승려들은 이런 처지를 당연한 천직(天職)으로 생각해 일찍이 이상히 여기지도 않고, 심한 자는 인욕(忍辱)과 하심(下心)으로 구두선(口頭禪)을 삼아 오직 다른 사람의 업신여김이 자기에게 이르지 않을까 두려하며 더 천시할수록 더 기뻐하는 지경이다. 아! 타고난 인권(人權)은 크게 평등하고 부족하지 않아 온 세상 사람이 모자라다든가 많다든가 하는 일이 없는데, 이들은 어떤 인간이기에 스스로 그 타고난 권리를 해치는 것이 이렇게 심하면서도 부끄러운 줄 모르는 것인가.

[원문] 夫佛以大雄大力으로 有天上天下에 惟我獨存之槩어늘 其敎徒果何學而正成反比例오 其無血性이 過矣로다 此는 無他라 不能自活故耳라 苟待養於人이면 雖欲不弱柳其身ᄒ고 風草其心이ᄂ 不可得矣라 思之哀長이로다

[번역] 부처님께서는 위대함과 큰 힘으로 천상천하(天上天下)에 오직 나 홀로 존재하는 듯한 기개가 있었는데, 그 교도인 자들은 과연 어찌 배웠기에 부처님과 정반대가 된 것인가. 혈기(血氣) 없는 것이 지나치다 하겠다. 이는 다름이 아니라 스스로 생활할 수 없기 때문일 뿐이다. 구차하게 남에게 부양을 기대하면 몸을 버드나무처럼 연약하게 하고, 마음을 바람 앞의 풀처럼 굽히지 않으려 해도 할 수 없다. 이를 생각하면 슬픔만 커진다.

[원문] 今日之世界가 强半浮在於黃金競爭之力이라 文明萬道가
成於金力ᄒ고 成敗百端이 由於爭利ᄒᄂ니 苟非生利면 世界或壞ᄒ
고 一國이 或亡ᄒ고 個人이 不立이니 人之有生利가 猶魚之有水라 若
夫江河之積水甚厚則萬族이 游泳ᄒ야 活潑自由ᄒ야 北海南冥을 早
暮遇之어니와 或涸轍之어ᄂᆫ 不索於枯魚之肆者ᄅᆯ 未之聞也니 人亦
如是ᄒ야 游食游衣者ᄂᆫ 取亡之道라 文名國人이 最疾之最賤ᄒᄂ니
今後之社會가 去益文名은 可以斷言이라 若使全部僧侶로 其不生利
也ㅣ如故則人之視己ㅣ想何如乎아 將有無等之困瘁와 無等之壓賤이
猶甚於草昧時代專制之壓迫矣리니 當是時ᄒ야 雖嚙臍ᄂ 已無及矣
리라 吾輩ㅣ欲永脫前日之羈絆ᄒ고 克復固有之人權인대 莫若生利而
自活이니 去其受屈原因이면 其誰能絲毫相凌哉아

[번역] 오늘날의 세계는 절반 넘게 황금을 경쟁하는 힘에 떠 있다.
문명의 온갖 일이 돈의 힘에 의해 이루어지고 성패의 갖가지 실마리
가 이익을 다투는 데에서 비롯되니 참으로 생산이 없으면 세계가 파
괴되기도 하고, 한 나라가 망하기도 하고, 개인은 자립할 수 없으니
사람에게 생산이 있는 것은 물고기에게 물이 있는 것과 같다. 만약
강물의 양이 매우 많으면 온갖 물고기가 헤엄치고 놀면서 활발하고
자유로워 북해(北海)·남명(南冥)[244]을 아침저녁으로 갈 수 있겠지만,
수레바퀴 자국에 괸 물에 있는 물고기[245]는 건어물 가게에서 찾지 말

---

244) 북해(北海)·남명(南冥) : 이 구절의 원출처는 『장자(莊子)』「소요유(逍遙
遊)」편이다. 북쪽 바다에 있는 곤(鯤)이 붕(鵬)으로 변해 남쪽 바다로 날아간
다는 이야기로 유명하다.
245) 수레바퀴 자국에 괸 물에 있는 물고기는… : 원문에는 涸轍之어ᄂᆫ 不索於
枯魚之肆. 이 구절의 원출처는 『장자』「외물(外物)」편으로, 몹시 곤궁하거나
위급한 처지에 있는 사람에게 실질적인 도움을 주지 못하는 것을 비유한 고사
다.

라는 말은 아직 듣지 못했으니 사람도 이와 같아서 놀면서 입고 먹는
것은 곧 망하는 길이다. 문명국 사람들이 가장 미워하고 가장 천시
하는 바이니 앞으로의 사회가 시간이 지날수록 문명이 더 발달할 것
이라는 사실은 단언해도 좋은데, 만약 모든 승려가 생산에 종사하지
않는 것이 예전과 같다면 남들이 우리 승려를 어떻게 볼 것인가 생
각해 보라. 앞으로 더할 수 없는 곤욕과 고달픔, 압박과 천시가 오히
려 미개한 시대 전제정치의 압박보다 더 심할 것이니, 그때 가서 배꼽
을 물어뜯으려 해도[246] 닿지 않을 것이다. 우리들이 영원히 전날의 굴
레를 벗고, 본래 타고난 인권을 회복하고자 하면 생산에 종사하여 자
활하는 것보다 더 좋은 것이 없으니, 굴욕 당하는 원인을 제거한다면

장주(莊周:장자)가 집이 가난해서 감하후(監河侯)에게 곡식을 빌리러 갔는
데, 감하후가 말하기를, "장차 내 봉읍(封邑)에서 사금을 받아들이려 하는
데, 그것을 받아서 300금쯤 꾸어주겠다."라고 했다. 이에 장주는 안색을 고치
고 다음과 같이 말했다. "제가 어제 이리로 올 때, 도중에 누가 부르는 소리가
들렸습니다. 돌아보니 수레바퀴 자국의 고인 물속에 붕어가 한 마리 있었지
요. 붕어가 말하기를, "저는 동해의 파신(波臣)입니다. 어디서 한 말이나 한 되
쯤 되는 물을 가져다가 저를 살려주실 수 없겠습니까?" 하더군요. 그래서 제
가 "좋다. 나는 지금 남쪽 오(吳)나라와 월(越)나라로 가서 서강(西江)의 물
을 가져다주마." 했습니다. 그러자 붕어가 화를 내며 "저는 제가 있어야 할 물
을 잃어 지금 있을 곳이 없습니다. 단지 한 말이나 한 되쯤 되는 물만 있으면
살 수 있는데 그렇게 말씀하시니, 건어물 가게로 가셔서 저를 찾으십시오."라
고 하더군요."
246) 배꼽을 물어뜯으려 해도 : 원문에는 嚙臍. 자신의 배꼽은 아무리 깨물려 해
도 깨물 수 없으므로 이미 벌어진 일은 어찌할 수 없어 후회할 밖에 도리가 없
음을 나타낸다. 다양한 출전이 있는데 가장 이른 것은『춘추좌씨전(春秋左氏
傳)』이다.
춘추시대 초(楚)나라 문왕이 신(申)나라를 공격하기 위해서 등(鄧)나라를 경
유해야 했다. 문왕이 병사들과 함께 등나라에 도착하자 문왕의 삼촌이었던
등나라의 왕 기후(祁候)는 반갑게 맞았다. 이때 기후의 신하 담생(聃甥), 양생
(養甥) 등은 "문왕이 머지않아 등나라를 공격할 것이니 지금 제거하지 않으면
훗날 배꼽을 물려고 해도 입이 미치지 않아 후회할 터이니 계획을 세우라."고
간언했다. 기후는 "조카를 죽이면 후세에 사람들의 욕을 피할 수 없다."라고
간언을 무시했는데, 그로부터 10년 뒤 등나라는 문왕에 의해 멸망당했다.

누가 승려를 털끝만큼이라도 업신여길 수 있겠는가.

[원문] 今有人焉ᄒ야 責僧侶以生利則其防報之第一章에 一日無資本이오 二日不知方法이니 非不然矣라 雲水行李와 澹泊生涯도 一不聞世外事ᄒ고 惟待天花滿身ᄒ며 香飯無盡이라가 不圖造物이 相語에 公理가 無情ᄒ야 忽然一朝에 他天風雨와 驀地霹靂이 動來於夢想之表ᄒ야 喚起東方之文明ᄒ니 俯仰環顧에 江山이 不復春眠이라 他化福樂이 化爲烏有ᄒ니 勢不得不無資本而不知方法이라

[번역] 이제 어떤 사람이 생산의 필요성을 들어 승려를 꾸짖으면 승려들은 방패막이로 제일 먼저 내세우는 점이 첫째 자본이 없다는 것, 둘째 방법을 모른다는 것이니 그렇지 않은 것은 아니다. 보따리 하나로 구름과 물처럼 떠도는 담박한 생활 속에 하나같이 바깥세상 일과는 담을 쌓은 채, 오직 하늘의 꽃(天花)²⁴⁷⁾이 몸에 가득 떨어지고 향기로운 공양(香飯)²⁴⁸⁾이 끊이지 않기를 기다리고 있다가, 뜻밖에도 목우(木偶)와 토우(土偶)²⁴⁹⁾가 주고받은 이야기에 자연의 법칙이 무정하여 갑자기 하루아침에 다른 하늘의 비바람과 쏜살같은 벼락

---

247) 하늘의 꽃(天花) : 이 구절의 원출처는 『유마경(維摩經)』「관중생품(観衆生品)」으로, 하늘의 천녀(天女)가 유마힐의 설법을 듣고 기뻐해 하늘에서 여러 보살과 성문(聲聞)들에게 꽃을 뿌렸다는 대목이 나온다.
248) 향반(香飯) : 이 구절의 원출처는 『유마경(維摩經)』「향적불품(香積佛)」으로, 유마힐이 향적불(香積佛)에게 올린 것 같이 향기로운 공양(香飯)을 지어 대중에게도 대접했다는 대목이 나온다.
249) 목우(木偶)와 토우(土偶) : 이 구절의 원출처는 『사기(史記)』「맹상군열전(孟嘗君列傳)」으로, 나무인형(木偶)과 흙인형(土偶)이 만나 이야기했다. 나무인형이 "자네는 비만 오면 흔적도 없이 사라질 것"이라고 하자, 흙인형은 "나는 흙에서 생겨났으니 흙으로 돌아가도 한이 없다. 그러나 자네는 물에 휩쓸리면 끝도 없이 떠갈 것 아닌가?"라고 했다는 우화.

이 꿈 밖에서 진동해 와 동양문명의 잠을 깨우니, 위아래 사방을 둘러보아도 강산이 다시 봄꿈에 잠길 수 없게 되었다. 타화천(他化天)의 복락(福樂)²⁵⁰⁾이 본래 없는 것처럼 사라져 버리니,²⁵¹⁾ 형세가 어쩔 수 없이 자본도 없고 방법도 모르게 되었다.

[원문] 雖然이ᄂ 是不足以爲患이라 凡事物之帶有價値之性質者ᄂ 皆可爲資本而所以爲資本者ᄂ 必待勞力ᄒᄂ니 經尺之玉과 連抱之材가 雖美且寶ᄂ 待良工之勞力以後에 始成不世之器ᄒ야 售非常之價格이라 不用人之勞力ᄒ야 玉不離石ᄒ고 木不違山ᄒ면 永劫에 不値一錢ᄒ리니 然則勞力者ᄂ 實資本之資本이오 方法云者ᄂ 動本殖利之設計也니 無資本者ᄂ 當先究辦資本之方法而殖利之方法은 正屬第二問題也라 辦資本之方法이 亦勞力之外에 苦無其道니 勞力者ᄂ 天然之資本이오 最初之方法이라 雖如何巨欵之資本과 如何圓滿之方法이라도 其濫觴은 莫不出於擧手動足之區ᄽ勞力이니 人界事物之組織이 皆勞力之所産出者라 此之勞力이 與彼之勞力으로 相對之

---

250) 타화천(他化天)의 복락(福樂) : 타화천은 타화자재천(他化自在天)이라고도 하며 욕계(欲界)의 최고 자리, 또 천상계(天上界)의 제6천, 욕계의 천주대마왕(天主大魔王)인 제6천 마왕(魔王) 파순(波旬)이 머무는 곳이다. 타화천은 다른 사람의 즐거운 일을 대신 자유롭게 자기의 쾌락으로 만들기 때문에 붙은 이름이다. 여기서는 승려가 남에게 의존해 사는 것을 비유한 것이다.

251) 본래 없는 것처럼 사라져 버리니 : 원문에는 化爲烏有. 직역하면 "변하여 오유(烏有)가 되니"인데, 여기서 오유(烏有)는 있지도 않은 일, 허구를 나타낸다. 이 구절의 원출처는 중국 전한(前漢) 때의 문인 사마상여(司馬相如)의 「자허부(子虛賦)」로 다음과 같은 이야기가 실려 있다.
"어느 날 초(楚)나라 임금은 자허(子虛)라는 사람을 제(齊)나라에 파견했다. 제나라 임금은 전국의 사냥꾼을 모아 자허와 함께 사냥을 떠났다. 그 후 자허는 오유(烏有)라는 사람과 이 사냥에 대해 이야기를 나누면서 왕이 사냥에 빠져 정치를 그르치는 행태를 비판했다." 여기서 자허와 오유는 모두 허구적인 인물이라 '본래 있지도 않은 것'이란 뜻을 지니게 되었다.

外에 初無一物이 能比肩其價値者ᄒ니 果何等資本이며 何等方法乎
아 勞力者ᄂ 人々이 皆得自由오 非有待而生者니 今不欲勞力者ᄂ 僧
侶之惰怠而已니라

[번역] 그렇지만 이는 걱정하지 않아도 된다. 사물로 가치 있는 성
질을 지니고 있는 것은 모두 자본이 될 수 있으며, 자본이 되는 것은
반드시 노력을 기다리기 때문이니, 한 자 길이의 구슬과 몇 아름의
나무는 아름답고 보배이기는 하지만 훌륭한 기술자의 노력을 기다린
뒤에야 비로소 세상에 다시없는 물건이 되어서 대단한 가격으로 팔
린다. 사람의 노력을 가하지 않아서 구슬이 돌에서 분리되지 않고 나
무가 산을 떠나지 않는다면 영원히 한 푼의 가치도 없을 것이다. 그렇
다면 노력은 참으로 자본의 자본이요, 방법이라는 것은 자본을 움직
여 이익을 늘리는 설계이니, 자본이 없는 사람은 마땅히 먼저 자본을
갖출 방법부터 연구해야 하며, 이익을 늘리는 방법은 바로 그 두 번
째 문제에 속한다. 자본을 갖추는 방법도 노력 외에 다른 힘쓸 만한
길이 없으니, 노력이야말로 천연(天然)의 자본이요 최초의 방법이다.
아무리 거대한 자본과 원만한 방법이라 해도 그 시작은 손을 들고 발
을 움직이는 사소한 노력에서 나오지 않는 것이 없으니 인간세계 사
물의 조직은 모두 노력으로 생겨난 것이다. 이 노력이 저 노력과 상대
하는 것 외에는 처음부터 한 물건도 그 가치를 겨룰 수 있는 것이 없
으니 과연 어떤 자본이며 무슨 방법이겠는가. 노력은 사람마다 모두
자유롭게 할 수 있고 기다려서 생기는 것이 아니니, 지금 노력하려고
하지 않는 것은 승려의 게으름일 뿐이다.

[원문] 僧侶ㅣ苟欲生利ㄴ대 比於他人에 其特色이 有二ㅎ니 一則在於天演界ㅎ고 一則於人事界라 在於天演界者ᄂ 何오 山林이 是耳니 寺院之所有山林이 甚多ㅎ야 皆空間無産ㅎ고 或有所産之物이ᄂ 棄而不治ㅎ야 終歸荒癈ㅎ야 爲識者所嘆이라 傳에 曰有土면 此有財라ㅎ니 以山林之多而束手待貧은 甚不近理라 宜着手造林業(果, 茶, 桑, 橡之類)ㅎ야 採東西之美制ㅎ야 氣候之寒暖과 土質之剛柔를 隨宜參酌ㅎ야 力焉不怠면 四五年에 小成ㅎ고 十餘年에 大成ㅎ야 利子可勝收ㅎ리니 擲不多之費ㅎ야 擢匪分之利者ᄂ 造林也라

[번역] 승려들이 만약 생산하고자 한다면 다른 사람들에 비해 특색이 두 가지 있으니, 하나는 자연계에 있고, 다른 하나는 인간세계에 있다. 자연계에 있는 특색이란 무엇인가. 산림(山林)일 뿐이다. 사원이 소유하고 있는 산림이 매우 많아도 모두 비어 있는 채로 생산하는 바가 없고, 어쩌다 생산되는 것이 있다 해도 내버리고 다스리지 않아, 끝내 황폐하게 만들어 상식 있는 사람들이 탄식하는 바다. 경전에 이르기를 "땅이 있으면 여기에 재물이 있다."[252]라고 하니 많은 산림을 갖고도 손을 묶은 채 가난을 기다린다는 것은 매우 사리에 어긋나는 일이다. 마땅히 조림(造林)사업(과일·차·뽕나무·도토리 등)에 착수하고 동서양의 아름다운 제도를 채택하여 기후의 춥고 따뜻함과 토질의 거칠고 부드러움을 형편에 따라 참작해서 힘쓰고 게으르

---

252) 땅이 있으면 여기에 재물이 있다 : 이 구절의 원출처는 『대학(大學)』10장. "이 때문에 군자는 먼저 덕을 삼간다. 덕이 있으면 사람이 있고, 사람이 있으면 땅이 있고, 땅이 있으면 재물이 있고, 재물이 있으면 씀이 있게 된다."(是故, 君子先愼乎德, 有德, 此有人; 有人, 此有土; 有土, 此有財; 有財, 此有用)

지 않는다면, 4~5년에 작은 성과가 나타나고 10여 년 뒤에는 대성해서 이익을 헤아릴 수 없을 만큼 거둘 것이다. 많지 않은 비용을 들여 예상 밖의 이익을 거둘 수 있는 것이 조림이다.

[원문] 在於人事界者는 何오 僧侶ㅣ每輩數十百而同居一寺ᄒᆞ니 其心志가 易通ᄒᆞ고 其任事ㅣ易信ᄒᆞ야 共同營業(柱式合資, 合名, 等會社)이 最適宜ᄒᆞ니 共同營業者는 本商界之良規라 楚越之人이 可以同事어든 況聯其食同其鼎者乎아 然則以上所言之二種特色이 皆他人之所無而我獨有之者也니 豈不美哉아 噫라 衣內明珠가 不能鮮庸作之貧則其孰使之然歟아

[번역] 인간세계에 있는 특색은 무엇인가. 승려는 항상 수십·수백 명이 집단을 이루어 한 사원에서 같이 생활하니 그 뜻이 통하기 쉽고 일을 맡기는 데 믿기 쉬워 공동경영(주식·합자·합명 등의 회사)이 가장 적합하다. 공동경영은 본래 상업계의 좋은 규정이라 멀리 떨어진 사람들끼리도 같이 일할 수 있는데, 하물며 한솥밥을 먹는 사람이야 더 말할 나위가 있겠는가. 그렇다면 이상에서 말한 두 가지 특색이 모두 다른 사람들에게는 없고 우리 승려만 갖고 있는 것이니 어찌 아름답지 않겠는가. 아! 옷 속의 밝은 구슬[253]이 고용살이하는 가난

---

253) 옷 속의 밝은 구슬 : 이 구절의 원출처는 『법화경(法華經)』「오백제자수기품(五百弟子受記品)」에 나오는 비유다. 어떤 가난한 사람이 부유한 친구를 찾아가 술을 마시고 잠이 들었는데, 주인은 외출하면서 친구를 위해 아주 값비싼 구슬을 옷 속에 넣어주었다. 그 가난한 사람은 술에서 깬 후 다시 떠돌며 빌어먹다가 훗날 부유한 친구를 다시 만나고 나서야 자신이 보배를 지니고 있는 줄 알았다는 것. 여기서 부유한 친구는 부처님, 가난한 자는 이승(二乘)의 무리, 보배구슬을 불성(佛性)을 비유한 것으로, 성문과 독각 등 이승의 무리가 옛날 대통지승불(大通智勝佛) 시대에 대승의 종인(種因)을 받았으나, 무명과

을 해결할 수 없는 것은 곧 누가 그렇게 만들고 있는 것이겠는가.

번뇌로 깨닫지 못하다가 석가부처의 법화 회상에 참석하여 처음으로 깨달은
사실을 비유한 것이다.

14. 불교의 앞날이 승니(僧尼)²⁵⁴⁾의 결혼여부와 관련됨을 논함
(論佛敎之前途가 關於僧尼嫁娶與否者)

[원문] 有問於余者曰 佛敎何以將興고 余ㅣ必曰 解僧侶嫁娶之禁이 亦一要事急務也라

[번역] 누군가 나에게 묻기를 "불교를 무엇으로 부흥시킬 것인가?"라고 하면, 나는 반드시 "승려의 결혼 금지를 해제하는 것이 또한 중요하고 시급한 일이다."라고 말할 것이다.

[원문] 難曰 子ㅣ胡爲乎發此不經之言ᄒᆞ야 以汚佛戒也오 梵網經에 曰 若佛子ㅣ自淫과 敎人淫과 乃至一切女人을 不得故淫이라ᄒᆞ시고 四分律에 曰 犯不淨行을 乃至共畜生이라도 是比丘波羅尼不共住라ᄒᆞ고 戒儀中沙彌十戒之第三曰 不淫이오 比丘四波羅尼戒之第一曰 不淨行戒오 且戒淫之雜出於諸家者ㅣ指不勝屈則佛家之禁婚이 果何等申重乎아 爲佛敎者ㅣ豈能肆行嫁娶ᄒᆞ야 墮損戒律也리오 以謂嫁娶而興敎론 無寧爲嫁娶而亡敎니라

[번역] 그러면 나를 비난하여 다음과 같이 말할 것이다. "당신은 어째서 이런 법답지 못한 말을 해 부처님의 계율을 더럽히는가. 『범망경

---

254) 승니 : 비구와 비구니를 아울러 일컫는 말.

(梵網經)』에 이르기를 "불자(佛子)는 스스로 음행을 한다든지, 남에게 음행을 시킨다든지, 모든 여성을 고의로 음행하지 못한다"[255]라고 하시고, 「사분률(四分律)」[256]에 이르기를 "부정행(不淨行) 범하기를 혹 축생과 같이 해도 이는 비구의 바라이불공주[257]에 해당한다"[258]라고 하였고, 또 계의(戒儀)[259] 가운데 사미십계(沙彌十戒)[260]의 세 번째가 음행하지 말라는 것이고, 비구 사바라이계(四波羅夷界)[261]의 첫 번째가 부정행계(不淨行戒)다. 또 음행을 금지하는 계(戒)가 여러 곳에 나오는 것이 일일이 손꼽아 셀 수 없을 정도니 곧 불가(佛家)의 결혼 금지가 과연 얼마나 중복되는가. 불교를 위하는 자가 어찌 함부로

255) 불자(佛子)는 스스로 음행을… : 이 구절의 출처는 『범망경(梵網經)』 「노사나불설보살심지계품(梵網經盧舍那佛說菩薩心地戒品)」 第十卷下(『大正藏』 第24冊, No.1484, p.1004b)이다.

256) 사분률(四分律) : 출가한 승려가 불법(佛法)을 수행하는 데 필요한 계율을 자세히 기록한 불교의 율전(律典)으로 비구 250계와 비구니 348계가 기록되어 있다.

257) 바라이불공주(波羅尼不共住) : 이원섭 번역본에 "바라이는 가장 근본적인 계율이어서 이것을 범하면 승려의 자격을 잃고 교단에서 추방되었다. "불공주"는 "바라이"의 역어(譯語)"라고 되어 있는데, 波羅夷라고 잘못 표기되어 있다.

258) 부정행(不淨行) 범하기를… : 이 구절의 출처는 『사분률(四分律)』 「사바라이법(四波羅夷法)」(『大正藏』 第22冊, No.1428, p.569c)이다.

259) 계의(戒儀) : 비구나 사미가 될 때에 계(戒)를 받는 의식.

260) 사미십계(沙彌十戒) : 사미는 불문(佛門)에 막 들어와 처음 머리를 깎은 남자 승려, 여자 승려인 사미니(沙彌尼)도 포함해 기본적으로 지켜야 할 열 가지 계율이다. ①불살생계(不殺生戒): 살아 있는 것을 죽이지 말라 ②불투도계(不偸盜戒): 도둑질하지 말라 ③불사음계(不邪婬戒): 음란한 짓을 하지 말라 ④불망어계(不妄語戒): 거짓말하지 말라 ⑤불음주계(不飮酒戒): 술 마시지 말라 ⑥부도식향만계(不塗飾香鬘戒): 향유(香油)를 바르거나 머리를 꾸미지 말라 ⑦불가무관청계(不歌舞觀聽戒): 노래하고 춤추는 것을 보지도 듣지도 말라 ⑧부좌고광대상계(不坐高廣大床戒): 높고 넓은 큰 평상에 앉지 말라. ⑨불비시식계(不非時食戒): 때가 아니면 먹지 말라 ⑩불축금은보계(不蓄金銀寶戒): 금은보화를 지니지 말라

261) 사바라이계(四波羅夷界) : 승단에서 추방되어 비구의 자격이 상실되는 네 가지 가장 무거운 죄. ①음란한 행위 ②도둑질 ③살인 ④깨달았다는 거짓말

결혼을 하여 계율을 손상시킬 수 있겠는가. 결혼하여 불교를 일으킨다기보다는 오히려 결혼하여 불교를 망친다고 해야 할 것이다."

[원문] 日 子言이 似言이라 雖然이ㄴ 不足以知華嚴經事々無碍之上乘也로다 夫高尙玄虛ㅎ고 深淵廣漠ㅎ며 眞妄이 無性ㅎ고 功罪ㅣ本空ㅎ야 無處不入ㅎ고 無事不容之佛敎가 豈在於區々戒律之間哉아 救佛敎於戒律者ㄴ 實釣龍於盂水오 探虎於蟻垤이라 烏可得也리오 果嫁娶而不成佛道인대 何故로 過去七佛이 無佛無子ㅎ고 恒沙菩薩이 多出在家오 但對小乘之根機淺薄ㅎ야 流於欲樂而難回者故로 權設細律制限之라

[번역] 나는 이렇게 대답한다. : 그대의 말도 그럴 듯하다. 그러나 『화엄경(華嚴經)』 사사무애(事事無礙)[262]의 상승(上乘, 대승적 진리)을 이해하기에는 부족하다. 높고 깊은데다 끝없이 넓으며, 진실과 허망이 일정한 성품이 없고, 공로와 죄가 본래 공(空)하여 들어가지 않는 곳이 없으며, 받아들이지 않는 일이 없는 불교의 진리가 어찌 자질구레한 계율 사이에 있겠는가. 불교를 계율에서 찾는 것은 참으로 한 잔의 물에서 용(龍)을 낚고 개미집에서 호랑이를 찾는 것과 같아 어찌 가능하겠는가. 정말 결혼해서는 불도(佛道)를 이루지 못한다면 어째서 옛날의 부처(古之佛, 과거칠불)[263]는 자식 없는 부처가 없고, 무

---

262) 사사무애(事事無礙) : 화엄종의 세계관을 나타내는 사법계(四法界)의 하나. 우주 안에 있는 현상의 하나하나는 다른 일체의 현상과 중중무진(重重無盡)으로 연관되어 있다는 이론.
263) 과거칠불(過去七佛) : 과거 사바세계에 나타난 일곱 부처. 그 이름은 원문에 나와 있다.

수한 보살이 대부분 재가(在家)에서 나왔는가. 다만 소승으로 근기(根機)가 천박하여 욕망과 쾌락으로 흐르면 돌이키기 어려운 자들을 상대해야 했기 때문에 방편으로 자세한 계율을 설정해 제한한 것이다.

[원문] 夫佛教者는 若實若虛ᄒ고 若縱若奪ᄒ며 若王若覇ᄒ고 若天地若毫末ᄒ야 不可名狀이오 不可一端이라 其微言至意로 應病與藥ᄒ야 幷使人으로 欲隨緣入道而已니 平心循理ᄒ야 先尋宗旨則思過半矣라 逈乎漠哉인져 井蛙가 豈聞江湖之相忘이며 枝鷦가 安知雲霄之圖南이리오 圓敎는 非律宗之敢望이니 但有味乎秋月空山과 春水大海則佛法이 在是ᄒ니라

[번역] 부처님 가르침은 실(實)한 듯도 하고 허(虛)한 듯도 하고, 놓아주는 듯도 하고 빼앗는 듯도 하고, 왕도(王道)인 듯도 하고 패도(覇道)인 듯도 하고, 하늘·땅인 듯도 하고 터럭 끝인 듯도 하여 형용할 수 없고 하나의 단서만 갖고 논할 수도 없다. 그 미묘한 말씀과 지극한 뜻으로 병에 따라 약을 주어 사람들이 인연을 좇아 도에 들어가게 하고자 하는 것뿐이니, 조용한 마음으로 이치를 따라 먼저 종지(宗旨)를 찾는다면 뜻을 절반은 이룰 것이다. 멀고도 넓구나! 우물 안 개구리가 어찌 강호(江湖)의 크기를 잊을 만큼 큰 바다의 이야기를 듣기나 했을 것이며,[264] 가지에 자리 잡은 뱁새[265]가 어찌 하늘 높이

---

264) 우물 안 개구리가 : 『장자(莊子)』「추수편」 참조.
265) 가지에 자리 잡은 뱁새(枝鷦) : 이 구절의 원출처는 『장자(莊子)』「소요유(逍遙遊)」편으로, "뱁새는 깊은 숲에 둥지를 틀어도 의지하는 것은 나뭇가지 하나에 지나지 않는다.(鷦鷯巢於深林, 不過一枝)"라는 구절이 있다.

떠서 남명(南冥)으로 날아가는 뜻을 알겠는가. 원교(圓敎)[266]는 율종 (律宗)[267]이 감히 바랄 바 아니니 다만 가을달이 비치는 고요한 산과 봄 물결이 넘실거리는 큰 바다에 의미가 있다면 불법은 여기에 있는 것이다.

[원문] 傳에 曰 處今之世ㅎ야 反古之道면 菑逮夫身이라ㅎ니 今日 之舞臺ᄂᆞᆫ 非前日之道場이라 非改着長袖면 不能登場善舞라 五千退 席이 一時盡去則世尊이 不得不先說阿含方等而導之오 淫男이 難化 則觀音이 不得不化美人而度之니 此皆應時隨機也라 雖使嫁娶로 違 於戒律而難行이라도 當以嫁娶로 利於佛教之時機則權行嫁娶ㅎ야 適時順機라가 更待不嫁娶利於佛教之時後에 還收而復舊ㅎ면 其誰 曰 不可리오 此嫁娶之禁이 不適於世道乎아 請論其所以不適之理ㅎ 리다

[번역] 경전에 이르기를 "지금의 세상에 살면서 옛날의 도로 돌아 가면 재앙이 반드시 그 몸에 미친다."[268]라고 하니, 오늘날의 무대는 전날의 도량(道場)이 아니라 긴 소매 옷을 짧은 옷으로 바꿔 입지 않 으면 춤을 잘 출 수 없다.[269] 5,000명의 무리가 자리에서 물러나 일시

---

266) 원교(圓敎) : 화엄종에서 부처님 일대의 설법을 점(漸)·돈(頓)·원(圓)의 셋 으로 가르고, 화엄경을 원교라 불렀다. 가장 원만하고 무결한 가르침이라는 뜻.
267) 율종(律宗) : 계율 지키는 것을 목표로 삼는 종파.
268) 경전에 이르기를… : 여기서 경전은 『중용(中庸)』을 가리킨다. 『중용』 28장 에 "공자는 말하기를, 어리석으면서 스스로 쓰이기를 좋아하고, 천하면서 스 스로 멋대로 행동하는 것을 좋아하며, 지금 세상에 살면서, 옛날의 도로 돌아 가면, 이와 같은 자는 반드시 재앙이 그 몸에 미친다."(子曰, 愚而好自用, 賤而 好自專, 生乎今之世, 反古之道, 如此者, 菑及其身者也.)라는 구절에서 인용 한 것이다.
269) 긴 소매 옷… : 이 구절의 원출처는 『한비자(韓非子)』 「오두(五蠹)」편으로

에 모두 나가니[270] 부처님이 먼저 아함과 방등[271]을 설하시어 인도하지 않을 수 없었고, 음탕한 남자를 교화하기 어려우면 관음보살이 미인으로 몸을 나타내 제도하지 않을 수 없었으니, 모두 때에 응하고 근기에 따라 교화하는 방법이다. 비록 계율에 어긋나 실행하기 어렵다고 해도, 마땅히 결혼이 불교의 때와 근기에 이롭다면 방편으로 결혼을 시행해 때와 근기에 적응하다가, 다시 결혼하지 않는 것이 불교에 이로울 때를 기다린 뒤에 거두어들여 옛날대로 하면 누가 잘못이라고 하겠는가. 결혼 금지가 세상의 도리에 적합하지 않을 것이니, 그 적합하지 않은 이치인 까닭을 논해 보고자 한다.

[원문] (一) 害於倫理라 聞人之爲罪가 不孝ㅣ爲大而無後ㅣ尤大니 以其絶祀斷裔也라 我之一身이 已與前此千百世之祖先과 後此千百世之血胤으로 無復相續則罪何容貸리오 無嫁無娶而罪陷不測이라 此意則人多言之ᄒᆞ야 古文今文에 皆有ᄒᆞ니 不必呶呶라

[번역] (1) 윤리에 해롭다. 듣자 하니 사람의 죄 중에서 불효가 크고, 자손 없는 죄는 더 크다[272]는데, 제사와 후손을 끊기 때문이다.

"소매가 길면 춤을 잘 춘다."(長袖善舞)라는 구절이 있다.
270) 5,000명의 무리가 : 이 구절의 원출처는 『법화경』 「방편품(方便品)」으로, 부처가 『법화경(法華經)』을 설하려 하자 교만에 가득찬 소승의 무리 5,000명이 퇴장했다는 이야기. 그들은 소승의 경지에 만족하므로 얻지 않고도 얻은 듯 착각해 더 이상의 가르침을 들으려 하지 않았다는 것.
271) 아함과 방등 : 천태종(天台宗)의 교상판석(教相判釋)에 의하면, 부처님의 설법은 『화엄경』-『아함경』-방등부(方等部)의 경전들-『반야경』-『법화경』-『열반경』의 다섯 단계로 진행되었다는 것.
272) 죄 중에서 불효가 크고, 자손이 없는 죄… : 원문에는 人之爲罪가 不孝ㅣ 爲大而無後. 이 구절의 원출처는 『맹자(孟子)』 「이루장구 상(離婁章句 上)」으로 "불효에는 세 가지가 있는데, 자손이 없는 것이 크다.(不孝有三, 無後謂大)"는 대목이 있다. 여기서 무후(無後)는 글자 그대로는 '뒤가 없다'는 뜻인

내 한 몸이 과거 천백 세의 조상과 미래 천백 세의 혈통으로 상속되지 않는다면 그 죄를 어찌 용서받겠는가. 시집가지 않고 장가들지 않으면 헤아릴 수 없는 죄에 빠질 것이다. 이런 뜻이라면 사람들이 많이 말해 옛글과 오늘날의 글에 모두 실려 있으니 더 이상 떠들어댈 필요도 없다.

[원문] (二) 害於國家라 現今種族主義가 盛行於地球ᄒᆞ야 殖民殖民之說이 足以當政治家半面之口ᄒᆞ야 生産之術과 衛生之學이 日明之而日不足焉이라 夫國者ᄂᆞᆫ 以人組織者故로 文明國이 摠許婚姻之自由ᄒᆞ야 人口之驟增이 有非常之速率而進化之易가 如火之遼于遠이라 嫁娶之事ㅣ寧有已也리오 泰西之良政治家가 一聞僧侶禁婚之事則其誰能不失驚生悲ᄒᆞ야 咄々恠事也리오 及今不解면 後必爲法律之所限ᄒᆞ야 雖欲不解ᄂᆞ 不可得也리라

[번역] (2) 국가에 해롭다. 현재 종족주의(種族主義)가 지구상에 성행하여 '식민' '식민'하는 이야기가 정치가들 발언의 절반을 채우고 있으며, 생산기술과 위생 관련 학문이 날로 발달하고는 있지만 부족하다. 국가는 사람으로 조직하기 때문에 문명국이 모두 결혼의 자유를 허락해 인구의 증가가 빠른 속도로 이루어지고 진화(進化)의 용이함이 들판의 불길이 번지는 듯하니 결혼하는 일이 어찌 그치겠는가. 서양의 훌륭한 정치가들이 승려의 결혼 금지 사실을 듣는다면 그 누가 놀라고 슬퍼하여 괴상한 일이라 탄식하지 않을 수 있겠는가. 지금 결

데, 『맹자(孟子)』 「양혜왕장구 상(梁惠王章句 上)」에 "공자께서 말씀하시길 '처음 장례에 쓰는 나무인형(俑)을 만든 자는 후손이 없을 것이다'(仲尼曰, 始作俑者 其無後乎)라고 공자의 말을 인용하는 대목에서 나온다.

혼 금지를 해제하지 않으면 뒷날에 반드시 법률의 제한을 받아, 해제하지 않으려 해도 할 수 없을 것이다.

[원문] (三) 害於布教라 使僧侶로 禁嫁娶乎아 使佛敎로 將布於世界乎아 夫世界萬類之無始而至今ᄒ고 長此而無終ᄒ야 相續不斷ᄒ야 曾不壞空者ㅣ果有一物이 能一生不死而通過者乎아 曰 無有라

[번역] (3) 포교에 해롭다. 승려의 결혼을 금지해야 할 것인가, 아니면 불교를 앞으로 세계에 펴야 할 것인가. 세계 만물이 무시(無始) 이래 오늘에 이르고, 여기서 자라며 끝이 없어 서로 이어지며 끊이지 않아 일찍이 파괴되어 없어지지 않는 것으로, 과연 어떤 물건이 한 번 생겨나 죽지 않고 갈 수 있는 것이 있겠는가. 없을 것이다.

[원문] 大椿彭祖는 以壽로 鳴於世者也라 若者以八千歲로 爲春ᄒ고 若者以五百歲로 爲秋ᄒ며 朝菌蜉蝣는 以夭로 鳴於世者也若者不知晦朔ᄒ고 若者不知朝暮ᄒᄂ니 此는 壽夭之兩端也라 其餘萬物生死之期는 皆可定於此兩端之間而差有早晩耳니 然則死死而過去ᄒ고 生死而現在ᄒ고 生生而未來也라 三世者는 顧生死之時間而已니 一死而不一生이면 安知不百年에 不復見靜者動者於覆載之間也리오

[번역] 대춘(大椿)[273]과 팽조(彭祖)[274]는 오래 산 것으로 세상에 알

---

273) 대춘(大椿) : 고대 중국의 전설상의 장수한 나무로 3만 5천 년이 사람의 1년에 해당하며 각 계절이 약 8천 년 정도라 한다. 『장자(莊子)』「소요유(逍遙遊)」편 참고.
274) 팽조(彭祖) : 800세를 살았다는 전설상의 선인(仙人), 『열자(列子)』「역명(力命)」편 참고.

려졌는데 어떤 것은 8,000년을 봄으로 삼고, 어떤 것은 500년을 가을로 삼았다. 그리고 조균(朝菌)[275]이라는 버섯과 하루살이는 빨리 죽는 것으로 세상에 알려졌는데 어떤 것은 그믐과 초하루를 알지 못하고, 어떤 것은 아침과 저녁을 알지 못한다고 한다. 이는 장수와 요절의 두 극단이며, 그 나머지 만물이 살고 죽는 기간은 모두 이 두 극단 사이에 정해져 차이라면 이르고 늦은 것이 있을 뿐이다. 그렇다면 죽고 죽어서 과거가 되고, 태어나기도 하고 죽기도 하는 것이 현재가 되고, 태어나고 태어나서 미래가 되는 것이다. 삼세(三世)[276]란 태어나고 죽는 시간일 뿐이니, 한 명이 죽고 한 명이 태어나지 않는다면 백 년도 되지 않아 하늘과 땅 사이에서 다시 고요한 것이나 움직이는 것들을 보지 못하게 될 지 어찌 알겠는가.

[원문] 今使佛教로 布於天下而皆蹈戒律ᄒᆞ야 禁嫁娶無生産이면 孰肯入於佛教而踐此戒也리오 且入佛而反入俗者ㅣ無寺無之ᄒᆞ야 殆不虛日ᄒᆞ니 玆曷故焉고 其原因이 非不有異ᄂᆞ 多大部分則在嫁娶而已라 於是言布教之點이 一曝十寒ᄒᆞ니 將以何術而能救之乎아 若是不已면 佛教ㅣ實難見保라 夫佛教ᄂᆞ 如春ᄒᆞ야 好生而惡死ᄒᆞ며 好人道而惡惡道ᄒᆞᄂᆞ니 焉有大聖之教ㅣ不保人種而可爲也리오 嫁娶之禁이 不解면 雖蘇張之口라도 必失其辯而無益於布教也리라

[번역] 이제 불교를 천하에 펴고서 모두 계율을 지켜 결혼을 금지하고 자녀를 낳지 못하게 한다면 누가 기꺼이 불교에 들어와 이 계율

---

275) 조균(朝菌) : 아침에 나는 버섯으로 저녁때를 알지 못한다는 의미로 덧없이 짧은 목숨을 의미한다. 『장자(莊子)』 「소요유(逍遙遊)」편 참고.
276) 삼세(三世) : 과거, 현재, 미래

을 실천하겠는가. 또 불교에 들어왔다가 도리어 속세로 나가는 사람이 없는 사원이 없어서 거의 비지 않는 날이 없으니 이는 무슨 까닭인가. 그 원인은 다른 데 있지 않고 대부분 결혼 문제에 있을 뿐이다. 여기에서 포교의 관점으로 말하자면 하루 햇볕 쬐고 열흘 차게 두는 격이니[277] 앞으로 무슨 재주로 이러한 상황을 구할 것인가. 만약 이러한 실정이 그치지 않는다면 불교는 참으로 보존되기 힘들 것이다. 불교는 봄과 같아서 생(生)을 좋아하고 사(死)를 싫어하며, 인도(人道)를 좋아하고 악도(惡道)를 미워하는데, 어찌 큰 성인(大聖)의 가르침이 인종을 보존하지 않고 시행될 수 있겠는가. 결혼 금지가 해제되지 않으면 소진(蘇秦)·장의(張儀)[278]의 말재주라도 반드시 변명할 바를 잃고 포교에 아무 보탬이 되지 않을 것이다.

[원문] (四) 害於風化라 世人之有欲樂이 萬道ᄂ 通智愚賢不肖而共有者ᄂ 食色之心也오 一人之欲樂이 有萬道ᄂ 居喜怒哀樂이 并有者ᄂ 食色之欲也니 寄色身於塵界而無食色之欲云者ᄂ 空言而已오 謟言而已라 烏足以實踐哉아 但不及於亂則君子也라 盡天下之人而皆爲君子ᄂ 實至難之事니 故로 食色之欲이 失度ᄒ야 至於高潮則視一縷를 如鴻毛而無悔也라

[번역] (4) 교화에 해롭다. 세상 사람이 지닌 욕망과 쾌락이 다양하

---

277) 하루 햇볕 쬐고 열흘 차게 : 원문에는 一曝十寒. 이 구절의 원출처는 『맹자(孟子)』「고자장구 상(告子章句 上)」으로, 초목(草木)을 기르는 데 하루만 햇볕을 쬐고, 열흘은 응달에 둔다는 뜻이다. 단 하루 일하거나 공부하고 열흘을 노는 게으름을 피우면 이루어지는 일이 없음을 이르는 말로 쓰인다.
278) 소장(蘇張) : 소진(蘇秦)과 장의(張儀). 중국 전국시대의 변설가로 구변이 좋은 사람을 비유한다. 『전국책(戰國策)』 참고. 이원섭 번역본에는 소진(蘇素)라고 한자가 잘못 표기되어 있다.

지만 지혜롭거나 어리석거나 현명하거나 모자란 사람이 모두 함께 지닌 것은 식욕과 색욕(色慾)이다. 한 사람의 욕망이 다양하지만 희로애락을 아울러 지니고 있는 것은 식욕과 색욕이다. 그러므로 이 세상에서 몸을 붙이고 살면서 식욕과 색욕이 없다고 말하는 것은 빈말일 뿐이자 아첨하는 말일 뿐이니 어찌 실천할 수 있겠는가. 다만 어지러운 상태에 이르지 않으면 군자라고 하겠지만 세상 사람들이 모두 군자가 되는 것은 참으로 지극히 어려운 일이다. 그러므로 식욕과 색욕이 법도를 잃어 고조되기에 이르면, 한 가닥의 목숨 보기를 터럭처럼 가벼이 하고도 후회하지 않는다.

[원문] 噫라 倒瀉之水는 愈防而愈缺ᄒ고 奔逸之馬는 愈御而愈橫이라 食色之欲은 愈抑而愈甚ᄒᄂ니 此는 普通人之常情이라 天下에 普通以下之人이 爲多어늘 以戒律之故로 强抑其欲ᄒ야 欲使人으로 永絶其行樂之蹤影이늘 得乎아 寢假以强抑之라도 形式而已오 名義而已라 且經冬之蝶은 愛花成病ᄒ고 出谷之鶯으로 繫柳奪狂ᄒᄂ니 此는 久屈欲伸之意正盛故也라 情慾이 受屈ᄒ면 心馳千里라 包鱗之士와 涉溱之女가 自古之ᄒᄂ니 苟若是則傷風敗俗과 喪之蔑槪가 孰甚於此리오 回憶高麗末年以後之佛敎史에 以僧侶之淫事로 汚損佛敎之全體者ㅣ顧多々矣라 嫁娶之禁이 其有關風化가 若其甚也니라

[번역] 아! 거꾸로 쏟아지는 물은 막을수록 더 넘치고, 도망쳐 달리는 말은 몰수록 더 거칠어진다. 식욕과 색욕도 억제할수록 더 심해지니, 이것은 보통 사람들이 지닌 감정이다. 세상에는 보통 이하의 사람이 많은데, 계율이라는 이유로 억지로 그 욕망을 눌러 사람들로 하

여금 영구히 향락의 그림자를 끊게 하는 것이 가능하겠는가. 설령 억지로 누른다 해도 형식일 뿐이요, 명목일 뿐이다. 겨울을 지내는 나비는 꽃이 그리워 병이 들고, 골짜기를 떠난 뻐꾸기는 버드나무를 못 잊어 미치는 것이니, 이것은 오래 억눌려 뜻을 펴고자 하는 마음이 참으로 왕성하기 때문이다. 정욕이 억눌리면 마음은 천 리를 치달리게 마련이다. 죽은 노루를 싸 갖고 오는 사내[279]와 진수(溱水)를 건너는 여인[280]이 예로부터 있었으니, 정말 이렇게 끝내 결혼을 금지하면 풍속을 해치고 기개를 없애는 것으로 무엇이 이보다 심하겠는가. 고려 말 이후 불교사를 돌아보자면, 승려의 음탕한 행위로 불교 전체를 더럽히고 훼손한 사례가 매우 많았으니, 승려의 결혼 금지가 교화(敎化)와 관계있는 것이 이렇게 심하다.

[원문] 果如上言이면 嫁娶之不可禁이 誠矣라 雖然이ᄂ 余ㅣ非欲無視佛戒ᄒ야 盡驅全部之僧侶而入於淫戒也라 但欲聽其自由라 何以故오 古之人에 有吉朋, 謙模, 柏格兒者ᄒ니 終身不娶妻ᄒ야 以史學으로 爲妻ᄒ고 有笛卡兒, 巴士卡爾, 斯賓那沙, 藿布士, 斯賓塞, 陸克, 盧梭, 邊沁, 康德者ᄒ니 終身不娶妻ᄒ야 以哲學으로 爲妻ᄒ고 有

---

279) 포균지사(包麕之士) : 균(麕)은 죽은 노루, 혹은 고라니를 가리킴. 이 구절의 원출처는 『시경(詩經)』「국풍(國風)」〈소남(召南)〉편에 실려 있는 '야유사균(野有死麕)'이라는 시로, 사내가 죽은 노루를 싸 가지고 와 여자를 유혹하는 장면을 나타낸다.
280) 섭진지녀(涉溱之女) : 진(溱)은 진수(溱水)로 정(鄭)나라에 있던 강. 즉 현재 중국 하남성 밀현 동북에서 발원하여 동남으로 흐르는 큰 강이다. 이 구절의 원출처는 『시경(詩經)』「정풍(鄭風)」'건상(褰裳)'이라는 시로, 여인이 사랑하는 사람을 만나기 위해서라면 '치마를 걷고(褰裳) 진수(溱水)라도 건너가겠다.'고 노래한 대목이다. 조명제 번역본에는 '정풍(定風)'으로 되어 있어 오류이다.

奈端, 斯密亞丹者ㅎ니 終身不娶妻ㅎ야 以科學으로 爲妻ㅎ고 有福
祿特爾, 格黎者ㅎ니 終身不娶妻ㅎ야 以文學으로 爲妻ㅎ고 有維廉
鼊特, 梭馬者ㅎ니 終身不娶妻ㅎ야 以政治로 爲妻ㅎ고 有加富爾者ㅎ
니 終身不娶妻ㅎ야 以伊太利로 爲妻ㅎ니 此皆有奪天地泣 鬼神之智
略과 絶千古開萬世之事業者로대 皆不娶妻則不知僧侶ㅣ以佛敎로 爲
妻而終身不娶妻乎아 果則余何不頂載之膜拜之ㅎ며 夢想之謳歌之
ㅎ야 以冀不娶妻也리오

[번역] 참으로 위에서 말한 것과 같다면, 승려의 결혼을 금지할 수
없는 것이 사실이다. 그러나 내가 부처님 계율을 무시하고 승려들을
전부 계율을 어지럽히는 지경에 몰아넣으려는 것은 아니며, 다만 자
유에 맡기려는 것이다. 어째서인가. 옛사람들 가운데 기번[281] · 흄[282] ·
버클[283]은 일생 장가들지 않고 사학을 아내로 삼았고, 데카르트·파스
칼[284] · 스피노자[285] · 홉스[286] · 스펜서[287] · 로크[288] · 루소[289] · 벤담[290]

281) 기번(Edward Gibbon, 1737~1794) : 원문에는 吉朋. 현대 중국어로는 吉
本. 영국의 역사가로『로마제국쇠망사』의 저자이다. 이원섭 번역본(구판)에는
'지펑(吉朋)'이라고 되어 있어 누군지 불분명한데, 개정판에는 '기본(Gibbon)'
으로 수정되었다.

282) 흄(David Hume, 1711~1776) : 원문에는 謙模. 현대 중국어로는 休谟. 스
코틀랜드 출신의 철학자, 경제학자, 역사가. 이원섭 번역본(구판)에는 '치엔머
(謙模)'라고 되어 있어 누군지 불분명한데, 개정판에는 '데이비드 흄'으로 수
정되어 있다.

283) 버클(Henry Thomas Buckle, 1821~1862) : 원문에는 柏格兒. 현대 중국어
로는 巴克尔. 영국의 역사가로『문명사』의 저자이다. 이원섭 번역본(구판)에는 '버
꺼얼(柏格兒)'이라고 되어 있고, 개정판에는 '벨포어'라고 되어 있어 오류이다.

284) 파스칼(Blaise Pascal, 1623~1662) : 원문에는 巴士卡爾. 현대 중국어로는
帕斯卡. 프랑스의 수학자.

285) 스피노자(Benedict de Spinoza, 1632~1677) : 원문에는 斯賓那沙. 현대
중국어로는 斯宾诺莎. 네덜란드의 철학자.

286) 홉스(Thomas Hobbes, 1588~1679) : 원문에는 藿布士. 현대 중국어로는
霍布斯. 영국의 철학자.

·칸트는 일생 장가들지 않고 철학을 아내로 삼았으며, 뉴턴[291]·아담 스미스[292]는 일생 장가들지 않고 과학을 아내로 삼았고, 볼테르[293]· 괴테[294]는 일생 장가들지 않고 문학을 아내로 삼았으며, 윌리엄 페티[295]·좀머[296]는 일생 장가들지 않고 정치를 아내로 삼았고, 카부르[297]는 일생 장가들지 않고 이탈리아를 아내로 삼았다.[298] 이들은 모두 천지(天地)의 조화를 뺏고 귀신을 울리는 지략과 천고(千古)에 뛰어나

---

287) 스펜서(Herbert Spencer, 1820~1903) : 원문에는 斯賓塞. 현대 중국어도 같은 표기. 영국의 철학자.

288) 로크(John Locke, 1632~1704) : 원문에는 陸克. 현대 중국어로는 洛克. 영국의 철학자.

289) 루소(Rousseau, Jean Jacques, 1712~1778) : 원문에는 盧梭. 현대 중국어도 같은 표기(卢梭). 프랑스의 철학자.

290) 벤담(Jeremy Bentham, 1748~1832) : 원문에는 邊沁. 현대 중국어도 같은 표기(边沁). 영국의 철학자.

291) 뉴턴(Sir Isaac Newton, 1642~1727) : 원문에는 奈端. 현대 중국어로는 牛頓. 영국의 과학자.

292) 아담 스미스(Adam Smith, 1723~1790) : 원문에는 斯密亞丹. 현대 중국어로는 亚当·斯密. 영국의 정치경제학자.

293) 볼테르(Voltaire, 1694~1778) : 원문에는 福祿特爾. 현대 중국어로는 伏尔泰. 프랑스의 작가.

294) 괴테(Johann Wolfgang von Goethe, 1749~1832) : 원문에는 格黎. 현대 중국어로는 歌德. 독일의 작가.

295) 윌리엄 페티(William Petty, 1623~1687) : 원문에는 維廉鼈特. 현대 중국어로는 威廉·配第. 영국의 정치경제학자. 이원섭 번역본에는 '윌리암 베트'라고 되어 있어 오류이다.

296) 좀머(Johann Friedrich Joseph Sommer, 1793~1856) : 원문에는 梭馬. 현대 중국어로 프랑스어 sommer의 음차는 森瑪, 독일어 sommer의 음차는 索莫 혹은 索默. 독일의 정치가(독일에 sommer라는 성(姓)을 가진 인물이 많음). 이원섭 번역본(구판)에는 '싸마(梭馬)'라고 되어 있어 누군지 불분명하고, 개정판에는 '마마(梭馬)'라고 수정되었으나 역시 불분명하다.

297) 카부르(Camillo B. conte di Cavour, 1810~1861) : 원문에는 加富爾. 현대 중국어도 같은 표기(加富尔). 이탈리아의 정치가.

298) 옛사람 가운데… 이탈리아를 아내로 삼았다 : 이 인용문의 원출처는 량치차오의 「불혼지위인(不婚之偉人)」(1899)이다(梁啓超, 『飮氷室文集 下』, 談叢, 上海廣智書局, 1905, 71쪽 참조).

고 만세(萬世)의 사업을 개척한 이들이지만 모두 아내를 맞이하지 않았으니, 모를 일이지만 승려들도 불교를 아내로 삼아 일생토록 결혼하지 않는 것인가. 그렇다면 내가 어찌 공경하여 머리 위에 받들고(頂戴) 절하며, 이들을 꿈속에서도 생각하여 찬송하며, 결혼하지 않기를 바라지 않겠는가.

[원문] 古之佛에 有毘婆尸佛ᄒ야 嘗娶妻而有子一人ᄒ니 名曰放膺이오 有尸棄佛ᄒ야 嘗娶妻而有子一人ᄒ니 名曰無量이오 有毘舍浮佛ᄒ야 嘗娶妻而有子一人ᄒ니 名曰妙覺이오 有拘留孫佛ᄒ야 嘗娶妻而有子一人ᄒ니 名曰上乘이오 有拘那含牟尼佛ᄒ야 嘗娶妻而有子一人ᄒ니 名曰導師오 有加葉佛ᄒ야 嘗娶妻而有子一人ᄒ니 名曰進軍이오 有釋迦牟尼佛ᄒ야 嘗娶妻而有子一人ᄒ니 名曰羅喉羅니 此皆千佛之祖宗이오 萬法之源泉이로대 皆娶妻生子則不知僧侶亦有能心諸佛之心ᄒ고 事諸佛之事而娶妻生子乎아 果則余ㅣ何不頂載之膜拜之ᄒ며 夢想之謳歌之ᄒ야 以冀娶妻也리오

[번역] 옛날 부처님[299]에 비바시불(毘婆尸佛)이 있는데, 일찍이 결혼해 아들 하나를 두었으니 이름이 방응(放膺)이었다. 또 시기불(尸棄佛)은 일찍이 결혼해 아들 하나를 두었으니 이름이 무량(無量)이었다. 또 비사부불(毘舍浮佛)은 일찍이 결혼해 아들 하나를 두었으니 이름이 묘각(妙覺)이었다. 또 구류손불(拘留孫佛)은 일찍이 결혼해 아들 하나를 두었으니 이름이 상승(上勝)이었다. 또 구나함모니불

---

299) 옛날 부처님(古之佛) : 원문에 나오는 비바시불(毘婆尸佛)·시기불(尸棄佛)·비사부불(毘舍浮佛)·구류손불(拘留孫佛)·구나함모니불(拘那含牟尼佛)·가섭불(迦葉佛)·석가모니불(釋迦牟尼佛)을 과거칠불(過去七佛)이라 한다.

(俱那含牟尼佛)은 일찍이 결혼해 아들 하나를 두었으니 이름이 도사(導師)였다. 또 가섭불(迦葉佛)은 일찍이 결혼해 아들 하나를 두었으니 이름이 진군(進軍)이었다. 석가모니불(釋迦牟尼佛)도 결혼해 아들 하나를 두었으니 이름이 라홀라(羅睺羅)였다. 이들은 천불(千佛)의 조종(祖宗)이며 만법(萬法)의 원천인데 모두 결혼해 아들을 두었으니, 모를 일이지만 승려들도 부처의 마음을 자기 마음으로 삼고, 부처의 사적을 섬겨 결혼하고 자식을 낳을 것인가. 정말 그렇다면 내가 어찌 공경하여 머리 위에 받들고 절하며, 이들을 꿈속에서도 생각하여 찬송하며, 결혼하기를 바라지 않겠는가.

[원문] 嗚呼라 比干은 以死爲忠ㅎ고 箕子는 以生爲仁ㅎ며 敗智伯之軍則以水爲計ㅎ고 攻赤壁之魏則以火爲功ㅎ니 夫生死火水者는 反對之兩極倪어ㄴ 行之無相矛盾者는 以其各用得其宜也라 然則古人은 禁戒而崇佛ㅎ고 今人은 解戒而崇佛이면 亦何傷焉이리오 但時中而已라 愼夫佛敎之替而大呼疾聲호대 人不我聽故로 欲借政治之力而行之ㅎ야 前後鳴全願于政府者ㅣ凡二次라 書其全文於下ㅎ야 以供一覽ㅎ노라

[번역] 아! 비간(比干)[300]은 죽음으로 충성을 다했고, 기자(箕子)는 삶으로 인(仁)을 이루었으며, 지백(智伯)[301]의 군대를 패배시킨 것

---

300) 비간(比干) : 중국 상(商, 은殷이라고도 함)의 정치인으로서 주왕(紂王)이 폭정(暴政)을 하자 간언(諫言)하다 살해되었다. 미자(微子), 기자(箕子)와 함께 상(商) 말기의 세 명의 어진 사람[三仁]으로 꼽힌다.
301) 지백(智伯) : 중국 전국시대 진(晉) 나라의 권신(權臣)으로 조(趙)의 조양자(趙襄子)를 치려다가, 조(趙)·한(韓)·위(魏)의 연합군에게 수전(水戰)으로 멸망하였다. 지백의 신하인 예양(禮讓)이 주군의 복수를 위해 조양자를 세 번이나 암살하려다 실패한 후 사로잡혀 죽었고, 그 1년 후 조양자는 병으로 사

은 수공(水攻)으로써 계략을 삼은 것이고, 적벽강(赤壁江)의 위군(魏軍)[302]을 공격한 것은 화공(火攻)으로써 효과를 본 것이니 삶과 죽음, 물과 불은 반대되는 두 극단인데 이것을 실행해도 서로 모순이 없는 것은 각각 실천한 것이 적절했기 때문이었다. 그렇다면 옛사람들이 결혼은 계율로 금지함으로써 부처를 숭상한 데 비해, 요즘 사람들은 그 계율을 해제하고 부처를 받든다면 무슨 해가 있겠는가. 다만 시기에 맞으면 될 뿐이다. 나는 불교의 침체를 경고하여 큰 소리로 외쳤지만 사람들이 듣지 않으므로 정치의 힘을 빌어서라도 시행하고자, 앞뒤로 북을 울리며 정부에 청원한 것이 두 차례였다. 그 전문(全文)을 아래에 적어 보아 주십사 내놓는다.

[원문] 中樞院獻議書

伏以人界之事, 莫善於變, 莫不善於不變. 一定而不知變, 人物之存在於天地之間者, 不復睹於今日. 天地善變, 萬物生焉, 萬物善變, 生々不盡而善變焉則其進化之妙, 日繁一日, 雖欲窮盡其數, 上等之算, 百年之數, 己不勝其任.

[번역] 중추원(中樞院) 헌의서(獻議書)

엎드려 생각건대 인간 세계의 일에 변화보다 좋은 것이 없고, 변화하지 않는 것보다 나쁜 것이 없습니다. 한 번 정해진 채 변화할 줄 모

망했다. 『사기(史記)』「조세가(趙世家)」 참고.
302) 적벽강의 위군(赤壁之魏軍) : 중국 삼국시대 위(魏)의 조조(曹操)가 오(吳)를 치기 위해 수군을 이끌고 적벽(赤壁江)으로 내려왔을 때, 오의 주유(周瑜)는 화공(火攻)을 써서 격파했다. 나관중, 『삼국지연의』 참고.

른다면, 하늘과 땅 사이에 존재하는 사람과 사물을 오늘날 다시 볼 수 없었을 것입니다. 하늘과 땅이 잘 변화해 만물이 거기서 생겨나고, 만물이 잘 변화해 낳고 낳아도 없어지지 않으며 잘 변화하면 그 진화(進化)의 오묘한 이치가 날로 번창해, 비록 그 숫자를 모두 세려고 계산을 잘 하는 사람이 백 년 동안 헤아린다 해도 그 많은 일을 다 하지 못할 것입니다.

[원문] 變與不變之比例如是, 故天下之人貴變焉. 有變千載之案者, 有變一世之議者, 有日月變者, 其變期之脩短雖殊, 驟入於進化之亦則一也. 故變者進化之不二法門, 不變何爲.

[번역] 변화와 불변의 비례가 이와 같으므로 세상 사람들은 변화를 귀하게 여깁니다. 변화 가운데는 천 년 동안의 생각을 바꾸는 것도 있고, 한 세대의 논의를 바꾸는 것도 있고, 며칠 몇 달 간 논의된 것을 바꾸는 것도 있어서, 그 변화 기간의 길고 짧음은 비록 달라도 진화로 달려 들어가는 점은 같습니다. 그러므로 변화는 진화의 불이법문(不二法門)이라 하겠는데, 변화하지 않는다면 어떻게 되겠습니까.

[원문] 今日之可變者何限, 但以與己有密接關係者而陳言之, 行須察焉. 窃惟僧尼之自禁嫁娶生産, 實數千年不易之案, 何其蔽歟. 是有關於國計者不少, 則不宜一任自裁, 無所過問也.

[번역] 오늘날 변해야 할 것에 어찌 한도가 있겠습니까만, 단지 불교와 밀접한 관계가 있는 것만 말씀드리오니 살펴주시면 다행이겠습니다. 가만히 생각건대 승려가 결혼해 자식 낳는 것을 스스로 금지한

것은 수천 년 이래의 변함없는 철칙인데, 이 얼마나 도리에 어두운 일인지요. 이 문제가 국가 대계에 관련됨이 적지 않으니 승려에게 전부 맡겨 스스로 처리하도록 방관해서는 안 될 것입니다.

[원문] 現今世界問題之大者, 不一而足, 首屈一指, 則不可不以殖民當之, 惟我全國僧侶之現數, 槩爲五六千, 後日之增加, 亦未可知, 一任前制而不之反, 有損於殖民界者, 有不可勝言者, 此智力水平線以上之所日夕懼然者矣, 安在其不圖改良也.

[번역] 지금 세계의 문제로 큰 것은 한둘이 아니지만, 먼저 손꼽자면 인구를 늘리는 것(殖民)이 해당된다고 하지 않을 수 없습니다. 우리나라 전국 승려의 현재 숫자는 대략 5·6,000명은 될 듯하며 뒷날 얼마나 늘지는 알 수 없습니다. 그런데 이들을 예전 제도에 맡긴 채 돌아보지 않으면 인구를 늘리는 측면에 손실이 있는 점은 이루 말로 다할 수 없습니다. 이것은 평균 이상의 지력을 가진 사람이라면 누구나 밤낮으로 두려워하는 것인데 어찌 개량을 꾀하지 않겠습니까.

[원문] 此佛敎弘圓, 無事可禁, 但以淺根衆生故假設方便, 後人不知, 誤作金言, 沈面濡首, 不能更進一步, 嗚呼! 自此而往, 佛敎之影響於衆生界者亦已遠矣, 數千年之僧侶, 不敢置一言於其間者則又可悲也.

[번역] 불교는 크고 원만해 금지할 일이 없으나, 다만 근기가 낮은 중생들을 고려하기 때문에 방편으로 계율을 정한 것인데, 후세 사람들이 이 사실을 모르고 잘못 금언(金言)인 양 여기고 넋을 잃은 나머

지 다시 한 걸음도 나아가지 못하는 실정입니다. 아! 이로 말미암아 불교가 중생계에 끼친 영향이 또한 아득해졌는데, 수천 년 동안 승려들이 아무도 이 문제에 대해 한 마디도 발언하지 못했으니 또한 슬픈 일입니다.

[원문] 若使佛教, 絶跡於天下而無憾焉則已, 苟若不然, 僧侶當任作嫁娶生産, 擴張其範圍, 樹旗於宗教競爭之陣, 盍不亦保教之大計乎. 嫁娶之禁一變, 公而殖民, 私而保教, 無適而不宜, 何憚而不變哉.

[번역] 만약 불교가 세상에서 자취를 감추더라도 서운함이 없다면 그만이지만, 정말로 그렇지 않다면 승려들이 결혼해 자식을 낳고 그 범위를 확장해서 종교 경쟁의 진지(陣地)에 불교의 기치(旗幟)를 세우는 것이 또한 교세를 보존하는 큰 계획이 아니겠습니까. 결혼 금지가 한 번 바뀌면 공적으로는 인구를 늘리는 일이 되고, 사적으로는 교세를 보존하는 것이 되어 적당하며 타당치 않음이 없는데, 무엇을 꺼려서 고치지 않는 것입니까.

[원문] 此等禁戒, 初非法律所係, 則自禁自解, 靡所不可, 但千年積習, 一朝難改, 異議百出, 互相疑懼, 有志未達, 抑有年所, 日暮途遠, 少不宜緩, 故敢陳愚言, 幸加三思.

[번역] 이런 금계(禁戒)는 애초부터 법률과 관계없는 것이라 스스로 금지하든 스스로 해제하든 안 될 것이 없습니다만, 천 년간 쌓인 관습이라 하루아침에 고치기는 어려워 다른 의견이 많이 나오고, 서로 의심하고 두려워하기 때문에 뜻이 있으면서도 달성하지 못한 지

몇 해가 되었습니다. 이제 날은 저물고 길은 멀어[303] 조금도 더 늦출 수 없기 때문에 감히 어리석은 말씀을 드리오니, 거듭 생각해 주시면 다행이겠습니다.

[원문] 若使此言, 無補於進化之今日, 固不容論, 少有可採, 幸提出 閣議, 布令天下, 僧尼嫁娶與否, 任作自由, 無碍進化, 公私幸甚.

隆熙四年三月

中樞院議長 金允植 閣下

[번역] 만약 이 말이 진화하는 오늘날에 아무 보탬이 되지 않는다 면 논의를 받아들이지 않으시겠지만, 조금이라도 채택할 만한 것이 있다면 바라건대 각의(閣議)에 제출하시고, 세상에 법령으로 공포하 여 승려의 결혼 여부를 자유에 맡겨 진화에 장애가 없도록 해주시면

---

303) 해는 저물고 길은 멀어 : 원문에는 日暮途遠. '날은 저물고 갈 길은 멀다'는 뜻으로, 몸은 늙고 쇠약한데 아직도 해야 할 일은 많음을 비유적으로 이르는 말. 이 글의 원출처는 『사기(史記)』「오자서열전(伍子胥列傳)」으로 다음과 같 은 이야기가 나온다.
춘추시대의 오자서(伍子胥)는 초(楚)나라 사람이다. 그의 아버지 오사(伍奢) 와 형 오상(伍常)은 비무기(費無忌)의 참언으로 평왕(平王)에게 죽었다. 이 에 오자서는 오(吳)나라로 도망가 뒷날 복수할 것을 기약했다. 마침내 오나 라의 높은 관리가 된 오자서는 오왕 합려를 설득해 초나라를 공격했다. 오자 서가 직접 군사를 이끌고 초나라를 공격해 수도를 함락시켰지만 원수인 평왕 은 이미 죽고 없었다. 그러자 오자서는 평왕의 무덤을 파헤치고 그 시신을 꺼 내 300번이나 채찍질을 가했다. 산속으로 피한 오자서의 친구 신포서(申包胥) 가 오자서의 잔인한 행동을 지적하며, "일찍이 평왕의 신하로서 왕을 섬겼던 그대가 지금 그 시신을 욕되게 하였으니, 이보다 더 천리(天理)에 어긋난 일이 있겠는가?"라고 했다. 이에 오자서는 "날은 저물고 갈 길은 멀어, 도리에 어긋 난 일이라도 할 수밖에 없다"(吾日暮途遠 故倒行而逆施之)고 말했다. 따라서 일모도원(日暮途遠)은 본래 복수를 뜻하는 말이었는데, 그 후 "해야 할 일은 많은데, 시간이 촉박하다"는 의미로 변용되었다.

공적으로나 사적으로나 매우 다행스럽겠습니다.

융희(隆熙) 4년(1910) 3월

중추원 의장 김윤식 각하

[원문] 統監府建白書

伏以僧侶嫁娶之禁而佛戒, 其來久矣, 而不適於百度維新之今日則勿論, 若使僧侶, 一禁嫁娶而不知解, 其於政治的殖民, 道德的生理, 宗敎的布敎, 有百害而無一利, 此則盡人能言, 不必條晳.

[번역] 통감부(統監府) 건백서(建白書)

엎드려 생각건대 승려의 결혼을 금지하는 불교의 계율이 그 유래가 오래 되었지만, 백 가지 법도를 유신(維新)하는 오늘날의 현실에 적합지 않은 것은 말할 나위도 없습니다. 만약 승려의 결혼을 금지하고 해제할 줄 모른다면, 정치의 식민과 도덕의 생리와 종교의 포교에 백해무익할 것입니다. 이는 모든 사람이 다 말할 수 있는지라 꼭 그 도리를 밝힐 것까지는 없습니다.

[원문] 不寧惟是, 添以佛敎言之, 其深淵之眞理, 廣大之範圍, 實非嫁娶與否之所能損益, 但佛欲衆生之轉迷爲悟, 改惡作善, 而衆生根機若面, 無從一道而導之, 則勢不得不集天下逐情節慾之事而演說之, 以冀其名從所好而利導也, 然則佛戒之禁婚, 固方便之一道, 佛敎之究竟則邈哉, 解亦何傷.

[번역] 그 뿐만 아니라 불교와 연관시켜 덧붙여 말한다면, 그 깊은 진리와 광대한 범위는 참으로 결혼 여부로 손해와 이익을 따질 수 있는 바가 아닙니다. 다만 부처님은 중생들이 미혹을 떠나 깨달음을 얻고 악을 고쳐 선을 행하기를 바라셨으나, 중생의 근기가 각기 달라 한 가지 방법으로 이끌 수 없으므로, 어쩔 수 없이 세상에서 정(情)을 제거하고 욕망을 끊어 버린 사실들을 모아 베풀어 말씀하지 않을 수 없었던 것이며, 이는 각기 좋아하는 바를 좇아 인도하고자 했던 것입니다. 그렇다면 불교 계율에 있는 결혼 금지는 참으로 방편의 하나에 불과한 것일 뿐, 불교의 궁극의 경지와는 거리가 먼 것이니 이를 해제한들 어찌 손상됨이 있겠습니까.

[원문] 且男女之慾, 知愚共有, 若終身禁婚, 因禁而生弊, 弊復滋矣, 良以朝鮮之僧侶, 非不知解禁之爲愈, 但一朝之言, 不能闢千年之習, 滿心疑懼, 薄歲蹰躇, 以冀朝令之解禁, 故令三月擧實請願于前韓國中樞院矣.

[번역] 또 남녀의 욕심은 지혜로운 이든 어리석은 이든 함께 갖고 있어서, 만약 평생 결혼을 금지한다면 금지 때문에 폐단이 생겨서, 폐단이 자꾸 늘어갈 것입니다. 사실 조선 승려들도 금지를 해제하는 것이 더 낫다는 점을 모르는 바 아닙니다. 다만 하루아침의 말로 천 년의 구습을 타파할 수 없어서 마음 가득 의구심을 품고 해가 다 가도록 주저하고 있는 실정입니다. 그래서 저는 조정(朝政)의 법령으로 결혼 금지가 해제되기를 바랐기 때문에, 금년 3월에 사실을 들어 전(前) 한국 중추원(中樞院)에 청원했습니다.

[원문] 尚無如何措處, 僧侶之疑懼轉深入俗日多, 傳道日縮, 孰若
速解禁婚而保敎也, 速多數之僧侶, 轉作嫁娶生産, 其影響於政治,
道德, 宗敎界者, 願不多々乎, 用是之故, 玆敢冒陳, 洞亮後, 僧侶嫁娶
解禁事, 特以府令頒布, 一闢千年之習, 俾成不世之蹟, 政莫新焉, 此
事雖小實大, 幸速圖焉, 無任祈懇之至.

明治四十三年(1910)九月

統監子爵 寺內政毅 殿

[번역] 그러나 아무런 조처도 없고 승려들의 의구심은 더욱 깊어져
환속하는 자가 날로 많아지고 전도(傳道)가 날로 위축되고 있으니,
어찌 빨리 결혼 금지를 해제해 교세를 보존하는 것과 같겠습니까. 서
둘러 많은 승려들이 태도를 바꾸어 결혼하고 아이를 낳는다면, 그것
이 정치·도덕·종교계에 끼치는 영향이 도리어 크지 않겠습니까. 이러
한 까닭으로 감히 소견을 말씀드리오니, 깊이 살피신 다음 승려의 결
혼 금지 해제 사실을 특별히 부령(府令)으로 반포하시어, 단번에 천
년의 누습을 타파하고 세상에 다시 없는 치적을 이루시기를 바랍니
다. 정치는 혁신보다 더 좋은 것이 없습니다. 이 일이 비록 사소한 것
같아도 사실은 중대하니 빨리 도모하신다면 다행이겠습니다. 간곡히
기원해 마지않습니다.

메이지 43년(1910) 9월

통감(統監) 자작(子爵) 데라우치 마사타게(寺內政毅) 귀하

15. 사원 주직(住職)[304]의 선거법을 논함(論寺院住職選擧法)

[원문] 住職者는 何오 統治一寺之庶務者也니 其人이 得則其事ㅣ 擧ᄒᆞ고 其人이 失則其事ㅣ 萎ᄒᆞᄂᆞ니 一寺之汚隆이 係焉이라 其責任이 非輕ᄒᆞ니 安得不講選擧法也리오

[번역] 주지(住持) 직책이란 무엇인가. 한 절의 여러 업무를 통틀어 다스리는 것이니 적임자를 얻으면 절의 일이 잘 되고, 적임자를 얻지 못하면 절의 일이 위축된다. 한 절의 성쇠가 이 직책에 달려 있어 그 책임이 가볍지 않으니 어찌 주지의 선거법을 강구하지 않을 수 있겠는가.

[원문] 住職이 自來로 無選擧之例라 無選擧之例則住職을 何以爲之오 余ㅣ 無以名之ᄒᆞ야 强名之爲三ᄒᆞ니 一曰輪回住職이요 二曰依賴住職이오 三曰武斷住職이라 何爲輪回住職고 一寺所居之僧이 無論知遇賢不肖ᄒᆞ고 或以年次ᄒᆞ며 或以臈(僧臈)次ᄒᆞ며 或以戸次ᄒᆞ야 逐歲鱗次ᄒᆞ야 莫或敢漏ᄒᆞ고 尸素其位ㅣ是也니 此法은 寺刹之稍大者에 行之ᄒᆞ고

[번역] 그런데 주지는 예로부터 선거로 뽑은 사례가 없다. 선거로 뽑은 사례가 없다면 주지를 어떻게 한다는 것인가. 내가 이름 붙일

---

304) 주직(住職) : 절의 모든 일을 관장하는 최고 직책을 뜻하는데, 보통 주지(住持)를 가리키는 말로 쓰인다.

방법이 없지만 억지로 이름을 붙이면 세 가지가 되니, 첫째는 윤회(輪回)주지, 둘째는 의뢰(依賴)주지, 셋째는 무단(武斷)주지다. 무엇을 윤회주지라고 하는가. 한 절에 살고 있는 승려들이 지혜로운지 어리석은지 현명한지 모자란지를 논하지 않고, 나이 차례나 법랍(法臘)[305] 차례나 거실(居室) 차례로 해를 따라 이어서 주지에 취임하는 일은 감히 빠짐없이 시행하고, 하는 일 없이 그 자리만 차지하고 있는 것이니, 이 방법은 조금 큰 사찰에서 시행했다.

[원문] 何謂依賴住職고 或付囑於行政官ᄒ며 或行賂於土豪勢力家ᄒ야 狐假虎威ᄒ야 凌駕他人ᄒ고 勒奪其位ᄒ야 擇其寺之肥者而食之ᄒ고 肥盡吐棄ㅣ是也니 此法은 孤庵獨寺에 行之ᄒ고

[번역] 무엇을 의뢰주지라고 하는가. 행정관에게 부탁하거나, 토호(土豪)나 세력가에게 뇌물을 바친 대가로 여우가 호랑이 위세를 빌리는 것처럼[306] 나른 사람을 깔보고 그 자리를 빼앗아 그 절의 이익 될

---

305) 법랍(法臘) : 승려가 된 햇수(年數).
306) 여우가 호랑이 위세를 빌리는 것처럼 : 원문에는 狐假虎威ᄒ야. 이 구절의 원출처는 『전국책(戰國策)』「초책(楚策)」이다. 전국 시대 중국 남쪽 초나라에 소해휼(昭奚恤)이라는 재상(宰相)이 있었는데, 북방의 나라들은 초나라의 선왕(宣王)보다 소해휼을 두려워했다. 이를 이상히 여긴 초나라 선왕(宣王)이 그 까닭을 강을(江乙)이라는 신하에게 묻자, 강을은 다음과 같이 대답했다. "호랑이가 여우 한 마리를 잡았습니다. 그러자 잡아먹히게 된 여우는 "잠깐 기다려라. 나는 천제로부터 백수의 왕에 임명되었으니, 만일 나를 잡아먹으면 천제의 명령을 어기는 것이니 천벌을 받을 것이다. 내 말이 거짓말이라 생각하거든 나를 따라와라." 여우의 말을 듣고 호랑이는 그 뒤를 따랐습니다. 그러자 여우의 말처럼 정말로 만나는 짐승마다 모두 달아났습니다. 그 광경을 보고 호랑이는 여의 말을 믿게 되어 잡아먹기를 포기했답니다. 북방의 여러 나가가 소해휼을 두려워하는 것은 이와 같습니다. 그 나라들이 소해율을 두려워하는 것은 배후에 있는 초나라의 군세를 두려워하는 것입니다."

만한 재산을 골라 착복하며, 착복할 것이 없어지면 자리를 내던지는 것이니, 이 방식은 외딴 암자나 절에서 시행했다.

[원문] 何爲武斷住職고 不由衆論ᄒ고 不假依賴ᄒ야 自行自止ㅣ是 也니 質而言之ᄒ면 專以腕力强暴로 弱肉强食之謂也니 此法이 亦孤 庵獨寺에 行之라 依賴與武斷이 實一心而兩技者니 可以依賴則依賴 ᄒ고 可以武斷則武斷ᄒ야 因其勢而利用之ᄒ야 達彼肥已之目的而已라

[번역] 무엇을 무단주지라고 하는가. 뭇 여론에 따르지 않고, 의뢰해 남의 힘을 빌리지도 않고, 스스로 주지를 하거나 그만두는 것이다. 간단히 말하자면 오로지 완력과 폭력으로 약육강식하는 것을 일컬으니 이 방식도 외딴 암자나 절에서 시행했다. 의뢰주지와 무단주지가 사실상 속셈은 같으면서 방법만 둘로 나뉜 것이라 의뢰할 만하면 의뢰하고 무단으로 할 만하면 무단으로 대처하며 그 형세에 따라 적당한 방법을 이용해 저들 스스로를 살찌우는 목적을 달성하고자 할 뿐이다.

[원문] 嗚呼라 住職者ᄂᆫ 一寺之代表也어ᄂᆯ 其任之之道ㅣ若是無理 ᄒ니 不亡爾衰者ㅣ幾希矣라 此等惡習이 必有所以然之原因ᄒ니 其 原因이 誰乎아 大率僧規不立之所招也라 僧規之不立이 不一而單言 住職之弊則一曰無統一故오 二曰無俸給故라 旣無統一則此寺與彼 寺가 毫無關係ᄒ야 視興亡을 相如秦越之肥瘠ᄒ니 野心壑欲之輩가 無所顧忌ᄒ고 流诞寺財에 慾火焚身ᄒ야 百方染指則依賴武斷之所 由起也오

[번역] 아! 주지 직책은 한 절을 대표하는 것인데 그 임명 방식이 이처럼 사리에 맞지 않으니 망하고 쇠퇴하지 않는 일이 거의 드물 것이다. 이런 악습은 반드시 그렇게 될 만한 원인이 있을 것인데 그 원인은 무엇인가. 대개 승가(僧家)의 법규가 확립되지 못한 데서 초래된 일이다. 승가의 법규가 확립되지 못한 것이 한둘이 아니지만 주지 직책의 폐단만 말한다면, 첫째는 통일이 없기 때문이요, 둘째는 봉급이 없기 때문이다. 이미 통일이 없다면 이 절과 저 절이 털끝만큼도 관계가 없어 서로 절의 흥망 보기를 강 건너 불구경하듯 하니[307] 야심 있고 욕심 많은 무리들이 돌아보되 거리낄 것 없이 절의 재산에 군침을 흘린 채 욕심의 불꽃으로 몸을 태워가며 온갖 방법으로 손을 댄다.[308] 이것이 의뢰주지·무단주지가 발생하는 원인이다.

---

307) 강 건너 불구경하듯 : 원문에는 秦越之肥瘠. "월(越)나라 사람이 진(秦)나라 사람의 살찌고 수척함을 본다."라는 뜻. '남의 어려움을 무관심하게 보아 넘기는 것'을 비유한 말로, 이 구절의 원출처는 당(唐)나라 한유(韓愈, 768~824)의 『쟁신론(諍臣論)』이다. 이 글에 당시 조정의 간의대부(諫議大夫) 양성(陽城)이 간언해야 할 자신의 책임을 다 하지 못하는 점을 들어 "일찍이 정치에 대해 한 마디도 언급하지 아니하여, 정치의 득실을 보기를 마치 '월나라 사람이 진나라 사람의 살찌고 수척함을 보듯'(越人視秦人之肥瘠) 소홀히 여긴다."라고 비판하는 대목에 나온다. 월나라는 중국의 동남쪽에 있고, 진나라는 반대쪽인 서북쪽에 있어 두 나라 사이의 거리는 엄청나게 떨어져 있기 때문에 월나라 사람들은 진나라 사람이 살이 찌든 마르든 신경 쓰지 않는다는 것.

308) 손을 댄다 : 원문에는 染指. '손가락을 (국물에) 적신다'는 뜻. 부정한 이득을 구하거나 남의 물건을 정당하지 않게 몰래 가지는 것을 비유한 말로, 이 구절의 원출처는 『춘추좌씨전(春秋左氏傳)』선공(宣公) 4년 기사이다. 초(楚)나라에서 정(鄭)나라 영공(靈公)에게 자라를 바쳤는데, 공자(公子) 송(宋)[자공(子公)]과 자가(子家) 두 사람이 그것을 보고, 자공의 식지(食指, 집게손가락)가 움직였다. 자가가 그것을 보고 '맛있는 걸 먹게 되려나 보다' 생각했다. 그런데 궁중에서 베푼 잔치 때 자공의 손가락이 움직인 얘기를 들은 영공은 그 손가락이 효험이 없다는 것을 보여주려고 자공에게 자라요리를 주지 않았다. 이에 자공은 화를 내며 솥에 식지를 넣어 자라요리 국물을 묻혀 빨면서 나가버렸다. 이에 영공은 자공의 무례함을 탓하며 죽이고자 했으나, 훗날 자공

[원문] 寺院之稍大者則其消財方法이 遠非獨斷者之所無饞吞下也라 然則旣無染之物ᄒ고 且無俸給以酬其勞ᄒ니 孰肯欲虛費一年或數年之心力於無沾漑之寺務也리오 是以로 相讓相推ᄒ야 住職之位置가 轉作虞芮之閒田ᄒ야 無人可拾ᄒ니 若是乎人不念防水治源之道ᄒ고 反作藥還成病之計ᄒ야 出於至拙之策者則輪回之法이 是耳라 思之多恨ᄒ야 無寧無言이라

[번역] 조금 큰 사찰이라면 그 재물을 소비하는 방법이 독단자(獨斷者)가 쉰밥조차 삼킬 것이 없도록 멀리 해둔다. 그렇다면 이미 손댈 재물이 없고, 또 수고의 보답인 봉급도 없으니 누가 1년이나 몇 년 동안 아무 이익도 없는 절의 업무에 기꺼이 심력(心力)을 허비하려 하겠는가. 그러므로 서로 양보하고 서로 떠밀어 주지 자리가 우예(虞芮)의 묵은 밭[309]처럼 되어 가질만한 사람이 없어졌다. 이처럼 사람들이 수해를 막는 데 근원을 다스릴 방법은 생각하지 않고, 오히려 약을 다시 병으로 만들 계략을 꾸며 아주 졸렬한 방책에서 나온 것이 이 윤회주지의 방법일 뿐이다. 생각하면 한이 너무 많아, 차라리 말을 않는 것이 낫다.

[원문] 其救之術이 奈何오 隨其寺院之大小와 事務之煩簡ᄒ야 各

이 선수를 쳐서 영공을 살해했다.

309) 우예(虞芮)의 묵은 밭 : 이 구절의 원출처는 『시경(詩經)』「대아(大雅)」편이다. 주(周)의 문왕(文王)이 서백(西白)이라는 이름으로 불릴 때, 우(虞)와 예(芮)라는 두 소국이 국경의 밭을 두고 시비를 하였다. 두 군주는 서백의 재판을 받기로 하고 주(周)를 찾았는데 주의 예의바른 생활을 보고 감탄하여 서백을 만나는 것조차 부끄럽게 여겨 그대로 돌아갔다. 그리고는 국경의 밭을 서로 양보한 끝에 결국 그 밭은 묵은 채 버려두었다고 한다. (이원섭 번역본에는 '서패(西伯)'로 표기되어 있어 오류.)

定月俸ᄒ고 其選擧法은 依投票三點擧二之例ᄒ고 孤庵獨寺則自管
轄寺로 亦行投票ᄒ면 一ㄱ皆得其人이 無憾焉則難必之事ㄴ 必擇其
當寺內比較的優勝之人은 無可疑也니 回頭前日에 其得失이 何如也
오

[번역] 이러한 상황을 구제하는 방법은 무엇인가. 그 절의 크고 작음과 업무의 번거롭고 간략함을 고려해 각각 월급을 정하고, 선거법은 투표에 따라 3분의 2로써 당선시키며, 외딴 암자나 절은 스스로 관할하는 절에서 또한 투표를 시행한다면, 일일이 모두 적임자를 얻어 유감없으리라 기대하기는 어렵다 해도, 반드시 그 해당 절에서는 비교적 훌륭한 사람이 뽑힐 것은 의심할 바 없다. 그렇다면 예전을 돌아볼 때 그 득실이 어떻겠는가.

16. 승려의 단결을 논함(論僧侶之團體)

[원문] 聚一點火ㅎ야 可以鑠金石이오 合一末毫ㅎ야 可以引千鈞이니 無他라 團體之故也라 夫金石은 物之剛而千鈞은 重之大者也라 視火之一點과 毫之一末之時에 其孰不日不可鑠而不可引也리오만은

[번역] 한 점의 불이라도 모으면 쇠나 돌을 녹일 수 있고 한 가닥 털도 합치면 천 균(千鈞)의 무게를 끌 수 있으니 다름이 아니라 뭉쳤기 때문이다. 쇠나 돌은 굳센 물건이며 천 균은 큰 무게라, 불 한 점이나 털 한 가닥을 보면 누가 녹일 수 없고 끌 수 없다고 말하지 않겠는가.

[원문] 一朝에 積而團體則其力이 有不可思議之增長ㅎ야 開鑠之易引之ㅎᄂ니 一點之火와 一末之毫는 物之無情而至微者로되 團體之力이 若是可驚이온 況莫形莫智之人團體之力이 其何成而不成이며 何敗而不敗리오 若不肯團體며 火終歸於冷灰ㅎ고 毫終歸於纖塵ㅎ며 人終歸於無成이니 奇哉라 團體也어 惟哉라 不團體也어

[번역] 그러나 하루아침에 작은 것들이 모여서 뭉치면 그 힘이 헤아릴 수 없이 늘어나 잠깐 동안에 녹이고 쉽사리 끌 수 있으니, 한 점의 불이나 한 가닥의 털은 물질로서 마음도 없고 매우 작은 것들인데도 뭉치는 힘이 이처럼 놀랍다면, 하물며 더없이 큰 몸과 뛰어난 지혜

를 가진 사람이 단결한 힘이라면 무엇을 이루려 한들 이루지 못하며, 무엇을 깨려한들 깨지 못하겠는가. 만약 단결하려 하지 않는다면 불은 결국 식은 재로 돌아가고, 털은 결국 미세한 먼지로 돌아가며, 사람은 결국 이루는 것이 없게 되니, 뛰어나구나, 단결이여. 이상하구나, 단결하지 않음이여.

[원문] 今有志於佛敎維新者ㅣ動輒曰僧侶之最缺乏者ㅣ團體思想이라ㅎ니 果然否아 果則余ㅣ不勝皇々而懼ㅎ고 晲々而悲ㅎ야 爲佛敎憂而爲吾黨恨也로라 天下에 無不團體而成者ㅎ니 有一人之團體ㅎ고 有衆人之團體라

[번역] 지금 불교 유신(維新)에 뜻을 둔 사람은 누구나 걸핏하면 "승려에게 가장 결핍된 것이 단결사상"이라고 하는데 과연 그런가, 그렇지 않은가. 그렇다면 나는 당황하고[310] 두려운 마음을 이기지 못해 눈을 흘기며 슬퍼해서 불교를 위해 근심하고 우리 승려들을 위해 한탄할 것이다. 세상에 단결하지 않고 성취한 것은 없으니, 단결에는 한 사람의 단결이 있고 여러 사람의 단결이 있다.

[원문] 一人之團體者는 何오 合無數小個體而成一人ㅎ니 耳目口鼻手足心力等이 皆小個體라 個體不團이면 無一事可成而人或麻木不仁矣리라 爲長者折枝는 一人之事라 心以記之ㅎ며 目以看之ㅎ며 足以往之ㅎ며 手以執之ㅎ며 力以動之然後에 枝乃折ㅎᄂ니 此는 團心目手足力五個團體而成折枝之功者오 對人言語는 一人之事라 智以

辨之ᄒ며 脣齒而音之ᄒ며 舌以屈折之然後에 語乃成ᄒᄂ니 此ᄂ 團脣齒舌四個體而成言語之功者니 以此推之ᄒ면 莫不皆然이라

[번역] 한 사람의 단결이란 무엇인가. 수없이 많은 작은 개체(個體)가 모여 한 사람을 이루는 것이니, 귀·눈·입·코·손·말·마음·힘 따위가 모두 작은 개체에 속한다. 개체가 뭉치지 않으면 한 가지 일도 이룰 수 없고, 사람이 때로는 뻣뻣하게 마비가 될 것이다.[311] 어른을 위해 나뭇가지를 꺾는 것[312]은 한 사람의 일이지만, 마음으로 기억하고 눈으로 보고 발로 걸어가고 손으로 잡고 힘으로 이것을 움직인 다음에야 나뭇가지가 꺾어지는 것이니, 이것은 마음·눈·손·말·힘 따위의 다섯 개체가 뭉침으로써 나뭇가지를 꺾는 공(功)을 이룬 것이다. 남에게 이야기하는 것도 한 사람의 일이다. 지혜로 사리를 분별하고 입술과 이로 소리를 내고 혀를 굴절시킨 다음에야 말이 이루어지니 이는 입술·이·지혜·혀의 네 개체가 뭉침으로써 언어라는 공(功)을 이룬 것이라고 할 수 있다. 이것으로 미루어 생각하면 모두가 그렇지 않음이 없다.

[원문] 今有衆人於此ᄒ야 共辨之事ᄂ 似折枝等ᄒ니 不團心目等而無成折枝等事ᄂ 旣已知之라 獨不團衆人之心而所辨之事ㅣ成乎아 否乎아 其不成을 奚俟論也리오

[번역] 지금 여러 사람이 여기에서 공동으로 하는 일은 나뭇가지를

---

311) 마비가 될 것이다 : 원문에는 麻木不仁. 마목(麻木)이나 불인(不仁)은 모두 한의학에서 몸이 마비되어 움직이지 못하는 증상을 뜻한다.
312) 어른을 위해 가지를 꺾는 것 : 원문은 爲長者折枝. 이 구절의 원출처는 『맹자(孟子)』「양혜왕장구 상(梁惠王章句 上)」편이다.

꺾는 것과 비슷하니, 마음과 눈 등이 뭉치지 않고는 나뭇가지 꺾는 등의 일을 이룰 수 없음은 이미 앞에서 알았는데, 여러 사람의 마음이 뭉치지 않고서도 그 일이 이루어지겠는가, 안 되겠는가. 그 일이 이루어지지 않을 것임은 어찌 논의를 기다리겠는가.

[원문] 事非一個人能力所可堪任者則不得不聚衆人爲一輩ᄒᆞ야 相謨而同濟也라 輪舶航海ᄂᆞᆫ 衆人之事也라 有開航路者ᄒᆞ며 有運機械者ᄒᆞ며 有掌警號者ᄒᆞ며 有治薪水者ᄒᆞ야 所責이 不同이ᄂᆞ 其目的則等是彼岸이오 合資會社ᄂᆞᆫ 衆人之事也라 有興工場者ᄒᆞ며 有敷鐵路者ᄒᆞ며 有貿絲粟者ᄒᆞ며 有介玉帛者ᄒᆞ야 所向이 不同이ᄂᆞ 其目的則等是圖利라 假使群百人而共圖一事에 成則百人이 共享其利ᄒᆞ고 敗則百人이 共被其害ᄒᆞᄂᆞ니 然則百人所出之力이 均一然後에 事可成而利可享이라 有一人이 不出力則全部ㅣ少一人之力量ᄒᆞ야 事終難得이라 故로 處於羣而不欲團體者ᄂᆞᆫ 自賊其身也已로다

[번역] 어떤 일이든 한 사람의 능력으로 감당할 수 없으면 어쩔 수 없이 여러 사람을 모아 한 집단을 만들어서 서로 상의해 가면서 일해야 할 것이다. 기선(汽船)을 타고 향해하는 것은 여러 사람의 일이다. 기선에는 항로(船路)를 여는 자, 기계를 운전하는 자, 경호(警號)를 맡은 자, 땔감과 물을 관리하는 자가 있어서 업무가 각자 다르나, 그 목적은 똑같이 저쪽 해안에 이르는 것이다. 합자회사(合資會社)도 여러 사람의 일이라 공장을 일으키는 자, 철로(鐵路)를 부설하는 자, 실이나 쌀을 사들이는 자, 구슬이나 비단을 중개하는 자가 있어서 일하는 바는 각자 다르나, 목적은 똑같이 이익을 획득하는 것이다. 가령 백

명이 모여 하나의 사업을 한다고 할 때, 성공하면 백 명이 같이 그 이익을 분배받을 것이고, 실패하면 같이 손해를 입게 되니 그렇다면 백 명이 쏟는 힘이 균일한 다음에야 사업이 성공하고 이익도 분배받을 수 있다. 어느 한 사람이라도 자기 힘을 쏟지 않는다면 전체적으로는 한 명의 힘이 감소되어 사업은 끝내 성공하지 못하고 이익도 끝내 얻기 어렵다. 그러므로 집단 속에 있으면서 단결하려고 하지 않는 사람은 스스로 자신을 해칠 뿐이다.

[원문] 衆人團體가 可別二種ᄒ니 曰形團體오 曰心團體니 形團體者ᄂᆞᆫ 何오 市人之團體ㅣ是也라 集數千人於一市之內에 非不林々一輩也언만은 若有數十人이 持挺與刃ᄒ고 突如其來ᄒ야 攫奪財寶에 無人敢敵而少焉看之則人影이 遂絶於擧市之內ᄒ고 玉帛金粟을 狼藉委置ᄒ야 任手縱奪ᄒ야 擇其美而取之無問也ᄒᄂᆞ니 財寶者ᄂᆞᆫ 人之最愛也라 以數千人之多로 奪其最愛之財於數十人之手호되 無術而可救者ᄂᆞᆫ 無他라 其力이 不團故也라

[번역] 여러 사람의 단결은 두 종류로 나눌 수 있으니, 하나는 외형적인 단결이요 또 하나는 정신적인 단결이다. 외형적 단결이란 무엇인가. 시장 사람들의 단결이 그것이다. 한 시장 안에 수천 명이 모여서 빽빽한 숲처럼 한 집단을 형성하지 않음이 없건만, 만약 수십 명의 장정이 몽둥이와 칼을 들고 갑자기 몰려와서 재물을 약탈하면 감히 대적하는 자가 없고, 조금 후 이를 보면 사람의 그림자가 마침내 온 시장 안에서 끊어지고, 옥구슬·비단·금·곡식을 어지럽게 늘어놓아 손 닿는 대로 함부로 약탈하며 좋은 것을 골라 가져도 따져 묻는 자가

없을 것이다. 재물은 사람이 가장 아끼는 것인데도 수천 명의 다수가 수십 명의 손에 그 가장 아끼는 재물을 빼앗기고도 구할 재주가 없는 것은 다름이 아니라 그 힘이 뭉쳐지지 않았기 때문이다.

[원문] 心團體者는 何오 無所不團之團體ㅣ是也니 心團則楚越이 可以兄弟오 千里可以接膝이며 可以共生死오 可以同水火니 故로 智者는 貴心體之團而形團則無與焉이라

[번역] 정신적 단결이란 무엇인가. 흐트러짐이 없는 단결이니 마음이 뭉쳐지면 초(楚)와 월(越) 같은 다른 나라 사람끼리도 형제요, 천리나 떨어진 사람도 무릎을 맞댈 수 있으며, 생사를 같이 하고 고난을 같이 할 수 있다. 그러므로 지혜로운 사람은 정신적 단결을 중시하고 외형적 단결에는 관여함이 없는 것이다.

[원문] 今僧侶則反是ᄒ야 羣居於一寺則形莫團焉이나 心團則未嘗聞焉이라 若有一人이 欲辦事에 不論其事之可否와 理之得失ᄒ고 互相猜疑ᄒ며 互相排斥ᄒ야 事出於東而謗起於四ᄒ고 議合於朝而趣異於暮ᄒ야 犬牙支吾ᄒ야 一不相成ᄒ니 甚矣라 不團則已어늘 何故로 反相害며 旁觀則足이어늘 何故로 反相妬乎아 梁任公이 先我作呵觀者文ᄒ니 實朝鮮僧侶現狀之寫眞也라 但取其要而撮畧之ᄒ야 以爲吾輩之棒喝也ᄒ노라

[번역] 지금 승려들은 이와 정반대라서 한 절에 무리지어 사니 외형상으로는 더없이 단결한 듯 보이지만, 정신적 단결의 경우는 일찍이 들어본 바 없다. 만약 승려 가운데 어떤 사람이 무슨 일이라도 하

려고 들면, 그 일의 옳고 그름과 도리의 득실을 논하지 않은 채, 서로 시기하고 의심하며 배척해 동쪽에서 일이 생기면 서쪽에서 헐뜯는 소리가 일어나고, 아침에 의논해 합치하고도 저녁에 취지를 달리 해, 개가 이빨을 드러내고 덤비듯 저항하여[313] 하나도 서로 이루지 못하고 있으니 심하구나. 뭉치지 않으면 그만인 것을 어째서 오히려 서로 해치며, 방관하면 그만인 것을 어째서 오히려 시샘하는가. 양임공(梁任公)[314]이 나보다 앞서 「방관자를 꾸짖는 글」[315]을 지었는데, 그 내용이 참으로 조선 승려들의 현재 모습을 찍은 사진과 같다. 그러므로 다만 그 요점만을 취하고 간추려서 우리 승려들을 깨우치는 경종(警鐘)[316]으로 삼고자 한다.

---

313) 저항하여 : 원문에는 支吾. 이 구절의 원출처는 『사기(史記)』「항우본기(項羽本紀)」인데, 항우가 천하에 대한 웅심(雄心)을 가지고 기회를 노리다, 전횡을 일삼는 상관을 제거하고 군권(軍權)을 빼앗은 후 군중에 명령을 내리자, 당시 많은 장수들은 두려워서 항우에게 복종하며 감히 저항하지 못했다(當是時, 諸將皆慴服, 莫敢枝梧)는 대목에서 알 수 있듯이, 원래는 枝梧이다. 枝는 작은 기둥, 梧는 비스듬히 세운 기둥으로서 건축물을 지탱하는 것들이며, 여기에서 '버티다, 저항하다'라는 뜻으로 쓰였고, 나중에는 支吾로도 쓰이게 되었다.

314) 양임공(梁任公) : 량치차오를 말한다. 이원섭 번역본과 조명제 번역본에서 모두 '임공'이 '량치차오(梁啓超)의 자(字)'라고 주석을 붙였는데, 오류이다. 량치차오의 자(字)는 '탁여(卓如)'이고 호(號)가 '임공(任公)'이다.

315) 방관자를 꾸짖는 글 : 이 논설의 원출처는 량치차오가 1900년 2월 『청의보(淸議報)』에 발표한 것으로 원제목은 「呵旁觀者文」인데, 『조선불교유신론』의 원문에는 '呵觀者文'으로 표기되어 있어 '旁'이 빠져 있다.(梁啓超, 『飮氷室文集 上』, 通論, 上海廣智書局, 1905, 288~292쪽 참조.) 이하의 글은 만해가 스스로 밝히고 있듯이 량치차오의 「呵旁觀者文」을 요약해 전재(轉載)한 것이다.

316) 경종 : 원문에는 棒喝. 수행자들을 깨우침으로 이끄는 과정에서 말로 표현할 수 없는 직접 체험의 경지를 나타낼 때, 경책(警策)이나 주장자 등으로 수행자를 후려치는 것을 방(棒)이라 하고, 큰소리로 호통 치는 것을 할(喝)이라 한다.

[원문] 天下에 最可厭可憎鄙之人이 莫過於旁觀者라 旁觀者는 常
立於客位ᄒ야 對事袖手之謂也니 實人類之蟊賊이오 世界之仇敵也
라 旁觀者ㅣ別有六派ᄒ니

[번역] 세상에서 가장 싫어하고 미워하고 천시할 사람으로 방관자
보다 더한 것이 없을 것이다. 방관자란 항상 제삼자의 자리에 서서 무
슨 일을 대하든 소매에 손을 넣은 채 바라보는 자를 말하는 것이니,
참으로 인류를 좀먹는 벌레[317]이자 세계의 원수이다. 방관자에는 나
누면 여섯 종류가 있다.

[원문] 一曰混沌派니 暮然無知人事之如何ᄒ고 飢則食ᄒ고 困則
睡ᄒ야 生死興亡이 初不入覺ᄒᄂ니 譬之游魚가 居將沸之鼎ᄒ야 猶
誤爲水暖之春江ᄒ고 巢燕이 處半火之堂ᄒ야 猶疑爲照屋之出日이
라 彼等之生也ㅣ如以機械製成者ㅣ能運動而不能知覺者ᄒ야 雖爲旁
觀者ᄂ 曾不自知其爲旁觀者니 實旁觀派中之天民也라 此는 僧侶中
蠢々無識者ㅣ是也僧侶全部十分之九는 皆居於此派之大隊也라

[번역] 첫째로 혼돈파(混沌派)이니 세상일이 어떻게 돌아가는지 깜
깜해 알지 못하고, 배고프면 먹고 피곤하면 잠자서 생사와 흥망을 애
초부터 깨닫지 못한다. 비유하면 물에서 놀던 물고기가 끓게 될 솥
안에 있으면서 오히려 물이 따뜻한 것을 봄철 강물 같다고 오해하고,

---

317) 벌레 : 원문에는 蟊賊. 벼의 뿌리를 갉아먹는 벌레를 모(蟊), 줄기를 갉아먹
는 것을 적(賊)이라 하며, 주로 백성의 재물을 빼앗아 먹는 탐관오리를 비유하
는 말로 쓰인다. 이 구절의 원출처는 『시경(詩經)』 「소아(小雅)」 〈대전(大田)〉
에 "누리(蝗蟲)를 없애고, 모적까지도 잡아낸다.(去其螟螣, 及其蟊賊)"라는
대목이다.

보금자리 속의 제비가 반쯤 불이 붙은 집에 있으면서 오히려 해가 떠 집을 비춘다고 의심하는 격이다.[318] 그들의 삶은 만들어진 기계가 움직일 수는 있으되 움직이는 것을 기계 스스로 깨닫지는 못하는 것과 같아서, 방관자 노릇을 하면서도 일찍이 방관자 노릇하는 줄을 스스로 알지 못하는 것이니, 참으로 방관자 중의 천민(天民)이라 할 만하다. 이는 승려 가운데 꿈틀거리는 무식자들이 여기 해당할 것이니 전체 승려의 열에 아홉은 모두 이 파에 속하는 큰 무리이다.

[원문] 二曰爲我派니 俗語所謂遇雷打戶되 尙按住包荷者也라 非不知事之當辦也ㄴ 然이ㄴ 以爲辦此事無益於我ㅎ고 亡此事無損於我니 我ㅣ豈肯喫苦冒險ㅎ야 不作旁觀之無事리오ㅎ야 譬如齒以脣亡으로 謂無關ㅎ고 兎以狐死로 爲不悲也니 實愚之至者也라 僧侶中에 所謂守分操身者與治産之守錢虜ㅣ皆屬此派라

[번역] 둘째로 위아파(爲我派)이니 속담에서 이른바 "벼락이 쳐도 편히 앉아 짐을 싼다"고 하는 자들이다. 마땅히 해야 할 일을 모르는 것은 아니지만, 생각하기를 '이 일을 하더라도 나에게 이로움이 없고, 하지 않아도 나에게 손해가 없는데, 내가 어찌 기꺼이 고통을 씹고 모험을 하느라 방관의 무사함을 택하지 않겠는가?' 하며, 비유하

---

318) 비유하면 물에 놀던 물고기가… : 이 대목은 '솥 안에서 헤엄치는 물고기와 휘장 위에 집을 지은 제비(鼎魚幕燕)', 즉 곧 위험이 닥칠 줄을 모르는 것을 말하는 고사성어에서 인용한 것으로. 원출처는 위진 남북조시대 양(梁)나라 문인 구지(丘遲)가 지은 「여진백지서(與陳伯之書)」에 나오는 구절이다. 『문선(文選)』에 수록되어 있는 원문은 다음과 같다. "而將軍魚遊於沸鼎之中, 燕巢於飛幕之上, 不亦惑乎(지금 장군은 마치 끓고 있는 솥속에서 헤엄치는 물고기요, 휘날리는 장막 위에 집을 지은 제비의 형국이니, 어찌 당혹스럽지 않겠습니까)."

면 이가 입술이 없어도 상관없다[319] 하고 토끼가 여우의 죽음을 슬퍼하지 않는 것[320]과 같으니, 참으로 어리석기 짝이 없는 자들이다. 승려 가운데 이른바 분수를 지키고 몸조심한다는 자와 재물을 모으는 수전노는 모두 이 파에 속한다.

[원문] 三曰嗚呼派니 彼輩ㅣ以咨嗟太息과 痛哭流涕로 爲獨一無二

---

319) 이가 입술이 없어도 상관없다 : 원문에는 齒以脣亡으로 謂無關ᄒ고. 이 구절의 원출처는 『춘추좌씨전(春秋左氏傳)』 희공(僖公) 5년조 기사로, 입술이 없으면 이가 시리다는 순망치한(脣亡齒寒)이란 고사성어로 잘 알려져 있으며, 가까운 사이에 있는 하나가 망하면 다른 하나도 그 영향을 받아 온전하기 어려움을 비유적으로 이르는 말이다.
춘추시대 말엽(B.C. 655), 진(晉)나라 헌공은 괵(虢)나라를 공격할 야심을 품고 옆 나라인 우(虞)나라 우공에게 그곳을 지나도록 허락해 줄 것을 요청했다. 우나라의 현인 궁지기(宮之奇)는 헌공의 속셈을 알고 우왕에게 간언했다. "괵나라와 우나라는 한 몸이나 다름없는 사이라 괵나라가 망하면 우나라도 망할 것이옵니다. 옛 속담에도 수레의 짐받이 판자와 수레는 서로 의지하고(輔車相依), 입술이 없어지면 이가 시리다(脣亡齒寒)고 했습니다. 이는 바로 괵나라와 우나라의 관계를 말한 것입니다. 결코 길을 빌려주어서는 안 됩니다." 그러나 뇌물에 눈이 어두워진 우왕은 "진과 우리는 동종(同宗)의 나라인데 어찌 우리를 해칠 리가 있겠소?"라며 듣지 않았다. 궁지기는 후환이 두려워 "우리나라는 올해를 넘기지 못할 것이다."라는 말을 남기고 가족과 함께 우나라를 떠났다. 진나라는 궁지기의 예견대로 12월에 괵나라를 정벌하고 돌아오는 길에 우나라도 정복하고 우왕을 사로잡았다.
320) 토끼가 여우의 죽음을 슬퍼하지 않는 것 : 원문에는 兎以狐死로 爲不悲也. 이 구절의 원출처는 『송사(宋史)』 권(卷)477 「반신 하(叛臣 下) 〈이전 하(李全 下)〉편으로, 여우가 죽자 토끼가 슬퍼한다는 뜻의 '호사토비(狐死兎悲)'라는 고사성어로 쓰인다. 동류(同類)의 불행을 슬퍼하는 것을 비유한 말이다.
남송(南宋) 때 금(金)나라가 차지한 강북 지역에서 금나라에 저항하던 한인(漢人) 무리의 지도자 가운데 이전(李全)과 양묘진(楊妙眞) 부부가 있었다. 이전은 남송에 귀순하였는데, 그 후에도 남송과 금나라와 몽골을 상대로 항복과 배신을 반복하였다. 이전과 같은 무리에 있다가 남송의 관리가 된 하전(夏全)이 군사를 이끌고 이전을 공격하려 하자, 양묘진은 사람을 보내 "여우가 죽으면 토끼가 우는 법이니, 이씨(이전을 가리킴)가 멸망하면 하씨(하전을 가리킴)라고 홀로 살아남을 수 있겠습니까?"(狐死兎泣, 李氏滅, 夏氏寧獨存?)라는 말을 전했다.

之事業者也라 其面에 常有憂事之容ᄒᆞ고 其口에 不少哀時之語ᄂᆞ 告
之以事之當辦則彼則曰誠當也ᄂᆞ 奈無從辦起에 何오ᄒᆞ며 告之以時之
危亡則彼則曰誠危也ᄂᆞ 奈無所救에 何오ᄒᆞ야 再窮詰之則彼則曰時
運而已오 天心而已라ᄒᆞ야 束手無奈ᄒᆞᄂᆞ니 如見火之起ᄒᆞ고 不務撲
滅而太息於火勢之熾炎ᄒᆞ며 如見人之溺ᄒᆞ고 不思拯援而痛恨於波濤
之澎湃ᄒᆞ야 以時務로 爲詩料談資而着手則未者也라 僧侶中에 有情
而無智ᄒᆞ고 有智而無勇者ㅣ當之라 嗚呼라 雖此派ᄂᆞ 有幾人乎아

[번역] 셋째로 오호파(嗚呼派)이니 저들은 탄식하며 한숨짓고 통
곡하며 눈물 흘리는 것을 유일무이한 사업으로 삼는 자들이다. 그 얼
굴에 늘 일을 근심하는 기색이 있고, 그 입으로 시대를 슬퍼하는 말
을 적잖이 하지만, 마땅히 해야 할 일을 하자고 말하면 한다는 소리
가 "참으로 마땅하지만 어찌 할 방법이 없으니 어떻게 하겠는가"라고
하며, 시대가 위태로워 망할 지경인 것을 말하면 한다는 소리가 "참
으로 위태롭지만 어찌 구할 방법이 없으니 어떻게 하겠는가"라고 말
한다. 다시 추궁해 따지면 저들은 "시운(時運)일 뿐이요 천심(天心)일
뿐"이라고 대답하며 팔짱을 끼고 속수무책이니, 불이 난 것을 보고
끄지는 않고 불길 치솟는 것만 크게 탄식하는 것과 같고, 사람이 물
에 빠진 것을 보고 건져낼 생각은 하지 않고 물결 사나운 것만 한탄
하는 것과 같아, 세상 돌아가는 일로 시(詩) 짓는 자료나 이야깃거리
를 삼기는 하지만 정작 손은 대지도 못하는 자이다. 승려 가운데 마
음은 있으면서도 지혜가 없고, 지혜는 있으면서도 용기 없는 자들이
이에 해당한다. 아! 이 파에라도 해당하는 사람이 몇이나 있을까.

[원문] 四曰笑罵派니 此派는 常立於人之背後ᄒ야 以冷言熟語로 批評人者니 彼輩ㅣ不徒自爲旁觀者라 又欲逼人ᄒ야 使不得不旁觀者 라 旣罵守舊ᄒ고 又罵維新ᄒ며 旣罵小人ᄒ고 又罵君子ᄒ며 對老輩 則罵其暮氣己深ᄒ고 對靑年則罵其躁進喜事ᄒ며 事之成也則曰豎子 成名이라ᄒ고 使之敗也則曰吾早料及이라ᄒ며 不寧唯是라 將成之事 는 必以笑罵로 沮之ᄒ고 已成之事는 必以笑罵로 敗之ᄒᄂ니 彼輩者 는 世界之陰人也라 譬之孤舟遇風於大洋也에 彼輩ㅣ罵風罵波罵大洋 罵孤舟ᄒ며 乃至遍罵同舟之人ᄒ고 若問此船이 當以何術로 可達彼 岸乎아ᄒ면 彼等이 瞠然無對也ᄒᄂ니 何也오

[번역] 넷째로 소매파(笑罵派)이니 이 파는 늘 남의 배후에서 냉소 적인 말과 열띤 욕설로 남을 비평하는 자들이다. 저들은 다만 스스 로 방관자의 위치에 설 뿐만 아니라 또한 남을 핍박해 방관자가 되 지 않을 수 없게 만든다. 수구파(守舊派)를 욕하는가 하면 또 유신파 (維新派)를 욕하기도 하며, 소인을 욕하는가 하면 또 군자를 욕하기 도 한다. 노인을 대하면 노망기가 심해졌다고 욕하고, 청년을 대하면 경솔히 기쁜 일만 하려든다고 욕하며, 일이 성공하면 "그 녀석이 명성 을 얻었군."[321]이라 하고, 일이 실패하면 "내 진작 이렇게 될 줄 알았

---

321) 그 녀석이 명성을 얻었군. : 이 구절은 전국 시대 제(齊)나라 손빈(孫臏)과
     그의 친구였던 방연(龐涓)의 이야기에 나오는 대사로, 원출처는『사기(史記)』
     「손자오기열전(孫子吳起列傳)」이다.
     손빈은 병가(兵家)의 학자이자『손자병법(孫子兵法)』의 저자 손무(孫武)의
     후예다. 어려서 방연과 함께 귀곡자(鬼谷子)에게 병법을 배웠는데, 방연은 위
     (魏)나라의 참모가 된 후 손빈이 자신보다 뛰어난 것을 시기하여 손빈을 위
     나라에 초청한 후 모함하여 발을 잘랐다. 뒷날 제나라의 사신이 위나라에 왔
     다가 손빈의 능력을 알아보고 그를 빼돌려 귀국하자 제(齊)나라 위왕(威王)
     은 손빈을 군사(軍師)로 삼았다. 손빈은 제나라의 군사를 지휘하여 계릉(桂
     陵)과 마릉(馬陵)에서 계책으로 위나라 군대를 대파하니 궁지에 몰린 방연은

지" 하며 편안할 날이 없다. 앞으로 이루어질 듯한 일은 꼭 비웃고 욕하며 저지하고, 이미 이루어진 일은 꼭 비웃고 욕하며 실패하게 하니, 저들은 세상에서 가장 음흉한 자들이다. 비유하면 외로운 배가 큰 바다에서 풍랑을 만나는 경우에 저들은 바람을 욕하고 물결을 욕하고 큰 바다와 배를 욕하고, 결국은 한 배에 같이 탄 사람을 모두 욕할 테지만, 만약 "이 배가 무슨 방법으로 목적지에 도달할 수 있겠는가" 하고 물으면, 저들은 눈을 휘둥그레 뜬 채 대답하지 못할 것이니 어째서일까.

[원문] 彼輩ㅣ笑罵之外에 本無計策故로 藉旁觀以行笑罵라가 失旁觀之地位則并與笑罵而俱失也라 僧侶中에 一無所知ᄒᆞ고 自以爲知者가 勝己者를 厭之ᄒᆞ고 不如己者를 忽之ᄒᆞ야 彼旣不能辦事ᄒᆞ고 亦欲使人으로 不能辦事ᄒᆞ야 人或辦事則逐生缺憾而笑罵之ᄒᆞᄂᆞ니 夫何不念人一能之어든 己十之ᄒᆞ고 人十能之어든 己百之ᄒᆞ야 自居於人之上之道而反空發妄妬ᄒᆞ야 徒以笑罵로 欲强敗他人而同入敗亡ᄒᆞᄂᆞ니 果何等心腸고

[번역] 저들은 비웃고 욕하는 것 외에 본래 아무 계책도 없기 때문에 방관을 핑계 삼아 비웃고 욕했던 것이라, 막상 방관할 처지를 잃으면 비웃고 욕하는 행위도 함께 잃어버리는 것이다. 승려 가운데 아무 것도 아는 바 없으면서 스스로 아는 척 하는 자가 자기보다 나은 자를 싫어하고 자기만 못한 자를 업신여기며, 자신이 일할 수 없으면서 남도 일하지 못하게 만들고, 남이 어쩌다가 일을 처리하면 끝내 원한

"(손빈) 그 녀석이 명성을 얻었군."하고 탄식하며 자살했다.

을 품어 결점을 찾아내 비웃고 욕한다. 어찌 남이 한 번에 할 수 있으면 자신은 열 번을 하고, 남이 열 번에 할 수 있으면 자신은 백 번을 해서[322] 스스로 남의 위에 있을 방법은 생각지 않고, 도리어 공연히 망령스런 질투심을 내고 쓸 데 없이 비웃고 욕하는 것으로 굳이 남을 꺾음으로써 함께 패망의 길로 들어가려 하는가. 과연 무슨 심보인가.

[원문] 五日 暴棄派니 暴棄派者ᄂ 以我로 爲無可爲之人ᄒ야 常望人而不望己者니 如望政於食肉者ᄒ며 望道於聖人ᄒ며 望成於英雄者之類니 甲推於乙ᄒ고 乙推於丙ᄒ야 如是轉推至於癸ᄒ야 癸復推於甲ᄒ면 相推而互消ᄒ야 終無一不推者오 寢假而甲推於乙에 乙不推而自辦之라도 甲之責任이 果安在乎아 譬之欲不食而使善飯者로 爲我代食ᄒ고 欲不寢而使善睡者로 爲我代寢이면 能乎아 否乎아 我雖至愚不肯ᄂ 旣爲人矣라 卽爲人類之一分子니 豈可暴棄ᄒ야 以喪人類之資格乎아 暴棄者ᄂ 實人道之罪人也라 僧侶中에 高推聖境者與斷見外道가 實此派之主人翁也니라

[번역] 다섯째로 포기파(抛棄派)이니 포기파는 자신을 아무 일도 하지 못할 사람이라 여겨 늘 남에게 기대하고 자신에게는 기대를 하지 않는 자이다. 이들은 정치는 부유층에 기대하고, 도(道)는 성인에게 기대하고, 성공은 영웅에게 기대하는 것과 같은 부류이니 갑(甲)

---

322) 남이 한 번에 할 수 있으면 자신은 열 번을 하고… : 이 구절의 원출처는 『중용(中庸)』 20장 "남이 한 번에 할 수 있으면 나는 백 번 하고, 남이 열 번에 할 수 있으면 나는 천 번 한다."(人一能之, 己百之, 人十能之, 己千之)는 문장인데, 원문을 약간 변형해 인용한 것이다.

이 을(乙)에게 미루고, 을은 병(丙)에게 미뤄, 이렇게 옮겨가다 계(癸)에 이르러 계가 다시 갑에게 미루면, 서로 미루고 서로 없어져 끝내는 어느 하나 미루지 않는 것이 없는 자들이다. 만일 갑이 을에게 미루었을 때, 을이 남에게 미루지 않고 스스로 힘써 하더라도 과연 갑의 책임이 있겠는가. 비유하면 자기는 먹지 않고 잘 먹는 자를 시켜 자기 대신 먹게 하고, 자기는 자지 않고 잘 자는 자를 시켜 자기 대신 자게 하려고 한다면 할 수 있겠는가, 없겠는가. 내가 비록 지극히 어리석고 못났어도 이미 사람이 된 바에는 곧 인류의 한 구성원이니 어찌 스스로를 포기함으로써 인류의 자격을 잃을 수 있겠는가. 포기하는 자는 참으로 인도(人道)의 죄인이다. 승려 가운데 남을 성인의 경지에 높이 밀어 올리는 자와 단견외도(斷見外道)[323]가 참으로 이 파의 주인공들이다.

[원문] 六日待時派니 此派者ᄂᆞᆫ 有旁觀者之實而不自居其名者也라 夫待之云者ᄂᆞᆫ 得不得을 未可必之辭也니 吾ㅣ待至可以辦事之時然後에 辦之ᄂᆞᆫ대 若終無時則是ᄂᆞᆫ 終不辦也오 且必如何然後에 爲可以辦事之時가 豈有定形哉아 辦事者ᄂᆞᆫ 無時而非可辦之時오 不辦事者ᄂᆞᆫ 無時而非不可辦之時라 故로 有志之士ᄂᆞᆫ 惟造時勢而已오 未聞有待時勢者也라 待時云者ᄂᆞᆫ 欲覘風潮之所向而從旁得拾其餘利ᄒᆞ야 向於東則隨之東ᄒᆞ고 向於西則隨之西者니 是ᄂᆞᆫ 鄕愿之本色而旁觀派之最巧者也라 僧侶中에 曰天命이라 曰自然之理라 曰聖力이라

---

323) 단견외도(斷見外道) : 단견은 사람이 죽으면 재나 흙이 되어 마음과 몸이 모두 없어지고, 다시 뒷세상이 없다고 주장하는 견해. 외도는 불교 이외의 삿된 주장을 펴는 다른 가르침.

日神助라ᄒ야 高唫時來風送滕王閣ᄒ고 雲去雷轟薦福碑之詩者ㅣ皆
此派之眷屬也니라

[번역] 여섯째로 대시파(待時派)이니 이 파에 속한 자는 사실은 방
관자면서도 스스로 방관자라는 이름을 갖지 않으려 하는 자들이다.
기다린다고 하는 것은 될지 안 될지 아직은 꼭 단언하지 못하겠다는
말이니, 우리가 일할 수 있을 때가 이르기를 기다린 다음에야 일한다
하는데 끝내 일할 만한 때가 없다면, 이는 결국 일하지 않는 것과 같
다. 또 반드시 어떻게 된 다음에야 일할 만한 때가 되는 것이 어찌 일
정한 형태가 있겠는가. 일하는 사람에게는 어느 때라도 일할 만한 때
가 아닌 경우가 없고, 일하지 않는 사람에게는 어느 때라도 일할 만
하지 않은 것이다. 그러므로 뜻 있는 사람은 오직 시세(時勢)를 만들
뿐, 시세를 기다린다는 말은 들어 본 적이 없다. 때를 기다린다고 하
는 사람은 세상 풍조의 향방을 엿보다가 곁에서 그 남은 이익을 주워
가시려고 해서, 대세가 동쪽으로 향하면 자기도 따라 동쪽으로 가고,
서쪽으로 향하면 자기도 따라 서쪽으로 가는 자이니, 이는 향원(鄕
愿)[324]의 본색이며 방관자 중 가장 교활한 자들이다. 승려 가운데 천
명(天命)이라느니, 자연의 섭리라느니, 성력(聖力)이라느니, 신조(神助)
라느니 하면서, "때 오면 바람 일어 배를 등왕각(藤王閣)으로 보내고,

---

324) 향원(鄕愿) : 이 구절의 원출처는 『논어(論語)』「양화(陽貨)』편의 "향원은
   덕을 해치는 적이다."(鄕愿, 德之賊也)라는 대목이다. 수령(守令)을 속이고 양
   민(良民)에게 폐해를 입히던 촌락의 토호(土豪). 함부로 토목사업을 일으켜
   백성에게 폐해를 끼치거나, 환곡(還穀)을 중간에서 착복하여 백성에게 그 혜
   택이 미치지 못하게 하거나, 정수(定數) 이외의 공물(貢物)을 착복하거나 촌
   민을 불러 모아 수시로 사냥을 하여 농사를 방해하는 등의 일을 하던 자를 일
   컫는다.

운(運)이 다하면 우레가 천복사(賤福寺)의 비(牌)를 때린다."[325]라는 시를 소리 높여 읊조리는 자들은 모두 이 파에 속한 자들이다.

[원문] 若是乎以上六派를 吾黨之僧侶ㅣ盡分而任之ᄒᆞ야 無一可棄者오 甚者ᄂᆞᆫ 兼此數者而有之ᄒᆞ니 然則全部僧侶가 無一不旁觀者라 事從何處辨乎아 嗚呼라 其誰曰朝鮮之僧侶ㅣ無團體心也리오 旁觀派一出에 風聲鶴唳ᄒᆞ야 從者如雲ᄒᆞ니 其團體於旁觀者ㅣ顧若是也로다 吾輩ㅣ父母之恩이 甚多ᄒᆞ고 佛恩이 甚多ᄒᆞ고 衆生之恩이 甚多어늘 有一可報者乎아 割愛謝親而出家則父母之恩을 非徒不報라 反添難贖之罪오

[번역] 이와 같은 이상의 여섯 파를 우리 승려들이 모두 나누어 맡아서 하나도 버릴 수 없고, 심한 자는 몇 가지를 아울러 갖고 있다. 그렇다면 모든 승려가 누구 하나도 방관자 아닌 사람이 없으니 일을 어디서부터 해야 할까. 아! 누가 조선 승려는 단결심이 없다고 말하는가. 방관파가 일단 나타남에 모두 부화뇌동하여 따르는 자가 구름과 같으니[326] 방관자에게 모여들어 단결하는 것이 살펴보면 이와 같다.

---

325) 때가 오면… : 원문은 時來風送滕王閣, 雲去雷轟薦福碑. 이 구절의 출처는 『명심보감(明心寶鑑)』「순명(順命)」편이다. 앞 구절(時來風送滕王閣)은 당(唐)나라의 시인 왕발(王勃)이 지은 '등왕각서'와 관련된 행운의 이야기로, 등왕각에서 개최된 연회에 참석하기에는 먼 곳에 있던 왕발이 배에 오르자 바람이 불어 순식간에 등왕각에 도착해「등왕각서」를 짓고 명문장가로 이름이 알려지게 되었다는 전설이다. 뒷구절(雲去雷轟薦福碑)은 송(宋)대 어느 가난한 선비의 불행한 이야기이다. 그 지방 수령이 천복사(薦福寺) 비석(碑石)에 새겨진 명필 구양순(歐陽詢)의 글씨를 탁본해 가져오면 큰 보수를 주겠다고 제안해 그 선비가 먼 길을 떠나 천복사에 도착했는데, 갑자기 큰 비와 함께 천둥번개가 내리쳐 비석을 산산조각 내버려 선비의 꿈도 사라져버렸다는 일화다. 행운과 불행의 사례를 들 때 자주 인용된다.

326) 부화뇌동하여 따르는 자 : 원문에는 風聲鶴唳ᄒᆞ야. "바람 소리와 학 울음소

우리들은 부모의 은혜·부처님의 은혜·중생의 은혜를 매우 많이 받았는데, 하나라도 갚을 수 있겠는가. 애욕을 끊고 부모를 떠나 출가했으니 부모의 은혜를 갚지 못했을 뿐만 아니라, 도리어 갚기 어려운 죄를 보탠 셈이다.

[원문] (余本蕩子라 中勢에 先父見背ᄒ시고 事偏母至不孝러니 去乙巳에 入山ᄒ야 轉支離漂迫於內地外國ᄒ야 遂絕不通家音이러니 去年에 路遇鄕人ᄒ야 傳母喪이 經三霜ᄒ니 從此로 抱終古不盡之限而成窮天有餘之罪라 至今思之에 愧栗難容ᄒ야 往々無人世志ᄒ니 秉筆至此에 不覺臆塞而戰慄也라 敢告天下ᄒ야 以俟罪至라 著者記)

[번역] 【나는 본래 탕자(蕩子)였다. 중년에 선친이 돌아가시고 홀어머니를 섬기는 데 지극히 불효했는데, 지난 을사년(1905)에 입산해서

리를 듣고도 놀란다.”라는 뜻으로, 이 구절의 원출처는 『진서(晉書)』「사안전(謝安傳)〈사현재기(謝玄載記)〉이다.

중국 전진(前秦)의 왕 부견(符堅)은 병사 60만, 기마 27만의 대군을 이끌고 진(晉)나라의 정벌에 나섰는데, 진나라는 재상 사안(謝安)의 동생인 사석(謝石)을 정토대도독(征討大都督)으로 삼아 전진(前秦)에 맞섰다. 부견이 수양성에 올라 적을 바라보니 그 진용이 엄하고 위력적이었다. 문득 팔공산 쪽으로 눈을 돌리자, 산은 적병으로 뒤덮여 있었다. 놀라서 자세히 보니, 그것은 풀과 나무였다. 부견은 불쾌하게 생각했다. 한편, 진나라는 전진의 군대가 비수(淝水)에 진을 치고 있어 강을 건널 수 없게 되자, 사신을 보내어 진(秦)의 진지를 다소 후퇴시켜서 진군(晉軍)이 다 건넌 다음에 승부를 가리자고 청했다. 이에 부견은 “아군을 다소 뒤로 후퇴시켰다가 적이 반쯤 건넜을 때 격멸하라.”하고 명령을 내렸다. 하지만 이것을 완전히 후퇴하라는 명령인 줄 알고 전진의 군대는 퇴각하기 시작했는데, 제각기 먼저 도망하려고 덤비다가 자기들끼리 짓밟혀 죽은 자들을 뒤덮었다. 혼비백산한 전진의 병사들은 바람 소리와 학 울음소리에도 놀라 도망쳤다고 한다. 따라서 원출처의 의미로는 보통 ‘겁쟁이’를 의미하는데, 여기서는 ‘부화뇌동하는 무리’의 뜻으로 변용해 인용하고 있다.

는 멀리 국내와 외국을 떠돌았다. 결국 소식을 끊고 집에 편지조차 하지 않았는데, 지난해(1909)에 길거리에서 고향 사람을 만나 어머니께서 돌아가신 지 3년이나 지난 것을 전해 들었다. 이로부터 영원토록 다함이 없을 한을 품게 되었고, 하늘이 무너져도 남아 있을 죄[327]를 지었다. 지금까지 이를 생각할 때마다 부끄럽고 떨리는 데다 낯을 들기 어려워 종종 인간 세상에 뜻이 없어지기도 한다. 붓을 잡고 이 대목에 이르니 나도 모르는 사이에 가슴이 막히고 몸이 떨려 감히 세상에 알려 벌 받기를 기다린다. 저자 씀.】

[원문] 不體佛旨ᄒ야 孤負四恩ᄒ고 無爲無成ᄒ야 使敎衰頹ᄒ니 是는 莫報佛恩也오 不耕而食ᄒ고 不織而衣ᄒ야 空喫許多生受ᄒ고 利他則闕如ᄒ니 是는 莫報衆生之恩也라 若是而往死면 往極樂乎아 往地獄乎아 吾知其地獄之官이 必掃榻而待矣라 事去에 不復倒推니 莫如悔往戒來라 當大聲疾乎ᄒ고 同心戮力ᄒ야 使旁觀之團體로 移於辦事之地ᄒ야 期圖國利民福之事면 可不負吾佛度生之義而庶贖前日之罪之萬一矣리라

[번역] 또 부처님의 뜻을 받들지 못해 사은(四恩)[328]을 배반하고,

---

327) 하늘이 무너져도 남아 있을 죄 : 원문에는 窮天有餘之罪. 궁천(窮天)은 '하늘이 다하다. 끝나다. 무너지다' 등의 뜻으로, '하늘이 무너지는 슬픔'으로 보통 부모님이 돌아가셨을 때의 궁천지통(窮天之痛)이라고 표현한다. 비슷한 용어로 종천지통(終天之痛), 천붕(天崩) 등이 있다.
328) 사은(四恩) : 중국 송(宋) 도성(道誠)의 『석씨요람(釈氏要覧)』에는 부모의 은혜, 스승과 연장자의 은혜, 국왕의 은혜, 시주(施主)의 은혜를 제목으로 내세우고 있는데, 여기서 인용하고 있는 당(唐) 반야(般若) 역(譯) 『심지관경(心地觀經)』에는 부모의 은혜, 중생의 은혜, 국왕의 은혜, 삼보(三寶)의 은혜를 내세우고 있다.

하는 일도 없고 이루는 일도 없어서 교세(敎勢)를 쇠퇴하게 하니 이는 부처님의 은혜를 갚는 것이 아니다. 게다가 농사짓지 않고 먹고 길쌈하지 않고 옷을 입으며 헛되이 받을 자격 없는 보시(布施)로 살아가면서 이타(利他)를 행하기에는 턱없이 부족하니 이는 중생의 은혜를 갚는 것이 아니다. 이처럼 헛되이 죽으면 극락에 가겠는가, 지옥에 가겠는가. 나는 지옥의 관리가 반드시 자리의 먼지를 털고 기다릴 것이란 점을 안다. 일이 잘못된 것은 다시 돌이켜 바로잡을 수 없으니, 과거를 뉘우치고 미래를 경계하는 것만 같지 못하다. 마땅히 큰 목소리로 외치고 같은 마음으로 힘을 합쳐서, 방관으로 뭉치는 것을 일하는 처지로 옮기게 하여, 국리민복(國利民福)의 일을 기약하고 꾀한다면, 우리 부처님의 중생제도에 대한 뜻을 저버리지 않을 것이고, 전날에 저지른 죄의 만분의 일이라도 거의 갚을 수 있을 것이다.

17. 사원의 통할을 논함(論寺院統轄)

[원문] 觀於佛教家에 無一事能齊整者ᄒᆞ야 禮式이 相異ᄒᆞ고 規模가 相異ᄒᆞ야 寺々相異ᄒᆞ고 人々相異ᄒᆞ고 日々相異ᄒᆞ고 歲々相異ᄒᆞ니 何其相異而無倪也오 余ㅣ聞之호니 徒變異而無變異之條理者ᄂᆞᆫ 猶治絲而棼之也라 未有能變者니 故로 善變者ᄂᆞᆫ 萬變이 雖殊ᄒᆞᄂᆞ 其鵠則一也라 譬如良將이 指揮萬軍ᄒᆞ야 飜雲覆雨ᄒᆞ고 出正入奇ᄒᆞ야 無有常變호되 最後一點은 自有定算이라 果若是면 何患變異之無倪也리오

[번역] 불교 집안을 보면 한 가지 일도 가지런히 정비된 것이 없어 예식이 서로 다르고 규모가 서로 다르다. 절마다 다르고 사람마다 다르며, 날마다 다르고 해마다 다르니 어찌 그리도 서로 달라 끝이 없는가. 내가 듣기로, 쓸데없이 변하기만 하면서 그 변화에 일정한 조리(條理)가 없는 것은 실을 다루다가 엉키게 만든 것과 같아 잘 변화하는 바가 없다고 한다. 그러므로 잘 변화하는 것은 비록 만 번 변화할 때마다 다르더라도 그 목표는 곧 하나이다. 비유하면 훌륭한 장수가 만 명의 군사를 지휘함에 변화무쌍하고 정공법과 변칙 작전을 섞어 일정한 변화가 없되, 최후의 한 가지 목표는 스스로 정한 계산을 갖고 있는 것과 같다. 정말 이와 같다면 어찌 변화가 끝이 없음을 걱정하겠는가.

[원문] 雖然이\ 佛家之變異\ 異是\야 變異與不變異가 初無心算\야 偶然而變\며 卒然而異\야 居於變異而亦自不知其變異者也니 豈應無所住而生其心者歟아 抑應無所心而生其住者歟아 甚矣라 相異也어 此\ 無他라 無統轄故니 無統轄故로 無一定之指揮\고 無一定之指揮故로 各自指揮而相異也라 相異則軋\고 相軋則不團\고 不團則無一成이라 欲辦佛敎\대 莫若統轄이라

[번역] 그러나 불교계의 변화는 이와 달라서, 변화와 불변이 처음부터 일정한 계산이 없어 우연히 바뀌고 갑자기 달라져 그 변화 속에 있으면서도 스스로 변화를 의식하지 못하니, 어찌 이것이 마땅히 머무는 바 없이 마음을 내는 것329)이겠는가. 아니면 마땅히 마음 쓰는 바 없이 머무름을 내는 것이겠는가. 서로 다름이 심하다. 이는 다름 아니라 통할(統轄)330)이 없기 때문이다. 통할이 없기 때문에 일정한 지휘가 없고, 일정한 지휘가 없기 때문에 각자 지휘함으로써 서로 달라지는 것이다. 서로 다르면 삐걱거리고, 서로 삐걱거리면 뭉치지 않고, 뭉치지 않으면 하나도 이루는 것이 없게 된다. 불교에 힘쓰고자 한다면 통할만큼 더 좋은 것이 없다.

[원문] 余ㅣ思夫統轄之故에 闕有兩端\니 一曰混合統轄이오 二曰區分統轄이니 混合統轄者\ 何오 使全部佛敎로 皆入於一統範圍之內ㅣ是也오 區分統轄者\ 何오 全部內에 分二個以上之部\야 分割

---

329) 마땅히 머무는 바 없이 마음을 내는 것 : 원문에는 應無所住, 而生其心. 이 구절의 원출처는 『금강경(金剛經)』 「장엄정토분(莊嚴淨土分)」으로, 육조(六祖) 혜능(慧能)이 어렸을 적에 이 구절을 듣고 깨달았다고 해서 더욱 알려졌다.
330) 통할(統轄) : 상급자가 하급자의 행위를 지휘·조정하는 것.

統治ㅣ是也라 此兩者ㅣ必勢不兩立이니 奚取奚舍리오 混合與區分이
互有得失ᄒ니 槪陳於左ᄒ노라

[번역] 내가 통할의 이치를 생각할 때 두 가지 방법이 있으니, 첫째
는 혼합통할이고, 둘째는 구분통할이다. 혼합통할이란 무엇인가. 불
교 전체를 하나의 통일 범위 안에 넣는 것이다. 구분통할이란 무엇인
가. 전체를 둘 이상으로 쪼개어 분할통치하는 것이다. 이 두 가지는
반드시 형세가 양립할 수 없으니, 어느 것을 취하고 어느 것을 버려야
하는가. 혼합통할과 구분통할이 서로 장단점이 있으니 대략 아래에
서 설명하겠다.

[원문] 混合統轄
  得 (1) 人與財ㅣ專注一處則於辦事에 有力
    (2) 每有行事에 全部가 易爲一致ᄒ야 無彼此過不及之差
    (3) 無相對峙則無彼此傾軋之弊

[번역] 혼합통할의 장점
    (1) 사람과 재물이 한 곳으로 집중되니 일을 처리하는 데 유
      력하다.
    (2) 일을 할 때마다 전체가 일치하기 쉬워서 서로 넘치고 모
      자라는 차이가 없다.
    (3) 서로 대립이 없으니 알력의 폐단이 없다.

[원문] 區分統轄
  得 (1) 民智未開之社會ᄂ 好離而惡合ᄒ며 相助之心은 少ᄒ고

相勝之心이 多ㅎ야 甲乙이 相對에 馴嫉妬競爭ㅎᄂ니 嫉妬競爭이 雖非美事ᄂ 其於辦事進步則大有效焉

(2) 彼此相牽引相忌憚ㅎ야 不能擅行惡弊

(3) 議會, 交涉等事가 必簡便易就

[번역] 구분통할의 장점

(1) 국민의 지혜(民智)가 미개한 사회는 분열을 좋아하고 단결을 싫어하며, 협조하는 마음은 적고 이기고자 하는 마음이 많아서, 갑과 을이 서로 대할 때 질투와 경쟁으로 흐르기 쉽다. 질투와 경쟁이 아름다운 일은 아니지만, 일을 처리하고 진보하는 데는 크게 효과가 있다.

(2) 서로 견제하고 꺼려서, 일을 제멋대로 처리하는 악폐를 저지를 수 없다.

(3) 회의·교섭 등의 일이 반드시 간편하고 쉬울 것이다.

[원문] 此ᄂ 混合與區分得失之大槪也라 得合者ᄂ 失於區分ㅎ고 得於區分者ᄂ 失於混合ㅎᄂ니 比準可知라 然則何取於此兩者오 以大體論之則天下事가 貴合不貴分이니 混合統轄之當行이 無俟更論이라

[번역] 이상은 혼합통할과 구분통할을 비교한 장단점의 개요다. 혼합통할의 장점은 구분통할에서 단점이 되고, 구분통할의 장점은 혼합통할에서 단점이 되니 비교해 보면 알 수 있다. 그렇다면 이 둘 중에서 무엇을 취할 것인가. 대체로 논하면 세상 일이 단합을 존중하고 분할을 존중하지 않으니 혼합통할을 마땅히 시행해야 한다는 것은

다시 논할 필요가 없다.

[원문] 然이느 朝鮮에 自有佛敎以來로 散漫不收ᄒ야 初不知統轄
之爲何物이니 孰能改悟ᄒ야 以成一團야리오 苟欲混合이면 勢必有
東補西闕ᄒ고 此防彼決之弊오 此僧侶中人物이 姑無能任統轄之資
格ᄒ고 各寺之智識이 未開ᄒ야 公德之心이 闕如則卒難亟行混合統
轄이오 欲行區分統轄則此恐徒添分離ᄒ야 漸成瓜分豆裂之勢니 二
者無奈何에 徘徊勢將暮라

[번역] 그러나 조선에 불교가 있은 이래로 흩어진 것을 수습하지
않아 애초부터 통할이 무엇인지조차도 모르니, 누가 잘못을 뉘우쳐
깨닫고 하나로 뭉칠 수 있을까. 만약 혼합통할을 시행코자 하면 형세
가 반드시 동쪽을 보강해 주면 서쪽이 비고, 이쪽을 막으면 저쪽이
터지는 폐단이 있을 것이다. 또 승려 가운데 인물로서 당분간 통할을
맡을 수 있는 자격을 갖춘 사람이 없고, 각 절마다 지식이 미개하여
공덕심(公德心)이 없으니, 갑자기 혼합통할을 성급하게 시행하기는 어
렵다. 구분통할을 시행코자 하면 쓸데없이 불교계를 나누어 점점 오
이를 가르고 콩을 쪼개는 듯한 형세[331]가 될까 두렵다. 두 방법을 어
찌할 수 없어 머뭇거리는 동안에 형세는 암울해질 것이다.

[원문] 此實如我輩不俱慧眼者之所難分也라 嗚呼라 以一人而掀

---

331) 오이를 가르고 콩을 쪼개는 듯한 형세 : 원문에는 瓜分豆裂之勢. 콩이나 쪼
개지고 오이가 갈라지듯이 나뉜다는 두부과분(豆剖瓜分)이라는 고사성어로
자주 쓰인다. 원출처는 중국 남조(南朝) 송(宋)의 포조(鮑照)가 지은 「무성부
(蕪城賦)」에 나오는 대목이다("出入三代, 五百餘載, 竟瓜剖而豆分.").

撼全歐之宗敎者는 誰歟아 日馬丁路得이 是耳라 以視全歐之眼光
으로 欲察朝鮮之佛敎則其至小之難見也ㅣ非着顯微鏡이면 不可리라
夫若是其小而余於統轄之故에 不得其術ㅎ니 可笑로다

[번역] 이는 참으로 우리처럼 혜안(慧眼)을 갖추지 못한 자가 분별
하기 어려운 문제이다. 아! 혼자서 유럽 전체의 종교를 뒤흔들었던 사
람은 누구인가. 마르틴 루터다. 유럽 전체를 보던 눈빛으로 조선 불교
를 살피고자 한다면, 너무나 작고 보기 어려워 현미경을 이용하지 않
으면 불가능할 것이다. 이처럼 작은데도 내가 통할의 방법을 얻지 못
하니 스스로 생각해도 우습다.

18. 결론(結論)

[원문] 有其心而不發於外者ㅣ有之乎아 曰無有哉ㄴ져 不行於事則
必發於言ᄒ고 不發於言則必顯於色ᄒᄂ니 安有有其內而無其外者也
리오 事有行於我行於物之別ᄒ니 行於我者ᄂ 我固行之어니와 行於
物者ᄂ 我欲行之而不能行者存焉이라 何也오 所以行之源은 在我而
所以行之彼則在物故로 物固不欲我被則我之源이 停矣라

[번역] 마음이 있으면서 겉으로 나타나지 않는 일이 있겠는가. 아
마도 없을 것이다. 일을 실행하지 않는다면 반드시 말에 나타나고, 말
에 나타나지 않는다면 반드시 안색에 나타나니 어찌 그 안에 있으면
서 밖에는 없을 수 있겠는가. 일에는 내가 할 것과 남[332]이 할 것의 구
별이 있는데, 내가 할 것은 내가 정말 하겠지만, 남이 할 것은 내가 하
고자 해도 할 수 없는 경우가 있다. 왜냐하면 실행의 근원은 나에게
있지만, 실행되는 대상은 남에게 있는 까닭에, 남이 굳이 나에게 영향
받고자 하지 않으면 내 행동의 근원이 멈추기 때문이다.

[원문] 雖然이ᄂ 我所行之心則必不以物之不欲被로 隨而永息也
니 物之不欲被之心이 愈毒而我之欲行之心이 愈熱ᄒᄂ니 夫熱則不

---

332) 남(物) : 물(物)은 반드시 물건·물질의 뜻만으로 쓰이는 것은 아니며, 때로
는 자기 아닌 일체의 것을 두루 가리키는 수가 있다.

平흥고 不平則鳴흥고 鳴之而人猶不聽則不得不繼之而大聲疾呼於天
下也니 余之已上所噪之區々數萬言이 亦效此也라 盖不欲言而自言
者니 豈有私焉이리오 然則此論이 皆善乎아 皆不善乎아 善與不善
이 非余之所敢知也라 然則此言이 皆行乎아 不行乎아 行與不行이
非余之所敢知也라 但我之心이 如是故로 如心而言이오 我之義務가
如是故로 如義務而行이니 其餘는 非徒不敢知也라

[번역] 그러나 내가 실행하고자 하는 마음은 반드시 남이 영향 받
고자 하지 않는 것에 따라 아주 없어지지는 않는다. 남이 영향 받고
자 하지 않는 마음이 강하면 강할수록 내가 실행하고자 하는 마음
도 더욱 뜨거워지니 뜨거워지면 마음이 평안하지 않고, 평안하지 않
으면 말하게 되고,[333] 말해도 남이 들어주지 않으면 계속 큰 소리로
세상에 외치지 않을 수 없다. 내가 앞에서 떠들었던 자질구레한 몇
만 마디의 말도 이런 것을 본받은 셈이다. 말하지 않으려 해도 저절
로 말하게 된 것이니 어찌 사심이 있겠는가. 그렇다면 이 논설이 모두
옳은가, 옳지 않은가. 옳고 그른 것은 내가 감히 알 바가 아니다. 그렇
다면 이 말들을 다 실행할 수 있는가, 할 수 없는가. 실행하고 못하는
것도 내가 감히 알 바가 아니다. 다만 내 마음이 이와 같으므로 마음
그대로 말했을 뿐이고, 내 의무가 이와 같으므로 의무 그대로 행한
것뿐이니, 그 나머지는 다만 내가 감히 알 바가 아닌 것이다.

---

333) 편치 않으면 말하게 되고 : 원문에는 不平則鳴. 이 구절의 원출처는 당(唐)
나라 문장가 한유(韓愈)의 「송맹동야서(送孟東野序)」의 첫 문장 "大凡物不
得其平則鳴"이다. 명(鳴)은 '소리를 낸다.'는 뜻인데 여기서는 '말한다'는 뜻으
로 사용되고 있다.

[원문] 雖然이나 更有一言而相贈吾黨者ᄒ니 此論이 少有可採어든 依言而吾黨與吾共行之ᄒ고 此論이 全無可採어든 永棄之ᄒ고 亦不別思可行之策而行之면 是난 非余之祈冀於吾黨者也라 吾黨이 與佛敎로 因緣이 甚重ᄒ고 與衆生으로 因緣이 甚重ᄒ고 與無量世界와 無量永劫으로 因緣이 甚重ᄒ니 吾黨之責任이 顧有涯乎아 日新又新ᄒ야 至於莊嚴地獄則是ㅣ余之祈冀於吾黨者로라

[번역] 그러나 다시 한 마디를 우리 동지들에게 보낼 것이 있으니, 이 논설에 조금이라도 채택할 점이 있거든 그 취지에 따라 우리 동지들과 내가 함께 실행하고, 이 논설에 전혀 취할 점이 없거든 영원히 버리되, 또한 달리 실행할 만한 방책을 생각하여 실천하지 않는다면 이것은 내가 우리 동지들에게 바라는 일이 아니라는 점이다. 우리 동지들이 불교와 인연이 매우 귀중하고, 중생과 인연이 매우 귀중하며, 헤아릴 수 없는 세계와 헤아릴 수 없는 영겁(永劫)과 인연이 매우 귀중하니 우리 동지들의 책임이 생각건대 끝이 있겠는가. 날로 새로워지고 또 새로워져[334] 지옥까지 장엄(莊嚴)[335]하는 데 이르는 것, 이것이 내가 우리 동지들에게 바라는 것이다.

[원문] 噫嘻嘻噫라 腥風血雨가 亂作洗禮ᄒ고 劍樹刀山이 大行懺悔ᄒ니 人間이 何世오 醉生夢死로다 空耶아 有耶아 外斷常其無聞이오 夢耶아 覺耶아 并蝶周而不見이라 方夜永ᄒ니 吾無寐로다 思正長ᄒ니 翻成愁로다 愁不可極兮어 歎歌相雜이로다 弟兮兄兮어 能無

---

334) 날로 새로워지고 또 새로워져 : 원문에는 日新又新. 이 구절의 원출처는 『대학(大學)』 제2장의 '日日新, 又日新'이란 대목이다.
335) 장엄(莊嚴)함 : 좋게 꾸민다는 뜻의 불교 용어.

聞乎아 非蠅之聲이라 是鷄之鳴이로다

[번역] 아! 슬프구나. 피비린내 나는 바람과 핏빛 섞인 비³³⁶⁾가 어지러이 쏟아지고 검수도산(劍樹刀山)³³⁷⁾이 크게 참회하니 인간세계가 어떤 세상인가,³³⁸⁾ 술 취한 듯 살다가 꿈같이 죽는 것이로다.³³⁹⁾ 없는

---

336) 피비린내 나는 바람과 핏빛 섞인 비 : 원문에는 腥風血雨. "피비린내 나는 바람과 핏빛 섞인 비"라는 뜻으로 전쟁터 등에서 참혹한 살육의 현장을 묘사하는 말이다. 이 구절의 원출처는 명(明)나라 시내암(施耐庵)의 『수호전(水滸傳)』제23회에 나오는 구절 "腥風血雨滿松林, 散亂毛髮墜山奄."이다.

337) 검수도산(劍樹刀山) : 불교에서 말하는 지옥을 말함. 검수(劍樹)는 불효하거나 불경하거나 무자비한 사람이 죽어서 가게 되며, 시뻘겋게 단 쇠뭉치 열매와 칼로 된 잎이 달린 나무 숲속에서 온몸을 찔리는 벌을 받는다고 한다. 도산(刀山)은 신령을 모독하고 살생을 한 자들이 가게 되며, 칼로 이루어진 산에서 온몸을 찔리는 벌을 받는다고 한다.

338) 인간세계가 어떤 세상인가 : 이 구절의 원출처는 동진(東晉) 말~남조(南朝) 송대(宋代)의 대표 시인(詩人) 도연명(陶淵明)의 「도화원시병기(桃花源詩幷記)」 가운데 나오는 구절 "遂與外人間隔, 問今是何世"이다. 「도화원기」의 내용은 다음과 같다.
진(晉)나라 태원(太元) 년간에 무릉(武陵) 사람으로 고기잡이를 업으로 삼고 있는 어부가 있었다. 하루는 물길을 따라 갔다가 얼마나 멀리 왔는지도 모를 무렵 홀연히 복숭아꽃 숲이 눈앞에 나타났다. 어부가 이상하게 여기고 계속 앞으로 나아가 복숭아 숲 끝에 다다르자, 그곳에 산이 있었고 산에는 작은 동굴이 있어 그 속으로 희미하게 빛이 보였다. 그 동굴을 통과해 들어가자 평화롭고 아름다운 마을이 나타났는데, 마을 사람들은 어부를 보자 집으로 데리고 가서 대접했다. 집 주인은 이르기를 "우리 선조가 진(秦)나라 때 난을 피해 처자와 마을 사람들을 이끌고 이곳으로 와서 다시 나가지 않았기 때문에, 바깥세상 사람들과 단절됐습니다. 지금은 어떤 세상입니까?(遂與外人間隔, 問今是何世)"라고 했다. 어부는 마을 사람들에게 진(秦) 이후 위(魏)나라와 진(晉)나라 등 지난 왕조의 역사를 자세히 이야기해 주었다. 어부는 며칠간 그곳에서 대접을 잘 받고 떠나 왔는데, 마을 사람들이 "바깥세상 사람들에게 이곳에 대해 말하지 말라"고 부탁했다.
어부는 마을을 벗어나 배를 얻어 타고 돌아오는 길에 여러 군데 표식을 하고, 고을에 이르자 태수를 찾아가 보고했다. 태수는 즉시 사람을 보내 어부가 표식한 곳을 찾아가게 했으나 결국 길을 잃고 도화원으로 통하는 길을 찾지 못했다.

339) 술 취한 듯 살다가 꿈같이 죽는 것이로다. : 원문에는 醉生夢死. 술에 취하여 자는 동안에 꾸는 꿈속에 살고 죽는다는 뜻으로, 아무 하는 일 없이 한평

것인가 있는 것인가, 밖으로 단견(斷見)³⁴⁰⁾·상견(相見)³⁴¹⁾을 들은 바 없고, 꿈인가 생시인가, 나비와 장주(莊周)³⁴²⁾가 아울러 보이지 않는 구나. 바야흐로 밤은 길어 잠 못 드노라. 생각이 참으로 길어 도리어 시름이 되는구나. 시름은 끝없는 것인가! 한숨과 노래 서로 섞이는구나. 아우여 형이여! 들리지 않는가. 이것은 파리 소리 아닌 닭의 울음 소리로구나.³⁴³⁾

생을 흐리멍덩하게 살아감을 비유적으로 이르는 말. 이 구절의 원출처는 『소학(小學)』 5권에 인용된 「정자어록(程子語錄)」에 나오는 "雖高才明智, 胶于見聞, 醉生夢死, 不自覺也."라는 대목이다.

340) 단견(斷見) : 죽으면 모든 것이 끝나고, 영혼의 존속 같은 것은 있을 수 없다는 견해.

341) 상견(相見) : 죽어도 영혼이 영원하게 존속한다는 견해.

342) 나비와 장주(莊周) : 이 구절의 원출처는 『장자(莊子)』 「제물론(齊物論)」이다. 주(周)는 장자(莊子)의 이름. 장주가 어느 날 나비가 되어 유유자적 즐겁게 날아다니는 꿈을 꾸었다. 그러다 깨어 보니 다시 장주가 되어 있었다. 장주인 자신이 꿈속에서 나비가 된 것인지, 아니면 나비가 꿈에 장주가 된 것인지 구분할 수 없었다.

343) 이는 파리 소리 아니라 닭의 울음임을 : 원문에는 '非蠅之聲, 是鷄之鳴'. 이 구절의 원출처는 『시경(詩經)』 「제풍(齊風)」 〈계명(鷄鳴)〉에 나오는 "匪鷄則鳴, 蒼蠅之聲"이라는 대목인데, 순서를 뒤집어 인용한 것이다.

Ⅲ장

『조선불교유신론』의 번역과 그 연구

– 만해학(萬海學)의 '빛과 그림자' –

I. 『조선불교유신론』 새 번역의 필요성

한 사상가의 저술을 이해할 때 그 텍스트(text)에만 매몰되는 경우, 이해의 폭이나 깊이에 제한이 있는 것은 물론, 텍스트를 둘러싸고 있는 콘텍스트(context)도 온전하게 파악하기 힘들다. 더구나 만해(萬海) 한용운(韓龍雲, 1879~1944)과 같이 선사(禪師), 독립운동가, 불교 개혁가, 시인, 작가 등 다양한 면모를 지닌 저자라면 일생을 통해 여러 차례 사상적 변화를 겪기 마련이라서, 어느 한 편의 저술에 나타난 내용만으로 그를 규정하거나 판단하는 데 조심스러울 수밖에 없다. 그 때문인지 만해에 대한 연구는 약간의 과장을 보태면 이미 한우충동(汗牛充棟)이란 말이 무색할 만큼 많은 성과가 축적되어 이른바 '만해학(萬海學)'이라는 독립적 분야를 이루고 있다. 불교·문학·역사·사회학 등 다양한 학문분과에서 만해를 주제로 다룬 연구들이 생산되었는데, 그 가운데 만해의 명문장으로 손꼽히는 『조선불교유신론』의 내용 소개와 분석, 그 문장 속에 담긴 만해의 사상과 역사인식 등을 조명한 관련 연구만 해도 논문과 단행본 합쳐 약 200여 건에 이른다.

만해학의 근간을 이루는 기본텍스트인 『조선불교유신론』은 1910년 집필, 1913년 간행되어 이미 '출판 100주년'을 넘겼다. 『조선불교유신론』은 국한문혼용체로 한글 토나 조사를 빼면 순한문체나 다름없어, 흔히 한문으로 된 서적이라 '답답하고 고리타분할 것'이라는 선입

견을 갖기 쉽다. 하지만 박람강기(博覽强記)를 자랑하듯 유불도(儒佛道) 사상은 물론 당대에 유행하던 사회진화론을 중심으로 서양의 철학과 역사 등을 종횡무진 인용해가며 조선 불교의 유신을 역설하는 만해의 문장을 따라가다 보면 그러한 우려는 이내 사라진다.

만해를 논하는 이들은 어김없이 『조선불교유신론』을 인용한다. 그런데 이처럼 빈번하게 인용된 『조선불교유신론』이 과연 누구나 쉽게 읽을 수 있는 글이었을까? 이미 전통한문이 원활한 의사소통수단의 기능을 상실한 시대에 국한문혼용체 문장을 읽자면 외국어로 된 문장을 독해할 때와 같은 긴장감이 따른다. 긴장감의 정도는 연구자든 일반 독자든 그다지 차이가 없기에 누구나 쉽고 정확하게 이해할 수 있는 한글번역본이 필요하다는 이야기다.

『조선불교유신론』의 한글번역은 1972년 서경수 편역(『님의 沈黙·朝鮮佛敎維新論』, 삼성문화문고판)이 나온 이래, 1983년 이원섭 번역(만해사상연구회 편; 2007년 운주사 개정판), 1991년 정해렴 편역(현대실학사), 2014년 조명제 번역(지식을만드는지식) 등이 간행되었다. 그 밖에도 만해의 시나 문장을 묶어 편집한 형태로 발간된 것까지 포함하면 번역본이 적지 않다고 하겠지만, 출판 100주년을 지난 현재까지 이원섭 역본을 능가하는 번역을 찾기 힘들다.

현재 시중에서 구해볼 수 있는 몇몇 『조선불교유신론』 번역본은 앞서 언급한 것처럼 '편역(編譯)'이란 이름으로 이원섭 역본을 그대로 옮겨 싣거나, 이원섭 역본의 오류마저 그대로 인용하고 있는 경우가 대부분이다. 2007년에 나온 이원섭 개정판도 여전히 기존 번역본(1983)의 불명확한 대목이나 오류를 반복한 채 세로쓰기를 가로쓰기로 바꾼 정도에 그쳤다. 이처럼 『조선불교유신론』의 믿을 만한 한글번역이

제대로 없는 상황에서 만해를 운운하고 『조선불교유신론』을 운운하는 것은 만해에게 죄송할뿐더러 만해학 연구의 허약한 토대를 여실하게 드러내는 사례가 아닐까? 이러한 문제의식에서 필자는 설익은 공부를 무릅쓰고 『조선불교유신론』의 새 번역에 착수했다.

2. 『조선불교유신론』을 어떻게 평가할 것인가?

『조선불교유신론』의 평가에 대해서 대다수의 연구 성과들은 칭찬 일색이다. 조익현은 "기존 불교만으로는 사회개혁을 이룩할 수 없음을 절실히 깨닫고 불교 자체의 유신을 통해 민족의 주체성을 꾀하고자 유신론을 저술한 동기가 되었다고 생각한다. 따라서 필자는 유신론이 불교 자체의 유신뿐만 아니라 나아가 민중의 의식개혁과 민족 주체성 회복 및 자각을 이룩하고자 하는 측면도 있지 않았나 생각된다."[344]라고 평가한다. 이는 아마도 기존 학계의 표준적인 상찬일 것이다. 그런데 과연 정말 그러한가? 만해가 불교개혁을 이야기하고 있는 것은 사실이지만, 그가 진짜로 사회개혁까지 철저하게 생각하고 있었던 것일까? 또 민족의 주체성을 꾀하고자 『조선불교유신론』을 저술했다는 것이 사실일까?

조익현은 자신의 상찬을 무색하게 하는 만해의 행동, 즉 만해가 일찍이 중추원과 통감부에 승려의 결혼을 허용해 달라는 건백서를 제출한 사건을 놓고는 곤혹스러운 나머지, 만해의 행동은 "작은 실책에 불과하다."며 다음과 같이 변호하느라 애쓴다. "그러나 한 가지 알 수 없는 것은 만해가 1930년 3월 승려의 금혼 해제에 관한 건의서를 中樞院 議長 金允植과 統監府 子爵 寺內正毅에게 제출한 일이다. 이

---

344) 趙翊鉉, 「朝鮮佛敎維新論을 통해 본 韓龍雲의 歷史認識」 『석림』 25, 동국대학교석림회, 1992, 45쪽.

점에서 당시 만해의 현실과 역사에 대한 인식의 부족을 우리는 한편으로는 느끼게 되는 것도 사실이다. 그러나 그것은 바르고 지혜로운 그의 생각과 행동에 비하면 지극히 작은 하나의 실책일 뿐 그 이상으로 비판할 문제는 아니라고 생각한다."[345]

그러나 이와 같은 견해에 대해서는 이미 이의를 제기한 연구자들이 나왔다. 최병헌은 "한용운은 불교의 사회적 역할, 승려의 지위 향상을 강조하면서도 일본의 정치적 침략과 일본 불교의 침투에 대해서는 무감각했다."[346]라고 지적했다. 그리고 앞서 조익현이 '작은 실책'이라고 변호한 만해의 건백서 제출 행위를 바로 정세에 대한 무감각의 단적인 사례로 들고 있다.

김광식 역시 만해가 『조선불교유신론』을 집필했던 1910년대의 행적을 정리하면서 "『유신론』의 집필 단계에서 만해의 민족의식이 투철하지는 않았다."라고 주장했다. 즉 한용운이 당시까지는 민족불교 지향에 확실하게 도달하지 않은 것으로 보았는데, 그 근거로 일본 불교의 침투로 야기된 문제의 몰인식, 국권 강탈에 협조했던 일본 불교의 정체성 미파악, 국권상실 후 불과 1개월 후에 일제 통감에게 승려의 결혼 허용을 주장한 건백서 제출 등을 제시하고 있다.[347]

정광호는 『조선불교유신론』의 한계와 문제점으로 "그 당시 교단의 병폐를 피상적, 관념적으로만 지적한 부분이 있다든가, 혹은 급진적 혁신에 조급했던 나머지 수행승의 생명이라 할 계율문제를 세속적

345) 趙翊鉉, 앞의 글, 48쪽.
346) 최병헌, 「일제불교의 침투와 한용운의 '조선불교유신론'」『한국종교사상의 재조명』, 원광대학교출판국, 1993(김광식, 『만해 한용운 연구』, 서울: 동국대학교출판부, 2008, 31쪽 재인용).
347) 김광식, 「한용운의 민족의식과 '조선불교유신론'」『한국민족운동사연구』 35, 2003(김광식, 『만해 한용운 연구』, 서울: 동국대학교출판부, 2008, 32쪽 재인용).

기준에서만 보고 있는 점. 특히 계율문제를 중추원이나 통감부 등 세속 권력에 의지해서 해결하려 했던 점은 한용운답지 않은 처사였다는 감마저 없지 않다."라고 평가했다.[348]

---

348) 정광호, 앞의 글.

3. 만해의 일본행과 『조선불교유신론』의 관계

『조선불교유신론』에 관한 연구사를 검토하다 보니, 기존의 연구사에서 소홀히 다루어지거나 거의 언급되지 않는 대목이 눈에 띤다. 그것은 만해를 둘러싼 시대적 상황, 사상적 영향은 물론,『조선불교유신론』의 저술 배경과도 직결되는 일본 불교계와의 관계이다. 만해는 승려인 동시에 독립운동가로서의 이미지가 강한 나머지, 그와 일본의 관계는 오로지 '항일'로만 일관된 것처럼 서사구조가 고착된 듯하다.[349]

---

349) "고등학교 국사교과서 불교서술 오류 많다"「법보신문」1107호, 2011.8.10. 기사.
「백용성 스님 등 항일 인사 누락/ 조선불교유신론 저항 서적 둔갑
현행 고등학교 국사 교과서의 불교사 서술에 오류가 적지 않은 것으로 밝혀졌다. 만해 한용운 스님의 '조선불교유신론'을 비롯해 일제하 법령에 대한 이해 부족 등으로 기본적인 사실 자체를 잘못 서술하고 있으며, 근대불교가 만해 스님에게만 집중됨으로써 상대적으로 다른 인물과 활동 등이 배제되고 있는 것으로 조사됐다. 한상길 동국대 불교문화연구원 연구교수가 최근 '한국 근대 불교 연구와 국사교과서의 근대불교 서술'(선문화연구 제10집)에서 7종의 교육과학기술부 검정교과서 '고등학교 국사'와 6종의 '고등학교 한국 근·현대사'에 나타난 근대불교에 대한 서술을 분석했다.
논문에 따르면 7종 '국사'에서 근현대불교 서술이 16개 항목에 불과했다. 또 16개 항목도 '한용운의 개혁 운동', '3·1운동과 불교', '일제의 불교정책과 저항' 등 특정주제에 편중됨에 따라 근대불교는 모두 만해 스님으로 귀결되고 있었다. 이 같은 서술은 학생들이 만해 스님만을 유일한 불교계 독립운동가로 잘못 이해할 수 있다는 점에서 이에 대한 보완이 필요하다는 지적이다. (생략)
그러나 만해 스님에 대한 서술조차도 과도하게 '항일'을 강조하다보니 명백한 오류들도 있었다. 현재 '근·현대사 교과서'에는 "한용운 등은 '조선불교유신론'을 내세워 일부 승려들의 친일 활동과 일본 불교계와의 연합 시도를 비판하고 조선불교의 전통을 확립했다." 혹은 "한용운은 '조선불교유신론'을 써서 일본 불교에 예속된 조선불교의 자주성을 회복했다." 등으로 서술하고 있다. 그렇지

그러나 이제까지의 『조선불교유신론』 이해에서 미싱 링크(missing link, 잃어버린 고리)라고 해야 할 바로 그 부분, 즉 만해의 일본행과 『조선불교유신론』의 관계에 대해 더 깊은 고찰이 필요하다. 이 점에 대해 김광식은 『조선불교유신론』을 이해하는 데 한용운이 집필 이전에 일본에 다녀온 경험을 총체적으로 분석할 필요가 있으며, '일본 불교를 접한 강렬한 충격이 『조선불교유신론』을 집필할 수 있는 에너지로 작용한 것이 아닌가' 추정하고 있다.[350] 이하 만해의 일본행에 관한 상황을 평전에 의거해 살펴보자.[351]

만해는 1908년 4월 금강산 유점사에서 공부하다 마침 일본 불교의 종파인 조동종(曹洞宗)의 불교사절이 금강산에 방문한 것을 계기로 일본에 건너가게 되었다. 이때의 사정은 만해의 회고인 「나는 왜 승(僧)이 되었나」에 나타나 있다. 만해가 일본행에서 관심을 가졌던 것은 문명의 중심처로서의 일본의 현실이었다. 일본에 건너간 그는 도쿄(東京)에서 일본 조동종 본부의 종무원을 찾아갔다. 그의 일본행에 도움을 준 것에 감사하려는 뜻과 함께 일본 시찰에 도움을 받으려는 의도였는데, 여기서 조동종의 간부 승려와 의기투합하고 그 승려의 후원을 받아 조동종대학(曹洞宗大学, 훗날의 고마자와대학[駒澤大学])에 입학했다. 만해는 이곳에서 불교와 서양철학 등을 배우며 일본의 각처를 순방하고, 조선인 일본유학생과도 교류했다.

이 시기 그가 일본에서 보고 느낀 것 중에 가장 인상 깊었던 것은

만 정작 '조선불교유신론'은 승려들의 친일활동과 일본 불교계와의 연합을 전혀 비판하지 않고 있으며, 조선불교의 전통을 확립하지도 않았다. (생략)」
350) 김광식, 「「조선불교유신론」과 한국 현대불교」 『만해 한용운 연구』, 서울: 동국대학교출판부, 2008, 87쪽.
351) 김광식, 『첫키스로 만해를 만난다: 만해 한용운 평전』, 서울: 장승, 2004, 51~54쪽 참조.

아마도 불교의 대중화일 것이다. 불교대학, 유치원, 포교당, 복지시설, 출판사 등 불교의 대중화를 위한 다양한 시설을 보면서 만해는 국내의 열악한 불교 현실을 떠올리지 않았을까. 그 당시 조선은 일제에게 외교권을 빼앗기고, 통감부가 설치되어 준식민지로 전락한 상황이었고, 의병투쟁이 끊임없이 전개되고 있었다. 그 와중에 만해는 근대문명의 도래지라는 일본의 중심부에서 일본 승려의 지원을 받고 있던 것이다.

만해가 일본에서 근대문명을 접하고 국내에 돌아온 것은 6개월 만인 1908년 10월이었다. 그 즈음 그는 서울 숭인동의 원흥사에서 개최된 전조선불교도대회(全朝鮮佛敎徒大會)에 참석했는데, 이 대회에서는 전국 사원의 통일과 불교진흥을 위한 종무원(宗務院) 건설이 논의되었다. 문제는 종무원 건설을 위해 일본인 승려를 고문(顧問)으로 삼고, 관련규칙을 정해 정부당국에 인가를 요청한 것이다. 이에 대해 만해는 "승려해방, 학교건설"을 토의한 것으로 대단히 '좋은 것'으로 표현하고 있다. 이때까지 그는 일본 승려의 도움을 받아 불교발전을 꾀하는 것에 대해 별다른 경계심이 없었던 것이라고 하겠다.

이로 미루어 보면, 만해는 짧은 기간 일본에서 일본 불교의 허실을 정확히 파악하지 못한 채 문명의 향기에 취한 듯하다. 당시 일본 불교계는 국가권력의 요청 하에 교단을 정비하는 행보를 보이고 있었다.[352] 메이지 20년대(1887~1896)부터 30년대(1897~1906)에 확산된 불교공인교운동(佛敎公認敎運動)과 삼교회동(三敎會同) 등을 통해 국가주의적 성격을 강화하는 한편 당시의 사회문제에 대응하며 일본

---

352) 카시와하라 유센 지음, 원영상·윤기엽·조승미 옮김, 『일본불교사 근대』, 서울: 동국대학교출판부, 2008, 〈Ⅱ. 메이지 사회의 발전과 불교〉 참조.

전역의 각지에서 각종 자선사업과 구호단체가 결성되고 있었다. 메이지 시대의 불교사회사업은 근대 자본주의 사회의 발전과정에서 드러난 사회적 모순에 대한 대응이었고, 불교는 가장 시대적 발언력이 강한 종교였던 것이다. 따라서 만해의 눈에 비친 일본불교는 극복의 대상이라기보다 근대화의 모델이었을지도 모른다.[353]

　사실 『조선불교유신론』을 접할 때 먼저 눈길을 끄는 것은 제목에 나오는 '유신(維新)'이란 용어이다. '유신'이 중국의 고전 『시경(詩經)』에서 유래되었다고는 해도, 한국이든 일본이든 근현대사에서 '유신'이라고 하면 흔히 일본의 메이지 유신(明治維新)을 떠올리듯이, 유신(維新)의 용례는 일본의 천황제 국가주의와 밀접한 관계를 갖고 있다.[354] 불교에 한정지어 이야기하더라도, 메이지 시기 일본 불교계에서 이미 불교유신(佛敎維新)을 내세운 활동이 나타난 바 있었다. 특히 메이지 시대에 활발했던 재가불교인 가운데 구(舊)교단에서 탈퇴하여 환속한 다나카 지가쿠(田中智學, 1861~1939)의 사례를 주목할 만하다.[355] 다나카는 본래 일련종(日蓮宗)에 입문했다가, 일련종 최고학부인 대교원(大敎院)에까지 진학했던 인물인데, 메이지 정부의 주도로 설립

353) 조성택은 『불교와 불교학-불교의 역사적 이해』(서울: 돌베개, 2012)에서 이러한 시각으로 불교의 근대화를 논한다.
354) 일본에서는 안에이(安永) 8년(1779) 히라도번주(平戶藩主)인 마쓰라 기요시(松浦 淸)가 번교(藩校)를 설립했을 때, 교명(校名)을 '유신관(維新館)'으로 붙였는데, 막부(幕府)로부터 "유신(維新)이라는 것은 불온하다(도막(倒幕: 막부 타도)의 뜻이 있는 것 아닌가?" 하고 문책을 받았다. 이 이름은 『시경(詩經)』에서 가져온 것이었는데, 그 후 덴포(天保) 원년(1830)에는 미토번(水戶藩)의 정치가 후지타 고코(藤田東湖)가 번정개혁(藩政改革)의 결의를 서술할 때, 『시경(詩經)』「大雅·文王篇」의 한 구절인 "周雖舊邦, 其命維新"(주(周)는 비록 오래된 나라(舊邦)지만, 그 명(命)은 새롭게 했다)을 인용하고 있다. 후지타의 용례는 바로 메이지 유신(明治維新)의 정신과 맞닿아 있다.(출처: http://ja.wikipedia.org/wiki/維新)
355) 카시와하라 유센 지음, 원영상·윤기엽·조승미 옮김, 앞의 책, 132~135쪽 참조.

된 대교원의 교육에 만족하지 못하고 떠난 후 19세(1879)에 종문(宗門)을 탈퇴했다.

그는 1880년 요코하마(橫濱)에서, 1885년에는 교토(京都)에서 재가단체를 창설하여 복고적인 '일련정신'을 강조하며 재가주의(在家主義)의 발전을 위해 진력했는데, 재가주의의 내용은 '일본 전통의 단카제(檀家制)를 폐지하고 교회제(敎會制)를 채택해 승려적인 종문을 신도(信徒)적인 종문으로 재편하고, 사원을 위한 본산이 아니라 신도를 위한 본산을 조직해야 한다'는 종문혁신의 주장이었다. 이러한 활동을 바탕으로 다나카는 1901년『종문의 유신(宗門の維新)』을 저술해 교계 내외에 큰 영향을 끼쳤다. 이 책은 자신이 몸담았던 일련종의 문제점과 개혁되어야 할 점을 종법(宗法)·제도·교육·포교의 4대 강령으로 나누고, 개혁의 자세를 침략적·복고적·진보적이라는 3대 강(綱)으로 정리했다. 여기서 '침략적 태도'라는 것은 일련종 교단이 취해 온 섭수주의(攝受主義, 상대를 교화하는 방법으로써 선한 면이 있는 자를 살려 받아들이는 것)를 버리고, 일련의 기본자세인 절복주의(折伏主義, 일련주의로 상대의 논리를 굴복시키는 것)로 나가는 것을 의미한다. 결국 종의(宗義)로는 일련으로 돌아가고, 제도상으로는 '진보적'으로 시대의 변화에 대처하는 체제로 개혁하자는 것이었다.

그러나 침략적 태도는 단순히 종파적 태도만을 의미하는 것이 아니라, '종교 및 세간의 여러 사사유사(邪思惟邪) 건립을 타파하여'『법화경』의 '이교(理敎)'로 '인류의 사상과 목적을 통일한다'는 것을 목표로 하고, 이를 위해 '통일의 기축'인 '국가에 도(道)의 가르침을 원동력으로 하는 교지(敎旨)'가 필요하다고 주장하는 것이었다. 그 결과,

일본국은 올바르게 국내를 영적(靈的)으로 통일해야 하는 천직(天職)을 지닌다. 법(法)은 일본이냐 일본이 아니냐를 불문하지만, 교(敎)는 특히 일본을 인정해야만 한다. 일본으로 하여금 천하세계를 통일시켜야만 하는 것이다. 일본을 결국에는 영원히 우주 인류의 영적 대진영(大鎭營)으로 만들지 않으면 안 된다.

고 하여 일본 중심의 세계 통일을 역설하기에 이르고 있다. 다나카의 개혁론은 단지 일련종의 문제에 머무르지 않고 『법화경』의 정신에 바탕을 둔 일본 국가를 이상으로, 그 이상을 실제화하는 일본에 의해 세계 통일을 목표로 한다는 것인데, 이는 두 말할 것도 없이 극도의 일본주의 혹은 국가주의 입장에 서는 것이라 하겠다. 다나카의 주장은 시대적으로 국수주의의 시기로부터 청일전쟁을 겪으면서 국가주의의 고양, 자본주의의 확립기에 따른 정신적 지지가 요구되던 시기에 편승한 것으로 훗날 많은 국가주의자들을 양산하는 지침이 되기도 했다.

만해가 일본에 건너간 시기는 바로 다나카와 같은 재가불교인이 기존 전통불교 종단의 문제점을 지적하는 한편, 불교계의 각종 현안에서 근대화의 주장이 풍미하던 시기였다. 이를 통해 만해가 자신의 불교개혁론에 '유신'이란 제목을 붙인 것부터 일본의 영향을 느낄 수 있다고 하면 지나친 비약일까?

19세기 말 일본의 불교지식인들은 유럽의 불교학을 근거로 메이지 유신 때 미신과 전근대의 상징이었던 불교를 다시 근대화의 구성요소로 복권시켰다. 이 과정에서 사찰 재정의 청정, 타락한 스님 축출, 새로운 승가 교육제도, 대처승 제도화 등을 시도했는데, 조성택은 "이는 일본 불교 자체의 근대적 개혁프로그램을 실천한 것"이라 평가하며, "대처식육(帶妻食肉)도 타락이 아닌 개혁의 일부였다."라고 평가한다. 이러한 조성택의 일본 불교 평가는 일본 불교의 자체노력을 '근대적' 개혁으로 평가한 나머지 근대에 들어서도 여전히 잔존하고 있던 불교전통의 무게를 간과한 허점이 있다. 앞서 조성택이 지적한 사찰재정의 청정, 타락한 스님 축출 등은 불교계 근대화 조치의 핵심적 과제였지만, 이 과제는 사실상 다이쇼(大正) 시기에 이르러도 여전히 해결되지 못한 채 남겨져 있었다. 또 불교교단의 근대화 조치 가운데 '본산직말(本山直末)제도'와 '당반의체(堂班衣体)제도'라는 구조적 모순이 엄존하는 상황을 고려하지 않고 일본 불교의 근대화를 전향적으로 평가하는 것은 신중할 필요가 있다.

'본산직말제도'는 정토진종(淨土眞宗) 본원사(本願寺) 본산(本山)이 그 산하에 소규모 사원을 직할지배하는 것으로 말사(末寺)의 모든 불사(佛事)는 본산의 영향력 하에 좌우되었다. 말사들은 보시나 모재(募財)에서 본산의 조치에 따를 수밖에 없고 종종 강제적인 모재로 인해 신앙심 깊은 신도들에게는 경제적 압박을 주는 폐단이 있었다. 또 본산은 말사에 대한 강제적 모재(혹은 상납)의 결과에 따라 신도를 차별적으로 대우했는데, 강제적 모재의 징수장치가 바로 '당반의체제도'였다. 이는 말사로부터의 상납금액에 의해 사원의 격(格)을 규정한 것으로 그 격의 규정에 따라 승려의 법의(法衣) 색깔과 형태가 구별되고 한 법당에 모일 때 착석자리까지 정해진 것이었다.

정토진종 서본원사(西本願寺)는 8종의 당반(堂班)이 각각 3개의 색의(色衣)로 구별되고, 28개 신분으로 서열화 되어, 최하층에는 흑의(黑衣)밖에 허락되지 않았다. 게다가 부락사원은 구(舊) '에타 사찰(エタ寺)'로서 별격화(別格化)되었고 부락민들은 독실한 신앙심으로 인

해 일반사원보다 더 많은 모재액을 납부하면서도 본산으로부터 차별 대우를 받았다.[356]

차별은 부락민뿐만 아니라 법요(法要)와 직역(職役) 등에서 부락사원의 승려에까지도 가해져, 일찍이 1899년부터 당반 순서의 불평등을 문제 삼아 자리다툼이 일어나는가 하면, 1902년에는 혼간지 본산에서 파견된 모재 포교사의 부락민 차별발언에 항의하는 사건이 발생하기도 했다.[357] 서본원사 본산은 메이지 말년부터 부채가 심각했고 앞서 언급한 자선회재단의 기금 유용사건과 투기 등으로 발생한 부채(負債)를 해결하기 위해 사채(寺債)까지 발행하는 등 추문이 빈번했다.

만해의 눈에 비친 일본 불교가 근대화의 모델이었다면, 근대화의 이면에서 사회문제로 잔존했던 일본 불교계의 모순적 상황들은 의식적이든 무의식적이든 그의 시야를 벗어나 있었던 것이 아닐까?

---

356) 部落問題研究所 編, 『部落の歷史と解放運動-現代編』, 大阪: 解放出版社, 1997, 63쪽.
357) 1889년 나라현에서 렌뇨상인(蓮如上人) 400회기(回忌) 법요 때, 출석한 부락 승려에게 종규(宗規)에 따른 좌석을 주지 않고 차별한 것에 항의한 것을 비롯해 당반 순서의 다툼이 각지에서 일어났다. 니시혼간지 본산은 1899년 이래 대일본불교자선회재단(大日本佛敎慈善會財團)을 설립하고, 사회복지를 위해 사업을 전개했는데, 1902년 9월 이 자선회재단의 기부금 모집을 위해 와카야마현(和歌山縣)에 파견된 포교사 류와 지슈(龍華智秀)가 설교 도중 부락민에 대한 차별발언을 했다. 이에 대해 와카야마현만이 아니라 인근 부락에서도 항의의 목소리가 높아지자, 니시혼간지 본산은 류와에게 징계처분을 내리고 융화촉진의 취지를 발표했다. 鈴木良, 『水平社創立の研究』, 京都: 部落問題研究所, 2005, 165쪽.

4. 본 번역본에 대하여

역자는 앞서 『조선불교유신론』의 새 번역이 필요하다는 것과 함께 기존 번역의 문제점을 지적했다. 그 가운데 역자가 새 번역을 시도하면서 가장 의식했던 것은 불교학자이자 시인으로 저명한 이원섭 (1925~2007) 선생의 번역본이다. 여러 번역본 가운데 굳이 이원섭 번역본을 거론하는 이유는 현재까지 출판된 번역본 가운데 가장 우수한 성과이자 『조선불교유신론』 번역의 기본 틀을 제시했다고 생각하기 때문이다. 이원섭 번역본은 1983년에 출판된 세로 조판(민족사판)과 2007년에 출판된 가로 조판(운주사판)을 비교해 볼 때, 본문의 한글번역 문장에 큰 차이가 없다. 개정판을 낸 출판사에서도 20여 년 전의 초판에서 별로 고칠 만한 부분이 없다고 판단했는지, 본문 내용을 일부 수정한 외에는 초판에서 설명이 부족했던 각주를 약간 보강했을 뿐이다.

역자가 보기에 이원섭 번역본은 불교학자이자 시인이라는 저자의 이력에 걸맞게 불교 관련 부분이나 만해가 인용하고 있는 고전의 한시(漢詩) 번역에 뛰어나다. 하지만 그러한 장점이 무색하리만큼 만해가 사용한 불교용어나 인용하고 있는 고전 혹은 근대 중국과 일본 서적 등의 출처를 밝히지 않거나, 밝힌 것 가운데서도 종종 오류가 보인다. 기존 번역본 가운데 가장 훌륭한 편이라 할 수 있는 만큼, 그에 비례해 아쉬운 부분이 두드러지는 것이다. 이원섭 번역본에서 아쉬운 부분을 크게 세 가지만 살펴보자면 다음과 같다.

첫째, 번역투의 일관성 부족 : 『조선불교유신론』의 원문은 한글 토나 조사만 한글이고, 그 한글의 문투도 '~하니라', '~하랴', '~하나니' 등 옛 말투로 되어 있다. 이원섭 번역본은 원문의 한자 부분을 비교적 원문에 충실하게 번역한 반면, 한글의 문투는 현대어법과 원문의 옛 말투를 살린 대목이 섞여 있어 일관성이 부족하다. '번역은 반역이다'라는 말처럼 번역에서 직역과 의역의 선택은 늘 고민일 수밖에 없다. 아무리 번역을 잘 한다 해도 원문의 의미를 고스란히 전달하기 힘든 부분이 어김없이 나타나 번역자를 괴롭히기 때문이다. 그래서 본 번역에서는 원문의 의미를 해치지 않는 범위에서 옛 말투를 현대의 독자들이 쉽게 이해할 수 있는 한글 문장으로 옮겼다.

둘째, 원문의 인명과 지명 오독(誤讀) : 이원섭 번역본은 『조선불교유신론』의 원문에 자주 등장하는 서양철학자의 인명이나 지명 등을 명확히 밝히지 않은 채 애매한 부분은 두루뭉술하게 넘어간 대목이 많다. 근현대 중국에서는 외국어를 표기할 때 그 외국어의 발음과 비슷한 소리가 나는 한자를 빌어 표기했다. 이런 방식을 음차(音借)라고 하는데, 예를 들면 독일의 철학자 칸트(Kant)는 '康德', 프랑스의 정치가 나폴레옹(Napoleon)은 '拿破崙' 등으로 적고 있는 것이다. 이 한자 이름에서 원래 서양인명을 역추적하는 데 가장 걸림돌이 되는 것은 1910년대 당시의 표기와 현대 중국어의 표기가 달라진 상황을 고려해야 한다는 점이다.

만해가 본문에서 언급한 서양인의 인명이나 지명은 대개 량치차오의 글에서 인용한 것인데, 인용과정에서 누락된 것인지 량치차오의 문장과 다르게 표기되어 있는 경우도 있다. 따라서 『조선불교유신론』

원문에 사용된 한자식 서양인명과 지명의 원어표기를 찾아내는 작업은 먼저 량치차오의 문장을 비롯해 중국에서 나온 각종 외국인명사전과 지명사전 등 각종 공구서를 세밀하게 조사해 대조하는 작업이 필요하다. 본 번역에서는 그와 같은 작업을 통해 『조선불교유신론』본문에 사용된 서양인명과 지명의 원어를 밝히는 한편, 이원섭 번역본에서 잘못 설명하고 있는 부분을 바로잡았다.

셋째, 원문의 출처에 대한 침묵 : 이원섭 번역본의 큰 문제점 중 또하나는 『조선불교유신론』본문 가운데서 만해가 인용하고 있는 문장의 출처를 제대로 밝히지 않고 있다는 점이다. 만해의 문장은 문체나 서술 스타일, 용어 등 상당수가 량치차오의 글에서 인용한 대목이 많다. 앞에서 지적한 서양인명과 지명의 문제도 이와 연관이 있는 셈으로, 『조선불교유신론』본문에서 서양철학자를 언급하고 있는 부분은 거의 량치차오의 문장에서 가져온 사실만 보더라도 만해 문장의 주요 출처가 량치차오의 글이라는 점은 명백하다.

그런데도 이원섭 번역본에서는 이 문제에 대해 침묵하고 있다. 따라서 옮긴이의 번역은 기존 번역과 달리 『조선불교유신론』본문의 단순한 해석을 넘어, 만해가 본문에서 인용하고 있는 문장의 출처를 가능한 찾아 밝히고, 인용문과 원문 간의 변형 등에 대한 텍스트 비판에 역점을 두었다.

이원섭 선생은 각종 불교경전의 번역을 비롯해 수십 권의 불교관련 서적을 펴낸 불교계의 원로이다. 번역 문제를 놓고 이원섭 번역에 문제를 제기하면서 역자는 "대가의 작업에 가당치 않게 왈가왈부하다니 무례하다"든가 혹은 "그럼 너는 실수나 오류가 없냐?" 하는 비판이 날아들 것을 각오하고 있다. 그래서 오해가 생기지 않도록, 역자가 선학의 오류를 지적하는 까닭을 밝혀두고자 한다.

학문적인 비판과 감정적 비난은 구분해야 하며, 또 '대가(大家)'라는 위상이 곧 누가 보더라도 명백한 오류를 덮는 면죄부가 될 수는 없다. 엄정한 학문의 세계에서는 이 판단기준에 예외가 있어서는 안 되며, 사실에 비추어 분명히 틀린 것이 있다면 바로잡으면 될 뿐이다. 상대의 틀린 부분을 지적한다고 해서 그 사람을 인격적으로 비난하는 것으로 이해하면 곤란하다. 만일 학문적인 비판이 아니라 감정에 앞선 비난을 가하거나, 혹은 비판하는 사람이 잘 알지 못하면서 섣불리 비판하는 것이라면, 비판하는 사람 자신이 도리어 비판을 당해도 할 말이 없다. 그와 반대로, 오류를 지적한 부분이 맞고 그것을 지적하는 비판자의 태도가 학문적인 것이라면 지적 받은 이가 그 어떤 대가라도 수용해야 할 것이다.

이상에서 역자가 이원섭 번역본의 문제점을 지적하기는 했지만, 이원섭 번역본이 없었다면 『조선불교유신론』은 여전히 암호문과 다를 바 없이 읽히지 않는 책으로 방치되고 있었을지 모른다. 『조선불교유신론』의 번역사에서 이원섭 번역본의 성과와 한계를 정확하게 평가하는 작업이야말로 이원섭 선생의 노고에 대한 가장 여법한 회향이 아닐까 싶다.

부록에 실린『朝鮮佛教維新論』영인본은
원전의 읽기 방식에 따라 오른쪽에서부터 왼쪽으로 읽는다.
부록의 첫 페이지는 이 책 맨 끝 페이지(p.350)이다.

朝鮮佛敎維新論

百潭寺　韓龍雲　著

緖論

天下에豈有成敗리오惟待人而已라悠悠萬事가無一非聽命於人而後에有所

謂敗者호니 苟事而無自立之力호고惟人是從이면事之有成敗ㅣ亦人之責任而已로

다

古人이云호디謀事ㄴ在人호고成事ㄴ在天이라호니質而言之호면人有可成而

天能敗之호고人有可敗之謀而天能成之也라嗚呼라令人으로敗與短氣之事ㅣ孰有

過於此哉아果天能成敗人謀之事則是ㄴ使人으로失其自由也니能使人으로失其自

由者ㄴ曾未之聞者也라彼所謂天者ㅣ果有形之天歟아抑無形之天歟아若有

形之天也ㅣ닛豈非形於上而蒼々入於吾人眼簾者耶아既有形體ㅣ닛天亦理氣中之

一物이라服從自由之公例호야無所相侵이與他之一物로毫無差異로所敢斷言也라

衆生이芸々호야其數無量이어旨安有相率而甘聽成敗於區々有形之一物也ㅣ오若

無形之天也ㅣ닛天理也오非大也니天理者ㄴ眞理也라有可成之理而成호고有可敗

二

之理而敗ㅣ斯眞理矣라 然則成固自成이오 敗固自敗라 復何成事在夫之可語也리오

若是乎有形之天與無形之天이 俱無當也라 之云云者는 但知有天ᄒ고 不知有人이라

纏發其言이 其姓名이 已入於奴隷之案기니 何不自愛之甚也아 若使文明人으로 起此

云云者於千年塚中ᄒ야 責之以放棄自由之罪면 雖欲辯護나 無從而得之라 苟天之無

救於旁之成敗也ㅣ 若是則萬物이 雖多나 視此而已라 無寧曰謀事在我오 成事亦在我

니 知此義者는 責己不責人ᄒ고 自信不信物ᄒᄂ니 天下談事者ㅣ 皆當以此法으로 爲

宗旨가 可也니라

今日之世界는 非過去之世界며 非未來之世界오 乃現在之世界어늘 奈之何有研究前

此千萬年事者ᄒ며 有研究後此千萬年事者ᄒ야 凡形而上形而下於天壤之間者들 莫

不研究而維新之ᄒ야 言學術之維新者ㅣ 有之矣며 言政治之維新者ㅣ 有之矣며 言宗

敎之維新者ㅣ 有之矣며 其他維新維新之聲이 偏滿天下ᄒ야 已維新ᄒ며 今維新ᄒ며

當維新者ㅣ 踵相接ᄒ며 項相磨也어늘

若夫朝鮮之佛敎는 寥々無聞ᄒ니 未知果何徵歟아 朝鮮之佛敎는 果無所維新歟아 抑

不足維新歟아 一思再思에 不得其故者也라 噫라 是亦可知라 在我而已로다 有志於佛

教經新者ㅣ非不有之也언만은至今無聞著는獨何歟아一則任之天運호고一則責乎

他人이是其因也라吾有惑乎成事在天之說而後에始知朝鮮佛教維新之責任이不在

天運호며不在他人而惟在我而已라夫然後에頓覺責任之不可逃而一思所以維新之

故호야作此論以自警호고兼以告僧侶同胞호노라此論이自文明國人觀之則實芻狗

之芻狗矣라雖然이나朝鮮僧侶之前途則未必無少探라夫有僞維新而後에眞維新이

始出現焉호느니此論之爲僞維新於後日則爲榮이多矣라

論佛教之性質

今日之論佛教維新者ㅣ當先察佛教之性質如何호야比較於現世之狀態與未來之程

度而後에始得이라何以故오今後之世界가進々不已호야不至文明之彼岸而不止호

리니若使佛教로不適於將來之文明則雖學得回生起死之術호야丁路得、格

蘭瑪於靑山黃土之中而維新佛教라도必無救矣리라故도於優劣遠不之義에思之重

思之則佛教之於文明에非惟不負라反有特色이라請言佛教之性質이其有二호니

一은宗教的性質이라夫人之信仰宗教者는何오吾人最大之希望이在是라夫希望者

는生存進化之資本이라苟非希望이면放逸惰息호야苟安時日而足矣니人亦孰樂用

其心勞其力而治事爲也리오故로無希望이면人與物之在於空間者ㅣ幾乎息矣오藉

日有之라도荒廢淫惡ᄒ야非復前日이라地獄生涯와野蠻作業이慘極醜極ᄒ리니然

則所謂文明者ㅣ已屛息縮頭於無人絕域ᄒ야無復生意리라

是以오懼夫希望之不厚不長也ᄒ야假設止錢於無形之中ᄒ야使衆生之無告者로

信仰之希望之者ᄂ羣敎之所由起也니耶蘇敎之天堂과猶太敎之奉神과回々敎之永

生等이是也라其憂世也ㅣ亦深矣로다雖然이ᄂ但以迷言으로始爲終ᄒ야一不思

夫天堂之有無와奉神之虛實과永生之是否ᄒ고曹々然抱迷信而終古ᄒ니是ᄂ率人

而愚之也라束縛民智之責이已不絕於哲學家之口則亦無事深辨이로다有飾一遁辭

而辦護迷信者曰雖迷信이ᄂ統一衆生之精神則均也라不見夫十一世紀以來에有掀

天動地之事業於歐美各國者乎아是强牛出身於迷信宗敎中者則迷信之功於世界ㅣ

豈不偉然大哉아ᄒᄂ니斯固然矣라雖然이ᄂ夫事實業家之轟々烈々於歷史上ᄒ야

至今資爲美談者ㅣ孰一不流無數人之頸血而後에收其功於一己者哉아彼事業家者

ㅣ苟不以迷信으로浸漬於衆人之腦則不足以奪其畏死之心而用於敢死之地故로百

方設計而以迷信으로甘作釣人生命之香餌ᄒ고重之以人之生命으로爲斃敵之矢石

호니自古迄今에幾千萬之見欺二三迷信者호야斷送難再來之生命於天昏地黑之中

者ㅣ可勝數哉아夫人而鴻毛一縷於迷信而已則悲不勝悲라迷信者는似有功이나弊

已不勝其多라

佛敎則不然호야惟懼衆生之迷信也故로經에曰以悟爲則이라호시고又曰爲令衆生

으로入佛智慧海라호시며正覺正徧智之說이在々皆然호니佛其至矣로다自出現而

六年苦行而四十九年說法而檻示雙跌而一居一動而一語一默이何一非欲衆生之轉

迷爲悟也리오經에曰地獄天堂이皆爲淨土라호시고又曰衆生心이是菩薩淨土라

同호니何也오且天堂地獄之說과不生不滅之語가有則有矣노其旨義가與他敎로不

서니라乃觀之호면天堂은非天堂之天堂이오地獄은非地獄之地

獄이라乃自心之地獄이라夫不可說不可說微塵數世界와其中所有森羅萬像이皆衆

生心中所具故로佛說八萬四千法門이離心코無他物이니與向所謂迷信於與已風馬

牛不相及之天堂奉神等者로相去幾何오且不生不滅者는非他敎所謂永生之類也라

實聞滿覺海之主人公이라佛敎中獨一無二之代表라夫萬死萬生者ㅣ特冥頑不靈之

盛飯囊이라若夫竪窮三際而不爲久호고橫亘十方而不爲大호야逈脫根塵호야寂而

常照者曰眞如니眞如者는不變之謂也라此ㅣ엇曾生死리오衆生이有此無類之寶於

方寸之間而自迷不知故로我佛世尊이以大慈大悲로以爲說法호시니但衆生根器가

若面일시百千方便이雖云種々이ᄂ究竟目的은惟眞如是賞라得魚忘筌이오見月忘

指라筌與指ㅣ皆迷信哉리오但方便而已로다於是에衆生이始知七尺肉塊之俯仰於

數十裘葛이皆虛幻호야求其不生不滅於盡未來際之眞我호니其希望이果有窮乎아

無窮乎아엇獨迷信而後에言希望리오佛敎者는智信之宗敎오非迷信之宗敎니라

二는哲學的性質이라哲學家與宗敎家之往々相衝突不相容者ㅣ盖以迷信與眞理ㅣ

相水火故也라宗敎家ㅣ一任迷信而不知反이며哲學家ㅣ必出全力而抗之호야使所

謂迷信者로將絕跡於今一世紀內之天地가無可疑也라

夫佛敎ㅣ엇曾與迷信宗敎로同歸一轍이리오經에曰福慧兩足이라호시고又曰一切

種智라호시니一切種智者는證悟自心호야瑩徹無礙호야無所不知之謂也니窮無所

不有之理호야期無所不知之域者ㅣ非哲學家之究竟歟아哲學家ㅣ自難이니於我佛

世尊에何有리오欲知哲學大家ᄂ디舍釋迦無有니謂余不信인디請以東西哲學之與

佛敎吻合者로大畧質之ᄒ리라

六

支那人梁啓超曰佛耶両種이并以外教로入中國而佛氏는大盛호고耶氏는不能大盛

者는何也오耶教는惟以迷信으로爲主호고其哲理淺薄호야不足以饗中國士君子之

心也오佛說은本有宗教而哲學之兩方面호야其證道之究竟也ㅣ在覺悟호고其入道

之法門也ㅣ在智慧호고其修道之得力也ㅣ在自力호니佛教者는不能與尋常宗教로

同親者也라曰佛學入震旦으로與之相備然後에中國哲學이乃放一異彩라호니以是

觀之호면支那哲學之增光이實佛教之賜也라鳴乎라佛教之入于鮮朝이今一千五百

餘年이라正告于千五百餘年間其顧方其趾於朝鮮者曰朝鮮哲學之異彩가何如오

夫同一不龜手也로디一人은用之爲將호고一人은用之未免洴澼絖호니顧用之者ㅣ

人이러於不龜手에何怨이리오

德儒康德이曰吾人舉生之行爲가皆我道德上之性質所表見也라故로欲知吾性之是

否自由ㄴ디非可徒以軀殻之現象으로論이라而當以本性之道德으로論이니夫道德

之性質則誰能謂其有絲毫不自由者哉아道德之性質은不生不滅호야而非被限彼縛

於空刦之間者라無過去호며無未來而常現在者也니人이各皆憑藉此超空越刦之自

由權호야而自造其道德之性質호느니故로我之眞我가雖非我之肉眼所能自見이느

然이는以道德之理로推之면則見其有然偏過出於現象之中面立乎其外者니果然則

此眞我는必常活潑自由항야面非若肉體之常範圍於不可避之理ㅣ明矣라所謂活潑

自由者는何오吾欲爲善人과欲爲惡人이皆由我所自擇이다旣已擇定則肉體가乃從

其命令항야以鑄成善人惡人之資格항느니由觀之則吾人之身에所謂自由性與不自

由性兩者의同時幷存이其理較然易明也라면梁啓超ㅣ釋此說曰佛說에有所謂

如眞항니眞如者는卽廣氏所謂眞我라有自由性者也오有所謂無明者는卽

廣氏所謂現象我니爲不可避之理所束縛항야無自由性者也라佛說에以爲貴人이自

無始以來로卽有眞如無明之兩種子항야合於性海識藏之中面互相薰항느니凡夫는

以無明으로薰眞如故로迷智爲識항고學道者는復以眞如로薰無明故로轉識成智라

항니宋儒ㅣ欲用此義例항야以組織中國哲學故로朱子ㅣ分出義理之性與氣質之性

항야其注大學에云호디明德者는人之所得乎天而虛靈不昧항야以其衆理而顧萬事

者也라但爲氣稟所拘와人欲所蔽則有時而昏이라항나然이느佛說此眞如者는一

切衆生所公有之體오非一人之各有一眞如也라항고而康德은謂人皆自有一眞我라

항니此其所以爲異也라故로佛說에有一衆生이不成佛이면則我ㅣ不能成佛이라항

八

시니 爲其體之爲一也라 此는 其於普度之義에 較博深切明ᄒᆞ며 康德은 謂我ㅣ苟欲爲

善人이며 斯爲善人이라ᄒᆞ니 爲其體之自由也라 此는 其於修養之義에 亦較切實而易

入이라 若朱子之明德은 旣未能指其爲一體之相ᄒᆞ니 是所以不遠佛也오 又說此明德

者ㅣ爲氣稟所拘와 人欲所蔽라ᄒᆞ야 其於自由之眞我와 不自由之現象我에 界限이 未

能分明ᄒᆞ니 是所以不遠康德也라 康德之意는 謂眞我者는 決非他物所能拘能蔽也라

能拘蔽則是不自由也라ᄒᆞ니 梁氏之言佛與康氏相異之點이 未必盡當이라 何以故오

佛曰天上天下에 惟我獨尊이라ᄒᆞ시니 是는 明其人人이 各有一自由之眞我也라 佛則

於人人公有之眞我와 各有之眞我를 言之無餘어시는 但康氏於大同共有之眞我에 未

及言之耳라 由是觀之컨댄 佛之哲理가 逈乎博矣라 佛旣成佛而以衆生之故로 又不能成

佛이면 衆生이 亦旣成衆生而以佛之故로 又不能成衆生이니 何則고 心佛衆生이

三無差別이니 誰爲佛이며 誰爲衆生고 此所謂相卽相離ᄒᆞ고 不卽不離ᄒᆞ야 一而萬ᄉ

而一者也라 界限於日佛日衆生間者ㅣ但空中華와 第二月而已라

英人倍根이曰 吾人之精神이 如凹凸鏡ᄒᆞ야 外物之炎照者ㅣ或於凸處ᄒᆞ며 或於凹處

ᄒᆞ니 於是乎雖同一物이ᄂ 而其所照不同故로 我之觀察이 自不得不有所謬니 此爲致

九

誤之第一原因이오又五官所接者ㅣ非物之本色而物之假相이니此爲致誤之第二原

因이오又吾人之體質이各々相異ㅎ니此爲致誤之第三原因이라ㅎ니倍氏此說이苦

思極索ㅎ야有得於實驗而後에所發之論이니與楞嚴經義로多相類라經에曰譬如有

人이以淸淨目으로觀淸明空이면惟一淸虛오逈無所有라가其人이無故不動目ㅎ

야睛以發勞ㅎ면則於空에別見狂華라ㅎ시니淸淨與發勞는卽倍氏之凹凹라或凸或

凹而不同其照가如空之於淸淨目에爲空ㅎ고發勞目에爲花오經에又曰卽身與觸이

二俱虛妄이라ㅎ시니所觸之物與能觸之六根이皆假相故로曰二俱虛妄이라倍氏는

但知所接之物이非本色而不知能接之六根이與之幷非本色이니此는倍氏之遜於佛

者也오經에又曰如一水中에現於日影이兩人이同觀水中之日ㅎ고東西各各行則各

有日이隨二人去ㅎ야一東一西ㅎ야光無準的이라ㅎ시니倍氏之第三原因이卽此意

也니라

法儒笛卡兒以爲學者ㅣ苟各々自有其所信之眞理면自堅持之以成一家ㅎ고其有相

異若不相容者어든則對壘攻擊ㅎ야往復相辦ㅎ면久之而完全之眞理가行將出乎其

間矣라何也오智慧ㅣ雖有高下大小之差ㄴ其本性則相同而眞理之爲物이又純一而

無雜者也라夫以同一本性之智慧로求純一無雜之眞理호야黽勉從事호면安有不殊

道同歸者耶아故로其始에雖或人人異論이 나而必有相笑之一日이라호니笛氏此論

이與圓覺經義로節々相符라笛氏之各々自有云々은即經之見解가爲礙也오本性則

云々은即經之起諸幻以除幻者也오完全之眞理云々은即智慧愚痴가通爲般

相同也라夫性豈有二며理豈有異리오以無二之理則必握手於一處가

若也라夫四與四爲八은不易之數也로듸全味算學之童子則或爲七호며或爲九

ᄒᆞᆯ니라七與九는即見解爲碍之幻者라漸而至於除幻호면天下之童子가無一不以爲

八矣리니眞理者는四與四爲八之類也라疑笛卡兒前生에多讀圓覺經者也로다

其外柏拉圖之大同說과盧梭之平等案과陸象山王陽明之禪學이皆符合佛旨호니此

는東西哲學이與佛敎相符者之大畧也라余於西哲之書에一無所讀호고往往撓拾者

一不過其片鱗殘爪之如曉星見於譯傳多手之別書而已라惜乎其未見全豹也로다雖

然이나哲學之爲金科玉律於東西古今者ᅵ亦爲佛經之注脚이無俟言也라何以故오

以上所引之數子者ᅵ皆於哲學界에以無厚로入有間호야恢々乎有餘地者也니其爲

眞哲學家를 可知리라 苟理之異也어니와 不異則此之眞哲學이 與他之眞哲學으로 不爽

毫末이오 苟理之變也어니와 不變則今之眞哲學이 與古之眞哲學으로 不爽毫末ᄒᆞ리

니 旣知數子之學理가 密契佛印則 非數子而亦數子者ㅣ 安知不學理之亦契佛印也리

오 非欲强持他事ᄒᆞ야 苟同理也라 同一佛性이며 同一眞理故로 殊道同歸오 萬派一宗

이니 佛敎者ᄂᆞᆫ 哲理之大國也라

夫衆生界가 無盡故로 宗敎界가 無盡이오 哲學界가 無盡이니 但文明之程度가 日進則

宗敎與哲學이 漸趨於高尙之域而 謬見與迷信ᄒᆞ고 又安龍復睹也리오 夫宗敎而哲學之

佛敎ᄂᆞᆫ 將來道德文明之原料品也니라

　　論佛敎之主義

天下에 無無主義之事ᄒᆞ니 苟事而主義不立ᄒᆞ면 紛妄遁ᄒᆞ야 雖聖人之智라도 不能

治事而奏效也라 主義一定이면 其趣向之易見이已 如與薪ᄒᆞ야 前道吉凶成敗를 縣定

於坐上이니 論事者ㅣ 當先知其主義而無惑焉이라 若佛敎之主義ᄂᆞᆫ 大分有二ᄒᆞ니 一

曰平等主義오 二曰救世主義라

平等主義者ᄂᆞᆫ 不平等之反對也라 古今天下에 不平等者를 何其多見而 平等者를 不數

一二

見也오 同一賢人也로디 顔淵과 天而由는 刑ᄒ고 同一美人也로디 妲己는 妖而貂蟬

은忠ᄒ고 同一英雄也로디 華盛頓은 成而拿破侖은 竄ᄒ고 若者生ᄒ

며 若者死ᄒ며 若者强ᄒ며 若者弱ᄒ야 不平等이 與不平等으로 相緣ᄒ야 生出無數不

平等ᄒ니 每一念及於不平等之故이 未嘗不心悄悄其涙漣漣也로다

然則平等之道奈何오 齊壽、夭、善、惡、成、敗、强、弱、等而爲一歟아曰惟々否々라如

是如是ᄒ니 若以不平等者로 觀之則無非不平等也오 若以平等者로 觀之則無非平等

也라 不平等者는 何오 事物現象이 被制限於所謂不得不然之公例者ㅣ是也오 平等者

는何오 超空越刧ᄒ야 無所繫屬之自由眞理是也라 果爾々則顔淵仲由之夭刑과 妲己

貂蟬之妖忠과 華盛頓拿破侖之成敗와 萬物之生、死、强、弱、等이 但其現象之被制限

者而已라 若夫超空越刧之眞理則初未嘗天、刑、妖、忠、成、敗、生、死、强、弱、也라 蘇

子瞻이曰 自其變者而觀之則天地도曾不能而一瞬이오 自其不變者而觀之則物與我

ㅣ皆無盡藏也라ᄒ니 此於現象眞理之故에 見之已瑩者矣라 所謂平等者는眞理也오

非現狀也니라

我佛世尊이憫夫衆生之迷於不平等之假相而不能解脫故로乃擧其平等之眞理而示

之ᄒ시니 經에 曰 了知身心이 畢竟平等ᄒ야 與諸衆生으로 同體無異라ᄒ시고 又曰 有

性無性이 齊成佛道라ᄒ시니 於平等之理에 深切普博ᄒ야 無所不透라 何其異於不平

等者ㅣ 若是其極也오

近世自由主義와 世界主義가 實平等眞理之子孫也라 自由之公例에 曰自由者ᄂ 以不

侵人之自由로 爲界限이라ᄒ니 人人이 各保自由ᄒ야 勿侵他之自由ᄒ며 我之自由가 與

人之自由로 同ᄒ고 彼之自由가 與此之自由로 同ᄒ야 自由ㅣ 皆成水平線之勢ᄒ야 毫

無差異ᄒᆞᆯᄉ면 平等이 孰過리오 且世界主義者ᄂ 勿論自國他國此洲彼洲此種彼種ᄒ고

同爲一家ᄒ고 同爲兄弟ᄒ야 無相競爭ᄒ며 無相侵奪ᄒ야 治世界를 如治一家之謂也

니 若是則平等乎아 否乎아 此等議論이 在今日에 縱歸坐上空談이ᄂ 此後文明之程度

가 至於極端則將行之於天下ㅣ 無待言也라 何也오 有其因者ㅣ 有其果ᄒ고 有其理者

一有其事ᄒ야 影隨響應ᄒᄂ니 眞理之來에 雖欲拒之ᄂ 以何因緣으로 扛鼎之手와 開山之砲로도

不勝任이라 果爾則今後之世界ᄂ 名之曰佛敎世界니라 佛之平等이 豈止此而已

日平等故ᅟᅵᆷ며 自由故ᅟᅵᆷ며 世界大同故로 是故로 名佛敎世界오

리오 阿僧祇恒河沙之華藏世界와 如是世界中一一物一一事를 無一遺漏ᄒ고 皆成平

一四

等也니라

救世主義者는何오獨利主義之反對也라人之談佛敎者ㅣ多以謂佛敎者는獨善其身

之敎라ᄒᆞᄂᆞ니是未足而知佛敎者矣로다獨善其身者는與佛敎로正成反比例者也라

華嚴經에曰我當普爲一切衆生ᄒᆞ야於一切惡趣中에盡未來際토록受一

切苦라ᄒᆞ시고又曰我當於彼地獄畜生閻羅王等處에以身爲質ᄒᆞ야救贖一切惡趣衆

生ᄒᆞ야令得解脫이라ᄒᆞ시며其外千言萬偈가不出於度生ᄒᆞ시니是果獨善其身乎아嗚

乎라佛其至矣乎라衆生이何以報恩ᄒᆞ리오夫堯以不得舜으로爲憂ᄒᆞ시고舜以不得禹로爲

憂ᄒᆞ시고禹ㅣ治水於外ㅣ三過其門而不入ᄒᆞ시고孔子는厄於陳蔡ᄒᆞ시고耶蘇는刑

于街上ᄒᆞ시니皆出於救世之至也라苟有不救世而章千秋之馨香者哉아雖然이ᄂᆞ其

願力之大多와慈悲之博深이莫佛敎若이라論獨善其身之罪면桀父、許由、張沮、

桀溺、荷蕢丈人、楊朱之徒及學仙者流가當坐此律이라若世尊則實獨一無二之救世

主也니라

論佛敎之維新이宜先破壞

維新者는何오破壞之子孫也오破壞者는何오維新之母也라天下에無々母之子則類

能言之로디 無々破壞之維新則莫或知之ᄒᆞᄂᆞ니 何其於比例之學에 推知 未遠也오 夫

破壞也者ᄂᆞᆫ 非毀徹而滅絶之謂也라 但革其舊習之不合於時者ᄒᆞ야 使之向新而已라

名雖破壞ᄂᆞᆫ 實非破壞라 愈善維新者ᄂᆞᆫ 愈善破壞ᄒᆞᄂᆞ니 破壞緩者ᄂᆞᆫ 維新이 緩ᄒᆞ고 破

壞速者ᄂᆞᆫ 維新이 速ᄒᆞ고 破壞小者ᄂᆞᆫ 維新이 小ᄒᆞ고 破壞大者ᄂᆞᆫ 維新이 大ᄒᆞᄂᆞ니 維新

之程度ᄂᆞᆫ 當以破壞로 爲比例差라 維新之最先着手者曰 破壞是也니라

今有人焉ᄒᆞ야 方病大瘇ᄒᆞ야 治於羣醫인ᄃᆡ 待其自隤自瘳ᄒᆞ야 杳不加手者ᄂᆞᆫ 不知醫之

道也라 姑置之ᄒᆞ고 略加鍼灸ᄒᆞ야 外合其皮ᄒᆞ고 不除其源ᄒᆞ야 務求姑息者ᄂᆞᆫ 醫之庸

者也니 安知不醫之數리오 其殘血餘毒이 已隤亂彌浮於皮之內ᄒᆞ야 病人之苦痛이 愈

甚於未醫之前而死期將至哉아 若夫國醫則不然ᄒᆞ야 割其贅肉ᄒᆞ고 潑其凝血ᄒᆞ야 除

其毒援其根而後에 按症投劑ᄒᆞ야 漸成完合ᄒᆞ야 使病人으로 宛如未始有腫者ᄒᆞᄂᆞ니

彼庸醫者ᅵ 若一寓目於割肉潑血ᄒᆞ야 若無所顧恤之時ᄒᆞ면 則不驚殊怪ᄒᆞ야 以謂

將殺人者ᅵ 無幾矣리라 雖然이ᄂᆞᆫ 較於完治之後則孰得孰失과 孰優孰劣을 智愚共辨

也니라 夫破壞者ᄂᆞᆫ 割肉潑血之類也니 維新者之合先破壞가 若醫者之惟割潑是先이

니 能言維新而不欲破壞者ᄂᆞᆫ 適越而北其轅也라 未有能者也니 僧侶之守舊派ᅵ 可以

二六

知矣라

夫誰不欲事之愈久에無弊也리오만은歲月이轉深호면無從之弊가生於不期之地호야

駸駸然非復前日之顏色이라朝鮮之有佛教가千五百餘載라積久生弊오弊復生弊호

야至于今日에弊乃極矣라所謂弊者는實破壞之資料라有此破壞之資料而務求皮相

之改良이면無有是處니凡有志於佛教維新者는不患不維新이오患不破壞니라

論僧侶之教育

教育多者는文明盛호고教育少者는文明衰호느니教育無者는野蠻禽獸之道也라古

者에設庠序學校호야而教人者는欲人之不野蠻禽獸也라孟子ㅣ曰逸居而無教면則

近於禽獸라호니人欲自擇인디必自教育始라夫文明은生於教育호느니教育者는文

明之花오文明者는教育之果라文明은似寒暑針호고教育은似氣候호니隨氣候之程

度而升降者는寒暑針也오隨教育之程度而盛衰者는文明也니由是로知學之可貴而

不可失也라夫人生世間호야衣食夢覺之外에別有目的者ㅣ存焉호니目的者는何오

吾人義務之彼岸이是也라到達目的이自有方法호야不可顚倒狼狽也니欲知方法인

디學盖其要也라飯泉規矩三이日旣立志欲達此目的矣ㄴ디則所以達之者는自不得

不資於學이라ᄒᆞ니此其義也니라

學亦有要乎아曰有ᄒᆞ니以智慧로爲資本ᄒᆞ고以思想自由로爲公例ᄒᆞ고以眞理로爲

目的ᄒᆞᄂᆞ니學者ㅣ於此三者에闕一不可라雖然이ᄂᆞ無智慧無眞理ᄂᆞ猶可言也어니

와無思想自由ᄂᆞ不可言也라何也오無智慧無眞理者ᄂᆞ苟有思想自由ㅣ면雖不可以學

者로稱이ᄂᆞ猶不失自由之人格이라可以爲愚直之人이어니와無思想自由者ᄂᆞ不問

其學之精與不精ᄒᆞ고一言而蔽之曰奴隷之學이라奴隷者ᄂᆞ何오無以名之ᄒᆞ야名之

曰生而死人이니生而死者ᄂᆞ雖生猶死之謂也라夫死而死도人不甚其悲어ᄂᆞᆯ生而死

者ᄂᆞ雖欲吊之ᄂᆞ己無似矣라莊子ㅣ曰哀莫大於心死오而身死ㅣ次之라ᄒᆞ니豈欺余

哉리오形役之奴隷ᄂᆞ金錢之奴隷오學理之奴隷ᄂᆞ精神之奴隷니金錢之奴隷ᄂᆞ一時

之奴隷오精神之奴隷ᄂᆞ永劫之奴隷라夫人亦何心으로樂爲永劫之奴隷也리오學者

ㅣ對書이不論深淺美惡ᄒᆞ고當一々以吾之智慧로點檢之ᄒᆞ야有不合於吾心者어ᄃᆞᆫ

雖大聖鴻哲之論이라도棄之如弊屣ᄒᆞ며且屢變研究ᄒᆞ야務合眞理ᄒᆞ야苟合眞理어ᄃᆞᆫ雖至愚極小之言이어ᄃᆞᆫ玩

之如奇花ᄒᆞ며且屢變研究ᄒᆞ야苟合眞理어ᄃᆞᆫ仍成鉄案ᄒᆞ야反千古而

自立ᄒᆞ며忤一世而不惑ᄒᆞᄂᆞ니故로思想自由者ᄂᆞ人之生命也오學之樞機也니라

嗚呼라幾何其不牽朝鮮之僧侶學者ᄒᆞ야入於奴隷之域也리오入於奴隷而雖欲無言

이ᄂᆞ不可得也라講言學界之思想自由가莫如僧侶而思想不自由가亦莫如僧侶라何

則고僧侶之入學也ᄋᆡ隨其程度而各有學級ᄒᆞ야受相當之課ᄒᆞᄂᆞ니每日定課ᄋᆡ學生

이先以一日之力으로自究其所定課之文義ᄒᆞ야有得於心而後에同級이相聚論講ᄒᆞ

야反覆辨難ᄒᆞ야擘定得失然後에始問講於敎師ᄒᆞ야攄決可否ᄒᆞᄂᆞ니此ᄂᆞ僧侶學界

之特色이라比諸他學者之一不自究ᄒᆞ고惟師是從者ᄋᆡ其思想自由ㅣ有不可同日而

語者ㅣ矣라不圖法久生弊ᄒᆞ야規與行異ᄒᆞ니學者之所究所論이無所過尋章貢句之短詰

而已오所辨所爭이惟是陵人立我之私見而已라其於大義深旨則無所過問也라終日

研究ᄒᆞ고終日論講而自不知所研究者ㅣ何事며所論講者ㅣ何義ᄒᆞ야茫々然無所得

者ㅣ蓋十之七八이오若有一立已見ᄒᆞ야駁說先輩者면必以私見外道도目之ᄒᆞ야使

之不敢置一言於其間ᄒᆞᄂᆞ니由前之說則何其自由而由後之說則何其不自由也오思

想自由ㅣ豈區々之章句訓詁와人我私見而止哉아此所以學界之思想自由가莫如

僧侶而思想不自由ㅣ亦莫如僧侶者也ᄂᆡ若是乎終歸奴隷之學則不敢爲僧侶辭也라

思想이一不自由면雖有何等智慧와何等博涉이라도皆多其善爲奴隷之具而已라幷

其智慧博涉而無者則僧侶學之所以墜地於今日也니學者ー盡反之오

僧侶敎育之急先務가有三하니一曰普通學이라普通學者는如人之衣服飮食也라無

論洋之東西와種之黃白하고皆知衣服飮食而爲生하느니不衣服飮食者는吾知其不

數日에永謝天地矣라普通學이亦然하야苟有不知者면動靜云爲日接庶事之間에無

非面墻이라不能生存於競爭時代하느니故로文明國에凡有四其支六其根하야能通

言語者면莫不知之오且普通學은專門學之預備科也니宗敎學者가尤當於此에三致

意焉이야僧侶學者ー不問其學力之優劣하고皆從事於佛敎專門하야視普通學을如

仇讎하야非徒不學이라反爲毀之하느니多見其不量也로다且佛敎々々科書與敎授

次第가皆不得其當하야往々事倍而功不半者ー有之矣라其學이萎靡에散而不收하

야漸致眼目이固陋하고胸衿이腐敗하야多以汚怪誕妄之談으로驚世駭俗하야至於

使世人으로目之以棄物하야不齒人類하니彼一身之自戕이已是可哀而有傷佛敎가

不亦甚乎아苟爾々則佛敎々々科書를或新編或刪定하야定其次序하야使淺近易曉者

로兼入於普通科하야使學得卒業하야知所自擇然後에轉入佛敎專門이면其事甚順

하고其理易明하리니普通學之不可以已ー如是々々하니라

二〇

二曰 師範學이니模不模範不範이면其器之欲無窾落傾欹는不可得也니一使方、

園、長、短、高、下、欹、正으로得宜於模範이면而器는不足稱也라教人이亦然ㅎ야師

之道ㅣ得而學亦思過半矣나라師範이有二ㅎ니一曰天演師範이니物境之自然感觸及

於吾人根識而有得者오二曰人事師範이라庖羲八卦는學於河圖ㅎ고大禹九疇는學於洛書

今에未有不賴此兩道師範而學者라教導薰習ㅎ야矯救其弊之類也라推古及

ㅎ고哥侖布之地球學은學於浮草ㅎ고奈端之重學은學於萍實ㅎ고五特之瀁機學은

學於沸水ㅎ고達爾文之進化學은學於灘石ㅎ니此皆人事師範也라哲人君子英雄豪傑

과禮記之任師와妊姒之胎教와孟母之三遷은是皆學於天演師範이오虞書之教官

九流百家之卓々有名於後者ㅣ安有不得賢帥而後成也리오師範之道不備ㅎ면誦讀

之聲이溢街盈途而吾知其將效不收也라今日之師는則前日之學生이니欲知今日師

範之良否ㄴ디先看前日教育之得失而足矣라僧侶教學之事를槪已言之則所謂師範

之資格을推可知矣라今日倖々然立於師位者ㅣ六洲之莫辦ㅎ고五種之未曉ㅎ야聞

生存競爭之說則有時乎聾者音樂이오對萬國地圖則無處非肓者丹靑이라夫如是者

一不知凡幾라烏乎라天地大矣오學界廣矣어늘後生이何罪로甘聽指導於此瞀々然

朝鮮佛教維新論

二二

無恥者를야躡其轍而作第二之螟蛉也리오如是而相續不斷이면其毒後生이曷有其

極가此는無他라師學不明故라欲反此道ㄴᄃᆡ宜先設師範學校ᄒ야僧侶中에自十五

歲以上으로至四十歲以下ᄒ야稍有才德者ᄂ皆當應選受學ᄒ고其科程則普通師範

與佛敎學을和合損益ᄒ야敎授之不四五年에小學校之敎師가固不乏

人而學界顏色이非復前日之使人一兒이輕欲作嘔者也리라若是而新之又新ᄒ야有

進無退ᄒ면將來佛敎之放大光明於世界가其在斯乎ㄴ져其在斯乎ㄴ져敎育云

云而不欲師範者ᄂ葉公之好龍也니라

三曰 外國留學이니學於印度ᄒ야ᄡ俾探佛祖之眞跡ᄒ며廣求經論之未及東傳者ᄒ

야擇其要而譯之ᄒ야以布世界ᄒ고學於支那ᄒ야佛敎東漸以來之歷史와乃祖乃師

之奇聞異蹟과其他有關係於佛敎者를一ᄉ採取ᄒ야以備㕘考ᄒ고學於㰱美文明各

國ᄒ야扣其宗敎之沿革現狀與夫其餘種ᄉᄒ야擇其美而以補我闕이면豈不美哉아

留學之意가大率如是耳라夫交換智識ᄒ며互通文學은明達之道也오久遠之術也라

外國留學이苟得其道ᄆᆫ有不可思議之利益於尋常萬ᄉ之外니有志者ㅣ當深長思也

니라

教育之不可少緩於今日이若是其極也어늘彼老朽孱敗頑固鄙劣之輩가百方沮戲호

야因循不進호야使靑年으로斷送不我與之光陰於無何有之鄕호니嗚乎라彼輩旣已

不學호야亡其身衰其敎而有餘矣라靑年이有何怨咎於彼輩而使之無學호야同入亡

軌乎아敎育之宅心無良이胡至此極고文明風潮가其力이甚大호야決非此輩之所能抵抗不

遂也니敎育之將彌滿良好를可睹掌上이라雖然이나今之文明이日驟日亞호야非騙

馬之可追라少有緩急이면其差千里니雖欲無急이나烏得無急이리오大聲疾呼於僧

侶同胞曰沮害敎育者는必往地獄호고進興敎育者는當成佛道호리라.

論叅禪

陰陽萬變이本乎極호고繪畵萬像이後於素호며大小萬法이始於心호느니明心之道

曰叅禪이라本非叅禪이언만은是名이叅禪이니라

心外無物이라豈有心外之物也리오時間歷史와空間萬類가皆依心而有也니無一事

一物이能獨立於心外者라角者爲牛호고鬣者爲馬호고飛者爲禽호고走者爲獸호고

鱗者爲水族호고榮枯者爲草木이以肉眼으로泛然觀之則皆實有而非假有나誰知此

牛此馬、此禽、此獸、此水族、此草木이本非牛、非馬、非禽、非獸、非水族、非草木也

언만은被心之假定而始為牛、為馬為禽、為獸、為水族、為草木也리오 不見夫幻者之

或有、或無、或在、空中、或在地下也야 彼幻者ᅵ本非無、非有、為在空中、為在地下也니 苟非

見者之心이며所謂有、無、在空、在地者ᅵ不能自立호야 幻者之偷이 於是平窮호느

니然則支那之長城과埃及之運河와英吉利之倫敦과美利堅之紐育과大洋海之珊瑚

島와西伯亞之大鐵道와越南人之餘淚와波爾兒之密語와如是等恒河沙數事物이何

一非心之假定而本無也리오故로曰一切惟心造라호나라嗚乎라一翳在眼이空華亂

墜호느니萬物者는心之空花也오心者는萬物之醫也니 苟心之無醫也니 된萬物之來

照者ᅵ不能逃其眞相之毫末이라心一明而萬理如破호ᄂ니此는叅禪之所由起也니

라

試問於世界之人曰君等이以何因緣으로出現於世乎아彼等이無以對也라又問曰人

生之組織이槪以心理與軀殼二要素為之者也라軀殼則旣已聞命於物理學家及醫學

家어니와心理之組織이果何以為之者耶아心理者는單純之一原子乎아抑二個已上

之原子ᅵ和合而成者歟아別有一物이在上而造成之者歟아抑自然為之者歟아彼章

二四

朝鮮佛敎維新論

無以對也라 又問曰人生百年之內에 必有死之一日이라 其死之之時에 心與軀殼이 同時에 泯滅歟아 抑有不死者一物이 超然獨存於無窮者乎아 彼等이 無以對也라 嗚乎라 自古迄今에 東西哲學家與理學家ㅣ 踵相接也어늘 此至近在我之心理問題가 尙未結案者는 獨何歟아 理學家則 但以腦中所具之智慧로 研究事物之理하야 或推測하며 或實驗而已라 夫宇宙事物之理者는 無窮者也오 智慧者는 有限者也라 以有限之智로 究無窮之理則 盡空刧之人而專門從事라도 莫知少分이 正謂此也라 況滿世間之鸞子와 如恒沙之菩薩이 盡思度量하야도 決不足以卒業矣라 復雜至微者는 不可以思量計較로 得이라 況心者는 位乎智慧之上하야 命令智慧而左右之者也니 以被命令之智慧로 豈可越權而反究其心哉아 故로 心者는 非智之可究者오 且別無一物이 位乎心理之上而能解釋此心者則 自不得不靜養其心之本體而自明이라 故로 息言絶慮하야 斷一切因緣하고 究竟此一大事公案하야 一朝에 豁然開悟則 心之全體大用이 無不明矣而根本的心理問題가 於是乎氷釋하나니 參禪은 頓悟也오 哲學은 漸悟也며 參禪은 自明也오 哲學은 研究也며 質而言之하면 參禪은 體也오 哲學은 用也며 可以一言而收參禪之要者는 曰寂寂惺惺이 是也라 寂寂則不動하고 惺惺則不昧하며 不

動則無紛起ᄒᆞ고 不眛則無昬墮ᄒᆞᄂᆞ니 無紛起無昬墮而心之體 明矣

異哉라 今之參禪人이어 古之人은 不動其身이로ᄃᆞ 寂々其處ᄒᆞ니 今之人은 寂々其處로ᄃᆞ 古之人은

不動其心이러니 今之人은 不動其身이로ᄃᆞ 寂々其心이러니 今之人은 寂々其處則厭世而已오 不動其身則獨善

而已라 佛敎者ᄂᆞ 救世之敎也오 度生之敎也어ᄂᆞᆯ 爲佛弟子者ㅣ 厭世獨善而已則不亦

達哉아

挽近朝鮮寺刹이 除孤庵殘寺外에 禪室이 幾乎無寺無之ᄒᆞ니 何其禪風之振歟아雖然

이ᄂᆞ 細考其內容則未必盡出於興禪之本意也라 或以禪室로 爲寺刹榮譽之具ᄒᆞ고 或

以禪室로 爲射利之具ᄒᆞ야 紛々雜出則禪室이 漸多而眞正之禪侶가已如鳳毛麟角이

라 勢不得不以無恒之人으로 驅而充之ᄒᆞᄂᆞ니 其弊漸積ᄒᆞ야 至於今日則禪侶摠數十分

之內에 眞正之禪人은 不過一分而口腹之計者二分이오 愚迷惰怠而兼口腹之計者七

分이라 然々甘作意猿睡魔之情友ᄒᆞ야 送靑春迎白髮於昬沉棹擧之間ᄒᆞ니 果胡爲者오 若

駸々莫知禪旨之端倪ᄒᆞ고 荏苒歲月ᄒᆞ야 但以古祖拈弄之數句語로 爲口頭禪ᄒᆞ야

是乎朝鮮之參禪은 僅名義上之參禪이라 質而言之則禪室者ᄂᆞ 榮利之産兒오 禪侶者

ᄂᆞᆫ 以白米貿來者矣라 余不敢以全部로 盡歸同轍이ᄂᆞ 十之八九ᄂᆞᆫ 不幸而中吾言矣리

二六

라諸君이疑訝言乎아試以今日之禪室도一朝에皆廢其餼料則禪侶之多ㅣ果無減於

前日乎아諸君은請自思어다夫禪者는雖上根大智라도衆之固不易어든果若是汗

漫而或見其效哉아不得不一掃葢塵之積弊호고別立正々之規制호야以圖將來之完

美耳라

衆禪云이其道維何오合朝鮮各寺禪室之財産호야設一二大規模之禪學舘於當相

之地호고延聘高明於禪理者數人호야以爲師호고願衆人은不分僧俗호고皆可容而

其募集之時에以一定之法으로試驗호고其入禪也ㅣ皆有一定之時間호야無敢散

漫호고每月에或聽講或討論호야一則驗其所衆之程度호고一則交換其知識호며久

之而優有所得則當著書公於世호야開導衆生이면如來地頭에一超即入은雖不能期

其早暮遇之ㄴ形式上之精進規制가豈不井然哉아若夫各寺執務僧侶之不能入於專

門者則當於其寺에設小衆法호야每日에利用其執務餘暇之一二時間而衆之則可也

라豈獨別設禪室而後에始云衆禪也리오運水搬柴가無非妙用이오溪聲山色이均是

眞相이로다咄

　　論廢念佛堂

朝鮮之所謂念佛者는乃呼佛也오非念佛也라呼佛何爲오阿彌陁佛이在於極樂國乎

아西方에過十萬億國土ㅎ야有一國ㅎ니名曰極樂이라何其遼也오旣無電話則雖如

何大聲疾呼라도不得聞於十萬億國土之外ㅣ明矣오佛身이充滿於法界乎아遠近內

外ㅣ無非佛身이니更何呼哉며自心彌陁乎아常在吾身中ㅎ야揮之不去ㅎ며招之不

來ㅎ야無去無來之主人翁也라彼他人之呼則可커니와自呼는不可ㅎ고呼他人則可

거니와自呼는不可라以阿彌陁佛로呼阿彌陁佛이면誰呼誰對리오夫至道는無言이

어늘何其多言이며淨名은一默이어늘何其不默也오佛道를呼而可求也ㄴ디雖一呼萬

呼而所不辭어니와呼而不可求也ㄴ디雖一呼ㄴ贅言이니라

吾聞念佛之究竟目的이在於往生淨土라ㅎ니其其然가豈其然乎리오聞成佛而往生

淨土오未聞呼佛而往淨土者며聞穢土가卽淨土오未聞穢土之外에別有淨土也라土

本無穢淨이언만은但心有穢淨이라同一世事也로디拿破侖이見之無難ㅎ고懦夫見

之有難ㅎ며同一韓信之見之爲乞士ㅎ고蕭何見之爲英雄ㅎ며同一國土

也로디問疾大衆이見之爲穢土ㅎ고維摩詰이見之爲淨土라夫同一境也로디所見이

絶異者는各隨其業識而已니豈有他哉아自佛觀之면無非淨土오自衆生觀之則無非

二八

穢土라 娑婆世界가 卽是蓮華上品也언만은 衆生이 自不見耳라 以何因緣으로 佛이 見之爲淨土ᄒᆞ고 衆生이 見之爲穢土오 佛은 法眼故로 故로 見之爲淨土오 衆生은 肉眼故로 故로 見之爲穢土니 法眼者ᄂᆞᆫ 何오 無翳而已오 肉眼者ᄂᆞᆫ 何오 有翳無翳가 在於心之明不明이니 合而言ᄒᆞ면 自心淨土而已라 經에 曰衆生心이 是菩薩淨土라 ᄒᆞ시니 夫自心이 是淨土어ᄂᆞᆯ 求淨土者ᅵ 不於自心求ᄒᆞ고 而他處是求ᄒᆞ면 是ᄂᆞᆫ 猶緣木求魚오 括龜索毛니 窮年沒齒ᄂᆞᆫ 何益이리오

或曰若有衆生이 至心念佛ᄒᆞ면 佛이 感其誠而悲其志ᄒᆞ야 導之以極樂이라 ᄒᆞᄂᆞ니 曰惡라 惡可리오 是ᄂᆞᆫ 不知因果之說也라 因果者ᄂᆞᆫ 何오 作善因者ᄂᆞᆫ 受善果ᄒᆞ고 作惡因者ᄂᆞᆫ 收惡果ᄒᆞ야 如今之行惡事者ᄂᆞᆫ 或禁獄或懲役ᄒᆞ고 行善事者ᄂᆞᆫ 或褒揚或世祿之類니 天下萬事가 初無無因之果와 無果之因이니 安有一朝一夕에 僥倖而免ᄒᆞ며 偶爾而得者哉아 無往生淨土之因則 不得往生이 昭々然明矣라 不問其所作因之善惡ᄒᆞ고 但悲其念佛之誠而導往淨土 則不得往生之因이어ᄂᆞᆯ 而足往淨土면 是何以異於有罪者ᅵ 私於法司ᄒᆞ야 幸而得免也리오 若是者曰濫法이니 濫法之罪ᄂᆞᆫ 浮於犯法이라 在儹莫嚴이니라 佛不欲令衆生으로 作惡因而得善果라

但使人ᄋᆞ로作善業是發而已라夫春風ᄋᆞᆫ無私ᄒᆞ야好生惡死也언만은但挑花開處에

桃子結ᄒᆞ고李花開處에李子結ᄒᆞ며種苽得果ᄒᆞ고種豆得荳而已오不能花薔薇而果

柑橘ᄒᆞ며根猪苓而葉芭蕉ᄂᆞ니亦春風道德之責任也已라佛豈外是也시리오寢假而佛

欲導惡業衆生於淨土則豈獨念佛人是導而不導他人ᄒᆞ야以生差別也리오圓覺經에

曰別生憎愛則不能入淸淨覺海라ᄒᆞ시고又曰對境에不生彼我라ᄒᆞ시니平等無差大

慈大悲之言이라其無擇을可知오寢假憎愛而導之라도心卽是佛이니我亦有成佛

之道則我自成佛ᄒᆞ야自往淨土ᆯ면有何不可ᄒᆞ야甘心乞憐於莫遠莫踈之他方佛ᄒᆞ

何其舍近而取遠이며奴自而主他也오人無自由ᆯ면時乃非人이오人而依人이면時或

贅疣이라夫以顧同圓趾同方ᄒᆞ며支同四官同五之善男子善女人ᄋᆞ로自爲贅疣而已

면不其大哀乎아支那之古語에曰自求多福이在我而已라ᄒᆞ니라

今之所言者ᄂᆞᆫ欲衆生之廢假念佛而爲眞念佛也라假念佛者ᄂᆞᆫ何오今之所謂念佛也

니呼佛之名號是也오眞念佛者ᄂᆞᆫ何오念佛之心ᄒᆞ야我亦心之ᄒᆞ고念佛之學ᄒᆞ야我

亦學之ᄒᆞ고念佛之行ᄒᆞ야我亦行之ᄒᆞ야雖一語一默이一靜一動이라도莫不念之ᄒᆞ야

擇其眞假權實而我實有之ᄆᆡ是眞念佛이라權夫人之不眞念佛而廢之云者ᄂᆞᆫ乃假念

三〇

佛之會而已라以同一佛性之儼然七尺으로會坐於白晝淸宵之中호야打敗皷之皮而

椎頑鐵之片호여以無意味之聲으로呼不應諾之名號於九夢一覺之中호니果胡爲者

오曰此而爲念佛이이何其蔽歟아無論何事호고以心念之者는夫人而知之어니와天下

에安有以聲念之者乎아若眞念佛者ㄴ디士者農者工者賈者는如何報務호며如何用勞

者라도皆可行之니不必會堂上호야如有聲之機械然後에始可라如何用勞之而人與

財一有百利而無一害也리오凡聖이交徹이오龍蛇混雜이라佛門이廣大호야斯固容

矣라雖然이ㄴ權而不得中이면不可爲之道오假而不適時면不可爲之敎라君王이好

腰細인宮中이多餓死호고長安이好高髻이遠方이或一尺이라佛門이多方便이ㄹ末流

之弊가弊乃極於斯矣로다烏乎라醫門多疾호고梓床闕足이라余則衆生이ㄴ猶憂孔

殷이어눌世尊은大悲라何以爲情고

論布敎

西之言에曰公法千言이不如大砲一門이라호니以哲學的言之호면眞理不如勢力之

謂也라余ㅣ初聞之이不覺其俗累호야自以爲不齒文明之言이러니有觀乎世道競爭

之如今日者而後에始知此言之不俗累而足以爲今世所謂文明之不二法門이라夫事

物之存亡盛衰ㅎ야 慘無天日於東西歷史中者ㅣ何其不由公法而由於大砲ㅎ며 不出

眞理而出於勢力者를 歷見不一見也오 若是乎西人此言이 爲全世界金科玉律而有餘

矣라 若是者를 謂之野蠻文明이니 道德宗敎人所不稱이라 雖然이ㄴ 在今日勢力蔑如

之朝鮮僧侶之列者ㅣ一有研究之必要라 夫甲之勢力이 凌駕乙之勢力以道德的言

之면 罪在甲而不在乙이ㄴ以公例的觀之ㅎ면 罪在乙而不在甲이니 何以知之오 以單

純道德으로觀之면天下萬類가不敢以勢力之故로相奪相殘者則更無待辨이라然而

優勝劣敗와 弱肉强食이亦不可不謂之理라 所以優所以劣所以强所以弱之道ㅣ不一

而足ㅎ야更僕難盡이ㄴ統而言之ㅎ면勢力而已라 譬之甲之勢力은如水ㅎ고乙之勢

力은如地ㅎ니 今有一水於此ㅎ야地之高下ㅣ不同則就之高乎아就之下乎아其將就

下則雖五尺童子라도皆知之ㅎ느니 夫同一地也로되水之不就高而就下者는何也오

水高而地下也ㅣ니 使地不高ㅎ면其誰能保水不就下也리오 苟地下而不能保水不

就下ㅣ면 莫若自高而水亦從此去矣라 至是에甲之勢力이未始有罪오 罪之責任而乙

之勢力이 自有高下也라 世之不以乙爲罪ㅎ고 以甲爲罪者는 其於反求之道에見之未

明者也니 凡天下之爲乙者ㅣ當以此觀으로爲正觀이可也라 今他敎之砲가 轟轟震地

ᄒ고 他敎之勢가 滔々連天ᄒ고 他敎之水가 騰々過額ᄒ니 朝鮮之佛敎에 何오

朝鮮佛敎蹂躪之原因이 在於勢力不振이오 勢力不振이 在於敎之不布니 敎者ᄂᆫ 宗敎

義務線與勢力線幷進之源泉也라 外敎之入于朝鮮者ᅵ 無一不汲々然布敎是務ᄒᄂ

니 其孰不曰宗敎人之義務가 自如是也리오 斯固然矣라 雖然이ᄂ 何不一致於其間

而深思夫所謂義務之外에 別有競爭者曰 勢力也리오 傳敎一人則增一人之勢力ᄒ고

傳敎二人 則增二人之勢力ᄒ야 布敎愈多면 勢力이 愈增ᄒ고 勢力이 愈增則人之服從

也ᅵ 易ᄒ고 人之服從이 易則 布敎之程度가 分外進驟ᄒᄂ니 耶蘇敎之殆徧於東西者

고 終焉勢力而之布敎ᄒ야ᄃ 征月邁ᄒ면 其積이 愈厚ᄒᄂ니 始焉布敎而之勢力ᄒ

一坐是之故已라 朝鮮佛敎中에 所謂說法이 稍帶布敎之性質이ᄂ 所說이 不出寺院之

外ᄒ고 其趣味가 卑野駁雜ᄒ야 一無感人之價値ᄒ고 此外에 別無布敎者ᄒ니 良以現

今僧侶摠數가 不過朝鮮人三千分之一이라 是ᄂ 三千人中에 爲僧者ᅵ 纔一人이니 爲

僧者ᄂᆫ 何人也오 不迫於貧賤則惑於迷信ᄒ야 惰息愚懦에 散而不收ᄒ야 初不知佛敎

眞相之爲何物ᄒ니 若此者ᅵ 非人類之下等而何오 積三千人中最下等之一人ᄒ야 以

爲佛敎全部社會ᄒ고 所謂信徒者ᄂᆫ 少數之女人而已오 男子則已如鳳毛麟角이라 嗚

乎라聚羣羣에不能成一師曠호고積羣頓에不能成一西施호느니世人은皆以僧侶爲

少也언만은余則已不勝其多也라今朝鮮之僧侶數千이數千其心호야一無相成호느

非多而何오悲夫로다向使佛敎之人으로早布敎런들今日之僧侶가未必皆三千人之

末而信徒가未必皆少數女人而已라欲知今果ㄴ디因이是耳오欲知來果ㄴ디今

因이是耳라先天은已矣라付諸東流호고來者를可追라宜作好因이라春地芳菲를雖

屬無情이느秋江芙蓉이實無主人이라一失其時호면駟馬莫追ㄴ니慧命之永存이其在

斯乎ㄴ뎌其在斯乎ㄴ뎌布敎之不可以已ㅣ若是其亟也니라

人欲布敎ㄴ뒤必先具其資格이니資格云何오一日熱誠이오二日忍耐오三日慈愛니

三者闕一이면不可爲完全布敎人이라不見他敎人之布敎乎아不關日之寒暑와途之

遠近호고皆可以往布호며雖何地何人이라도皆可以敎호야一人不得則又一人호고

今日不得則又明日호야愈不得而愈益布호느니此非熱誠歟아布敎之次에雖有何等

誹謗과何等詬辱이라도莫或相薄호느니此非忍耐歟아智者賤者驕傲者頑迷者雖如

何强剛難化之徒라도皆歡迎而撫喻之호느니此非慈愛歟아如是而敎之不布者ㅣ未

之有也니吾知他敎隆盛之有今日이非徒然也라西國人에有馬達加期者호야傳敎十

三四

年에治得一信徒ᄒᆞ고有吉林德者ᄒᆞ야傳敎於緬甸五年에始得一信徒ᄒᆞ고有拿利林

者ᄒᆞ야傳敎於支那七年에始得一信徒ᄒᆞ니鳴呼偉人哉라迥乎其不可及也로다若使

朝鮮之僧侶ᄂᆞᆫ傳敎外國이면幾何其不未得一徒之數月에灰其心ᄒᆞ고又數月에回其

馬也리오五年七年十年而猶未浹其初志者ᄂᆞᆫ吾ㅣ安得不謳歌之夢想之리오

敎理之不及萬一於佛敎者도猶張牙舞爪ᄒᆞ야以逞其志어ᄂᆞᆯ玄妙廣大之如佛敎者ㅣ

屛肩縮頭ᄒᆞ야莫敢誰何ᄒᆞ니今日之有荒涼은罪在前人이오後日之有興

復ᄂᆞᆫ責在今人이라勢力者ᄂᆞᆫ保護自由之神將이니勢力이一蹶ᄒᆞ면生或類死라烏乎

라覆巢之下에完卵이無期오皮之不存이면毛將焉求리오佛敎亡而僧侶獨存乎아佛

敎衰而僧侶獨盛乎아佛敎興亡이實僧侶興亡之先聲宣告ᄂᆞ니然則僧侶之欲興佛敎가

亦聞接之利我而已오若夫勢力利我之外에雖磨其頂放其踵而無辭者ᄂᆞᆫ曰惟度生之

故ᄂᆞ니自利々他가幷在布敎ᄒᆞ니라

布敎方法이固非一道라或以演說ᄒᆞ고或以新聞雜誌ᄒᆞ고或以飜經廣布ᄒᆞ고或以慈

善事業ᄒᆞ야百方紹介ᄒᆞ야惟恐關一이可也어ᄂᆞᆫ今朝鮮之佛敎ᄂᆞᆫ無或於此ᄒᆞ니未知

此外에別有道理歟아願聞ᄒᆞ노라

三五

論寺院位置

余嘗有志乎擴張佛敎로되常恨僧侶之思想이不及他人이라均是佛性이오均是肉團

이어늘不及則有萬能而有餘則無一拙ᄒ니何其一如此而不如彼也오有口者ㅣ皆曰

無敎育이라ᄒᄂ니蓋亦信之라雖然이ᄂ無敎育者ㅣ不及有敎育者則然矣ᄂ同是無

敎育而其天然思量이逈出人下者ᄂ不亦奇乎아其原因이在於擇地之不得其道也니

傳에曰擇不處仁이면焉得智리오ᄒ니라

擇地를於何觀고人之所居土ㅣ是也라僧侶所居之小天地曰寺院이니散在於山明水

麗ᄒ고塵烟永絕之中ᄒ야呼吸烟霞ᄒ고呑吐風月ᄒ며空氣新鮮ᄒ고幻夢이淸淨ᄒ

니眞所謂別有天地非人間이라噫라誰知明山麗水가化作劍樹刀山ᄒ고烟霞風月이

變爲三毒五濁ᄒ야所謂別有天地가居然爲黑山鬼窟이리오自古至今에幾個達人明

士가誤入此形式界之別有天地精神界之黑山鬼窟ᄒ야寂々然草木同腐ᄒ야一去而

不復聞也오感時懷古者ㅣ能無哀乎아前軍覆轍이後軍當戒라德儒黑革이曰水性은

使人通ᄒ고山性은使人塞ᄒ며水勢ᄂ使人合ᄒ고山勢ᄂ使之離라ᄒ니果然否아果

則余於靑烏之術에雖無所學이ᄂ今以寺院位置與思想事業之吉凶關係를一々訣之

三六

ᄒ리라

(甲) 無進步的思想이니 進步者는 進々不退之謂라 吾人意思中에 有前途可取之預

想者를 字之曰希望이니 希望所生之條件이 甚駁雜無算이ᄂ 皆有避苦趨樂之意味則

同然也나 趣樂之希望이 無人無之로ᄃᆡ 有大小長短之別則 不在我而在物也라 何故오

假使一人으로 生於無他一物之世界ᄒᆞ면 但不死而足矣오 方丈之食과 錦繡之衣와 廣

慶之居와 駟馬之車가 非所欲也라 旣無他物이 能出於吾不死之上者則 吾之希望이 不

得不止於不死而更無所間也라 若夫人與物이 相殖相繁ᄒᆞ야 充塞無涯ᄒᆞ야 智巧日滋

ᄒᆞ고 精華繁增ᄒᆞ면 接觸六根者ㅣ 知上而不知下故로 人之欲望之範圍가 漸大ᄒᆞ야 大

而至於無外ᄒᆞ고 長而至於無窮ᄒᆞᄂᆞ니 欲望이 旣無外無窮이면 進步思想이 亦無外無

窮이니 此所以人與物이 相爲彼爲此ᄒᆞ야 互相階梯而進化也라 大都會之進步가 比之

窮峽에 有非常之速率이 是其驗也라 僧侶居之이 惟恐不山ᄒᆞ야 所見所聞이 水流花開

와 烏啼雲空而已라 我ㅣ得之어니 誰爭余所오 以是自滿ᄒᆞ야 不能前進一步ᄒᆞᄂᆞ니 此ᄂ

進少思想之關於位置者ㅣ一也오

(乙) 無冒險的思想이라 余ㅣ夢與達爾文拿破侖으로 同舟而渡太平洋ᄒᆞ니 海天이

茫茫ᄒ야 一髮無地라 相顧而語ᄒ야 以笑河伯之自大러니 少焉에 盲風蠱雨와 驚濤鰐

浪이 浴天沒日ᄒ야 折檣失柁에 舟無所恃ᄒ야 轉動無定ᄒ니 擧舟ㅣ 失驚ᄒ야 不能言

動이라 枕簟之下에 天水相撲ᄒ야 與魚爲間이 纔數寸板이니 焉能無懼리오 此時에 掌

破船은 從容周旋ᄒ야 毫不爲亂ᄒ고 達爾文은 歛心端坐ᄒ야 如有所思어늘 余ㅣ 一時에

驚迷失度ᄒ야 不能一間이러니 已而오 風去浪息ᄒ고 天晴海晏이라 稍稍振起ᄒ야 叙

問其故ᄒ디 達爾文이 曰吾ㅣ 航海이 繞地球一周ᄒ야 今五年而還이라 始吾與子ㅣ

何異리오 萬死一生於風浪者ㅣ 數次而後에 無大驚大懼ᄒ고 爲魚爲人者ㅣ 數十次而

後에 不知風浪之爲何物ᄒ니 今則不特不知風浪之爲何物ᄒ고

고 不特知海之爲何物이라 亦不知舟之爲何物ᄒ고 不特不知海之爲何物ᄒ고 不知

我之爲何物ᄒ니 今我之所以不知風浪不知舟不知海不知我者ㅣ 皆無形的進化니 俄

之所思者ㅣ 亦進化之理也ᄒ도라 拿翁이 曰異哉라 我는 別無航海之事ᄒ니 請以戰喩ᄒ

리라 余ㅣ 初戰于西班亞之野에 置身於劍電彈雨之中ᄒ야 賭澒奥之生死ᄒ니 去鬼一

髮이라 能無懼乎아 身經百餘戰則自置生死於無用之地라 從玆以還으로 天下에 無所

謂畏者ᄒ니 風浪이 雖驚이ᄂ 視矢石有間이라 吾復何懼리오 雖百十於此者라도 將談

而揮之라ᄒ야눌一聞此言이神氣聳動ᄒ야無翼可飛라余欠身起敬曰二子之所經이

若是其奇壯歟아宜乎後人之膜拜爭道也로다然則天下之冒險思想이從見聞閱歷而

生者오非人之本有而本無也라不見金剛雪嶽之人乎아絕礀斷崖野人所匍匐戰栗ᄒ

야不敢輕行之處를行之如飛ᄒ야莫或少疑ᄒᄂ니何其冒險也오無亦曰經歷而已라

噫라世事ㅣ亦絕礀斷崖之類也어늘勇於彼而趑於此者ᄂ何也오在經不經之別爾라

遇事則不然ᄒ야雖奴隸之牛馬之類라도縮首如鼈ᄒ고乞憐如蠅ᄒ야莫敢一抗이로다

居窮處隱ᄒ야莫之見聞閱歷이면何惟乎冒險思想之蔑如也리오梁啓超ㅣ曰陸居者

ᄂ以懷土之故로種々之繫累ㅣ生焉ᄒᄂ니試一觀海면忽覺超然萬累之表而行爲思

想이皆得無限自由라久於海上者ᄂ能使其精神으로日以勇猛ᄒ고日以高尙ᄒᄂ니

此ᄂ古來瀕海之民이所以比於陸居者ㅣ活氣較勝ᄒ고進取ㅣ較銳라ᄒ니以是觀之

ᄒ면陸居者之思想이其遜於瀕海者ㅣ如此온況莫窮莫深ᄒ야天日之外에更無所睹

之寺院乎아此ᄂ冒險思想之關於位置者ㅣ二也오

（丙）無救世的思想이라釋迦孔子耶蘇墨子ᄂ皆救世之至者라處於羣而不處於獨

ᄒ고巢父、許由、商山四皓、嚴子陵은皆厭世之至者라處於山而不處於市ᄒ니獨

者는 救世者之所惡也오 山者는 厭世者之所好也니 自古然矣라 救世者之處羣而不處

獨은 何也오 欲周見世情之休戚ᄒ야 以救其弊也오 厭世者之處山而不處市ᄂ 何也오

欲不見塵事之苦樂ᄒ야 以過其情也라 夫赤子之匍匐入井也인 不擇親踈恩仇ᄒ고 皆

可以濟之ᄒ나니 其濟之之始에 未必盡知濟與否之得失而後에 濟之라 但對其境인 率

有不已得於心者ᄒ나니 莫知濟而自濟오 嫂溺인 皆可以援之ᄒᄂ니 其援之之始에 未必

盡知禮與援之輕重而後에 援之라 但對其境인 率有不得已於心者ᄒ야 莫知援而援之

라 夫心生於境ᄒ고 事生於心ᄒᄂ니 雖欲無心이ᄂ 對境則烏能無心이며 雖欲無行이

ᄂ 有心則烏能無行이리오 此所以君子ᅵ 以擇地爲急也니 擇地者ᄂ 非擇其吉凶也라

擇其境而已라 古之隱者之所以膾炙人口者ᄅ曰待時保節이니 此實厭世之徒ᅵ 擇其境

而已어ᄂ 美其名曰待時保節이라ᄒᄂ니 但英雄이 欺人耳라 君隱則隱於市ᅵ足矣니

何必隱而後始隱也리오 寺院之地가 皆適於厭世而不適於救世ᄒ라 旣已厭世어

니 救世之心이 從何而生乎아 厭世之心이 寸進인 佛敎之旨가 尺退ᄒᄂ니 可不勉哉아

此ᄂ 救世思想之關於位置者ᅵ三也오

(丁) 無競爭的思想이라 僧侶ᅵ元來自成世界外之世界와 人類外之人類ᄒ야 與他

社會로 劃然 分爲鴻溝ᄒ야 利害善得失에 互相楚越ᄒ야 遂成獨夫ᄒ니 世界外之世界者

之政治風俗이 有非常之厭迫ᄒ야 有不欲然而不得不然者ᅵ存焉則不可全咎僧侶라

ᄂ何오 寺院이 是耳오 人類外之人類者ᄂ何오 不問世事ᄒ고 自潔其身이 是耳라 此

雖然이ᄂ 向使僧侶로 雜處於都會之地ᄒ야 漸通交涉於人羣이런들 吾知其壓迫之羈

絆이 稍稍解弛ᄒ야 爭競之力이 猶有愈於今之死灰無復燃之氣若也ᄒ리라 居於山之窮

谷之幽ᄒ야 天地雖壞ᄂ 非所知也라 宗教相敵之鼓角이 動地ᄒ되 佛教則雖鳴金이ᄂ

不足收也오 宗教陣疊之旗幟가 如林ᄒ되 佛教則雖降旗ᄂ 不足竪也니 何故焉고 其意

以謂彼教之競爭이 雖日劇烈이ᄂ 姑不犯我之疆土也ᅵ 如故則其勝敗利鈍이 於我에

如浮雲이라ᄒ야 絶不知夫彼有勝敗利鈍之影響이ᅵ 一々落於吾教라 今有兩物於此ᄒ

야 一勝則一敗ᄂ 盡人知之니 然則他教盛則吾教衰ᄂ 其然이 明甚이어늘 今以彼教之

兵이 姑不我血其及으로 以爲無關이라ᄒ면 是何以異於見城門之火ᅵ 姑不然池而以

魚無殃이리오 惟見其不知量也로다 夫意思者ᄂ 行爲之要素니 所以造意思者ᄂ 不亦

要素之要素乎아 治無競爭思想之罪則不可不先治其所謂小天地오 血氣者ᄂ 疾病之

源泉이니 所以造血氣者ᄂ 不亦源泉之源泉乎아 治無競爭思想之病則不可不先治其

朝鮮佛教維新論

四一

所謂小天地니此는競爭思想之關於位置者ㅣ四也라

此는位置ㅣ關於思想之可悚可驚者오其餘不利於辦事者ㅣ亦多矣라不利於教育

고不利於布教ᄒ고不利於交涉ᄒ고不利於遞信ᄒ고不利於團體ᄒ고不利於財政

니此則不費多言而知之易者也니今不校論ᄒ노라然則關思想者ㅣ四而關於事業者

一六이라此四想六事者는雖關一이나固不勝其欠於今日이어늘無一存而有十無著

則吾ㅣ何以言之리오夫超然杏然ᄒ야孤往絕慮ᄒ고掃雲酌泉ᄒ며看花養性을余亦

非不好之也언만은但刦灰가善變ᄒ야成壞가無定이라桑田碧海가一朝易處ᄒ면漁

翁이放笑於岑上ᄒ고牧夫가失意於灘頭ᄒ리니爾時에吾輩ㅣ當何以處之라오求死

之外에復無計策이라惟是之懼ᄒ야不敢稱意也로라顧何如犧牲今日之閒放ᄒ야以

保來日之隆致乎아狂瀾이旣倒ᄒ면有力難回라傳에曰色斯舉矣라ᄒ니라

然則寺院之位置를可得以改革ᄒ면日有三策焉ᄒ니全部寺院之在山中者를但存其

可爲紀念者幾處ᄒ고其餘는一幷毀撤ᄒ야新建於各郡各港之都會處ᄒ면是爲上策이

오留其大而美者ᄒ고撤其小者與大而荒者ᄒ야移建於大都會之地면是爲中策이오

但廢其庵ᄒ야合於原寺ᄒ고一道或數郡之寺院이合置一出帳所於要害處ᄒ야處理

其布敎與敎育等事면是爲下策이오其餘는非策也라此三者에果出於何策乎아上策

則民智程途가姑文弱하니決不可行於今日이오中策則得其人則行하고不得其人則

不行이오下策則庶幾可行이니至於全部一致하야는亦不可不待普通以上人之用事

而後에可得이니僧侶中에有此人乎아無此人乎아有則吾ㅣ何以不見也며無則佛敎

ㅣ何忍亡也리오吾ㅣ占之斷之曰靑年董子之將爲英雄하며將爲豪傑하야先後繼踵

하야殆不虛寺則斷言無疑로되若四十歲以上之人物이能自居於普通以上之地位則

吾不肯許니謂余不信인티請人々自思어다然則雖下策이ㄴ亦在於必不可決之數니

嗟夫로다雖然이ㄴ英雄이無種하고成敗가浮在하니天下事ㅣ決非吾人之所預度自

定이라精進不已하면哥侖布ㅣ可以尋美洲오巴律西ㅣ可以完磁器니不爲면無一可

成之事오爲之면無一不可成之事라以是推之하면吾恐全部之僧侶가無一非英雄豪

傑而所謂上策者를行之於今日而有餘也ㄴ가하노라

　　論佛家崇拜之塑繪

朝鮮佛家에塑繪之崇拜가甚多하야富於百家라議者ㅣ以爲塑繪者는迷信之假相이

니莫若盡擧而付諸一炬하고廊淸寺院하야頓革黑暗時代之迷信하고培養眞理하야

改建佛敎之新國이라ᄒᆞ니此言이一決이니此則病於人之智識이劣昧ᄒᆞ야不足

以照迷迎新ᄒᆞ야務欲大刀潤斧로一擲卽闢故로言有一瀉千里之勢ᄒᆞ야無所顧忌ᄒᆞ

야不肯留情이니非不快壯也ㅣ라恐或過當이라裁以一言ᄒᆞ야以俟智者ᄒᆞ노라

夫物者ᄂᆞᆫ眞理之假相也오塑繪者ᄂᆞᆫ物之假相也니自眞理觀之ᄒᆞ면塑繪가已假相之

假相也어ᄂᆞᆯ此物之存在於天壤之間者ㅣ其來ㅣ久矣니玆曷故焉ᄒᆞ고夫人心이本靜ᄒᆞ

야對境而動者也니苟非至智與至愚면對境而不動心者ㅣ未之有也라見喪而哀ᄒᆞ고

聞生而喜ᄒᆞ며見賢思齊ᄒᆞ고見惡懲勵ᄒᆞᄂᆞᆫ此는對境而動心也라心之所動에行亦

隨之ᄒᆞ나니塑繪ㅣ亦其一也라使聖人君子之假相으로設之於堂而血食之ᄒᆞ야臨之以尊

之ᄒᆞ니古人이取象於此ᄒᆞ야惟懼人心之邪僻而不趨正故로設種々禮義之假相而境

聖養賢之境ᄒᆞ고使忠臣義士之假相으로置之於麒麟閣而享香之ᄒᆞ야臨之以尙崇

節之境ᄒᆞ고使孝子烈婦之假相으로揭之於旌閭而褒揚之ᄒᆞ야臨之以昌善勵行之境

ᄒᆞ니此는一以表慕前之誼오一以設勸後之境也라懲一而勵百ᄒᆞ고賞一而勸萬은法

律之道德이니設一假相之境而冀衆生之模範者ᄂᆞᆫ塑繪之所由起也라故로塑繪者ᄂᆞᆫ

衆生之境也라噫라世之能言理想者ㅣ孰不以塑繪로爲虛妄無益也리오甚者ᄂᆞᆫ以爲

非徒無益이라惑亂人志라ᄒ야冷嘲熱罵도斥之不已ᄒᄂ니蓋亦然矣라雖然이ᄂ誰

知此曖昧假相之影響於人之道德心者ㅣ有不可思議之功能也리오請以余之親歷者

로質之ᄒ리라余ㅣ幼時에嘗入孔子廟이有一儼然石像이正立堂中이어ᄂ見其乾脣

露齒와腰大十圍ᄒ고油然思其上而述章堯舜文武ᄒ며下以垂詔萬世之功이不覺分

外敬仰ᄒ고又入關公廟ᄒ야 其棗顏美髥과堂々九尺ᄒ고忽然思其秉燭達夜之義

와斬顏文之信이神氣凜然ᄒ야一超欲邁라夫孔子之事ᄂ槪見於易、春秋、論語、而

關公之蹟이雜出於史乘이前에讀書至孔子關公之事이ᄂ非不敬仰而膜拜也로ᄃ其

善移我情者ㅣ猶覺淡緩이러니及見虛妄無類之一塊土石이其所感이若是其親切急

迫ᄒ니書與像이等是假像之境이어ᄂ其動心之不同이過殊者ᄂ何也오境有即接間

接之異ᄅᄉ시心亦有即動間動之差라間接之境者ᄂ何오文이是ᄂ오即接之境者ᄂ何

오像이是耳라文者ᄂ人而言事而記者故로曰間接이오像者ᄂ即其入故로曰即接이

니間接即接之別이雖吾心之假定이ᄂ然이ᄂ所見之境이自不同則所定之心이亦不

得不不同而取受之感이亦不得不相殊也니塑繪之爲功을至是可見이라今之世에有

奇能異跡者ᄅ必銅若石而像之ᄒᄂ니皆此之類也라若使擧世之人ᄋ로一々至於至

智或至愚則已어니와不然이면塑繪之蹤影이不絕於地球者를斷言無疑라雖然이나

後世에民智가未開ᄒ야非其鬼而塑繪之ᄒ야淫祀而諂祭之ᄒ야以祈禍福ᄒ고妄聽

吉凶ᄒᄂ니於是乎弊亦滋矣라然則塑繪者ᄂ可擇而不可亂이오可簡而不可煩이라

朝鮮佛家之崇奉者ㅣ何其無擇而極煩也오敢以愚見으로略辨其可否ᄒ리라

(一) 羅漢獨聖者ᄂ以小乘之局見으로耽寂滅樂ᄒ야得小果而自足ᄒ고不肯入纏

度生故로爲佛所呵라圓覺經에曰成就百千萬阿羅漢辟支佛果가不如有人이聞此圓

覺無碍法門ᄒ고一剎那頃에隨順修習이라ᄒ시고又曰修獨覺者ᄂ永不成佛이라ᄒ

시ᄂ니由是觀之면羅漢獨聖者ᄂ實吾佛之罪人이오僧家之外道也라夫佛之或入地

獄ᄒ시며或入畜生ᄒ사受種々苦而無辭者ᄂ惟度生之故라一語一默一動一靜이盡

是利他之意어늘奈彼小乘이不體此意ᄒ고以小自樂ᄒ야不欲度他ᄒ니非但吾佛之

所呵라抑亦今之文明世界社會主義之所不容이라求佛道者ㅣ疎而遠之ᄒ리커니와

親近之ᄂᆫ不可ᄒ고排而斥之ᄂᆫ可커니와崇奉之ᄂᆫ不可ᄒ니라

(二) 七星者ᄂ尤無稽而可笑者라星可像也ㅣㄴ디在天之星辰이甚多ᄒ니奚特七星

니며以其如來之化現也ㅣㄴ디乃至天地日月과森羅萬像이均是一體어늘何必七星이

리오 爲佛徒者ㅣ奉如來之眞像이足矣라遠及化現이無乃太煩乎아

(三) 十王者는聞閻羅國十位大王也라能黜陟人之生死호고且審判人之罪業호야

隨輕重而賞罰之라호니質而言之호면即死人之裁判官也라泛觀之則莫此畏나深觀

之則莫此不畏라何也오裁判官이雖似爲懲治罪人而設이느實則爲保護善人而設也

니吾固無罪면必受保護矣오且裁判官은深通法律호야詳細審査則服從其法律者ㅣ

必無幸免撟幸之弊리니何懼之有리오且學佛者는必往極樂호느니元非閻羅國之附

庸則於閻王에何有哉아若不修淨業호야墮地獄이면生之死가自有當律이니詔

之何裨리오寢假以詔以得免이라도舉世界日々死人之數가必多而無一不判決

閻王이固無暇出娑婆界호야察衆生之祈禱與否而受囑也리니雖一日萬拜느竟何贖

罪리오金玉而像之호고丹青而繪之호야五體投地而恭敬承事호니果胡爲者오

(四) 神衆者는佛在靈山時에所護衛之常隨衆也니保護佛法이實彼之責任이라勸

之而不加勉호고禁之而不加止호야行爲動作이唯佛之聽호야不能自由則又何疑

也리오佛法僧은一轍이니彼既保護佛法이라安有不護僧之理乎아若不護僧이며佛

必責之曰僧者는行我法成我敎者也라爾何不護오호시리니雖欲冷視ㄴ不可得也라

果爾則譬之컨딕僧侶는似上官ᄒᆞ고神衆은似保護巡査라今有一上官於此ᄒᆞ야父手

跪坐ᄒᆞ야叩頭乞憐於保護巡査則不笑其懦弱者ㅣ幾希矣리니吾黨이何不視此而亦

自視也오今猶恐其後ᄒᆞ야屈身聽於神衆者는余不勝其倒置矣라漢之人에有賈體

者ㅣ야其言에曰足反居上이오手顧居下라懸이如此ᄒᆞ되莫之能解라ᄒᆞ니墮夫라

其餘天王竈王山神局師等우荒虛誕陋ᄒᆞ야初無可言之價値라今不屑々ᄒᆞ노라此習

今日佛家崇泰塑繪中最曖昧而無當者라嗚呼라伊來朝鮮佛界之智識이果若是其昧

陋歟아始知莫逭於今日優勝劣敗之公例가誠非一朝一夕之故而其來有自矣라禍福

이無門ᄒᆞ야惟人所招어늘犧牲其滿身自由ᄒᆞ야婢膝奴顏於頑虛不靈之下ᄒᆞ니塑繪

之弊가到此極矣라誰能使滿天下之此等塑像으로一炬而飛之ᄒᆞ고萬波而沈之ᄒᆞ야

不復留於世間ᄒᆞ야還我佛敎之眞理而無缺也오

難者ㅣ曰迷信이盡去ᄒᆞ면宗敎之性質이萎爲ᄒᆞ리니子欲以佛敎로爲哲學耶아曰子

一何其俗累也오宗敎之迷信云者는乃惟一之迷信이오非衆多之迷信이니假使佛敎

를以迷信言之라도迷信於佛而足矣라烏得朝迷信於佛ᄒᆞ고暮迷信於羅漢ᄒᆞ고又迷

信七星ᄒᆞ고又迷信於十王ᄒᆞ며又迷信於神象ᄒᆞ고又迷信於天王竈王山神局師等而

無有定信也리오此눈與畫出魍魎이不知所之호야之山而之水而之木而之石而不堪

其疫者로同一樣子니此非迷信이라亦迷信之賊이라旣非智信이오又非迷信이면果

屬何信고無以名之호야名之曰亂信이니亂信者눈無信之信也라無入而不敗라若目

此而謂迷信인딕是눈迷信之多ㅣ莫如朝鮮之佛敎오若以迷信으로爲宗敎之性質인

딕是눈迷信이愈多而宗敎愈興也라然則朝鮮之佛敎ㅣ有此莫多之迷信而尚不雲布

世界호고幾不能保其殘喘於山盡水窮之地호야汲汲然殆有不可終日之勢者눈何也

오由是로知朝鮮之僧侶눈雖迷信이눈幷無也라噫라佛敎者눈迥出迷信萬々之外호

야其理가甚眞實高尚이어늘覺亂信輩之所可望見也리오亂信之具를宜先改革이라

嗚呼라毒蛇在手의壯士斷腕호눈니況其毒이浮於蛇호고其斷이易於腕者乎아何憚

而不變哉리오

亂信之具則然矣눈佛菩薩之塑繪눈皆可留歟아佛菩薩之像은皆留之無妨이눈此亦

甚煩이오且佛菩薩은名則雖殊눈理則一也니莫若擧一而統萬이라若擧一而統萬則

其惟釋迦牟尼佛乎ㄴ져夫釋迦牟尼佛은上承諸佛호시고下攝羣品호시며爲衆生호

사入地獄을如傳舍호시고閱後世호사演說法을如雲雨호시니實千佛之代表오萬世

之導師라 後生이 常金銀琉璃珒琚碼碯其像而紀念之膜拜之可也니 無論何寺 고只

以釋迦像一位로奉安之 고極敬極肅 야 毋或相瀆 며 瞻其顏而思其事 고感其

情而施於行이니 夫若是則雖假相之假相이ᄂ 庶無愧於眞理矣리라 且別置一大紀念

舘於別處 고 自佛菩薩로至有奇事異聞於佛敎界者ᄂ 莫論古今 고莫辨何國人 야

고皆牌其位而列置舘中 고守護而享馨之 야 以爲慕賢勸後之盛擧則庶不害於事

體니 此非蘄福之謂也라但紀念之謂也라

論佛家之各種儀式

朝鮮僧家之百度가未擧 야 無一可觀이라 至若齋供儀式梵唄四物作法與祭祀禮

節等事 對靈施食等其他ᄂ 甚煩亂無倫 고卑劣駁雜 야 罔有紀極 니 統而名之曰

魑魅之演劇이라 면 庶幾近之니 今羞言之 야 不足辨論이오其餘平時禮式佛朝夕

拜佛念誦誦呪等其他 도莫不淆亂失眞 니 無論大小如何禮式 고一切掃蕩 야立一簡禮

而行之足矣니라

簡禮를何以爲之오各寺院에禮佛을每日一次 되趨時이執禮가打雲集鐘警號佛之五

椎依舊 어든僧侶及信徒가整裝齊進于佛堂奉安釋迦像處 야 執香行三頂禮後에齊唱讚佛

五〇

歌弔出을 後에 <small>日別告</small> 一遍而退而已라

或曰他則旣已聞命矣니 禮佛을 一日一次호딕 但行三頂禮호고 且廢已時供佛이면 無

乃太簡乎아 曰不然호다 夫禮煩則亂이라 亂則不敬호고 不敬則禮之本意가 蔑如也라

惟其禮之務本也故로 喪禮는 主哀호고 祭禮는 主敬호야 其區々小節은 出入이 蔑如

也니 與其煩而不敬으론 孰若簡而敬이며 與其昵而不肅으론 孰若踈而敬이리오 至尊

之像을 可敬而相蕭이오 不可親而相褻이니 一日一禮가 未必爲簡이라 今佛像을 無時不

對호야 坐臥起居와 飮食談笑에 與之相接則勢不得不習而相昵호야 以至於褻慢而無

所不至也니 正坐於親狎太近故耳라 不如稍遠其拜觀之期호야 使生其渴仰之心而後

에 從而禮之면 其心이 全而其敬이 篤호리니 然則一日一禮가 猶覺其煩이라 雖然이太는

遠其期호면 易致懈怠成忘호야 難以提醒故로 姑定之오三頂禮는 實無憾於前者也라

今之所爲禮懺이 或二三十拜호며 或八九十拜호는 其實을 皆合數十百千或無量數之諸 <small>禮懺者는 朝鮮拜佛時에 拜佛時之別號라</small>

佛菩薩或法或僧의 名號而後에 拜之니라 嗚呼라 無始以來之佛、法、僧、三寶가

先唱佛、法、僧、三寶名號而後에 拜也라 <small>每拜如是호야 多在八九十拜也라</small>

其數無量호야 固非衆生軀殼之所能拜而窮盡也라 或二三十拜와 或八九十拜而止호

明不亦太簡乎아今三拜於一世尊이比前이實多々矣로다三數者는簡煩之中故로故

로定之호노라且供佛은貴在法供이오不貴飯供이니日日供飯이면適足以相瀆而已

니廢之ㅣ有何不可리오但特別時 佛誕辰成道日涅槃日、時薦之類라 에供以珍潔之物호야以表衆生

之微誠則容或可也니라

或이又問曰齋供祭祀等事는何以爲之耶아曰齋供與祭祀가是俱祈福之事라福不可

以祈得이오且佛亦非禍福之主니祈之無補於獲福이오祭祀者는乃祖乃考之恩義未

絕호야爲子孫者ㅣ不勝追遠感時之懷而表其誠於獻需拜禮之間者라故로四世則親

盡無服호고祭亦不行호느니以其恩義淺薄故也니라今張三李四之皮肉無關者ㅣ有何

恩義於僧侶호야歲々行祭而不知懈也오佛致ㅣ以度他爲主故로僧侶之慈悲가欲使

人之靈魂으로往生淨土而祭之缺아然則何不天下之人을一々皆祭而但祭其納財者

乎아且祭而可往淨土ㄴ되一祭而不足이오祭而不可往인되萬祭而無益이어늘世々不

違祭는何也오余ㅣ知之矣로다無他라爲其餿飯殘羹之計耳라一飯一羹을雖捆屨織

席이ㄴ何患不得호야行此諂無人理之事而偲焉無怖호니悲夫로다齋供與祭祀之意

味가若是호니廢之可也라又問曰然則將不奉佛而僧侶는無祭祀缺아曰否라是非欲

人之不崇佛而幷其祖考先師之祭而廢之也라但廢其祈福安祭之事耳라此事가似小

實大니改良이莫急이라今之言齋供節次와祭祀禮式者ㅣ欲去煩而就簡則有之ㄴ欲

幷其齋供祭祀而廢之云者는呼於天下而不得一人ㅎ야盖安於習慣ㅎ야不究其本而

但究其末則然矣라論事者ㅣ以正眼으로先置於習俗利害之外而觀之然後에按理點

檢이면庶不大誤리라又問曰廢齋供與祭祀면寺院之財源이將渴而僧侶之生活이日

縮矣리니然則佛教ㅣ果保哉아曰吁라唯子之不知量也로다天下之宗教가甚多而無

一不富盛於佛教者則果有齋供與祭祀而致此歟아以齋供祭祀之餘瀝으로曰作保寺

活命之大計者則此所以朝鮮佛教之不及於天下之他教也니子實之東而向西者로다

何不更思回首오

論僧侶之克復人權이必自生利始

數百年來로僧侶ㅣ受非常之壓迫ㅎ야人幾不人ㅎ니遊衣遊食이亦一大原因이라遊

衣遊食者는今經濟學家所謂分利是也니分利者는害於人ㅎ며害於國ㅎ며害於世界

也라人之所以衣者는織也오所以食者는耕也니不織而衣則必衣人之織이오不耕而

食則必食人之耕이니旣不織不耕而衣食於人則我亦辦他一物之價値가與我之所衣

所食者는 適足以相償者而相報然後에 彼와 無感而全部之經濟가 無缺이라 若有一人

이徒衣徒食하야 絶無相償이면 是는 空費耕織者之幾分勞力而全部經濟가 欠一人之

力量하리니 人群勞力之增減과 經濟之滿縮이 必以分利人之多寡로 爲比例差니 分利

者는 生利之賊也라 不得不受壓迫於生利者而無一辭自護者則亦理之常이라 我不出

相當之價値而待養於人則是는 生存之權限이 不在我而在人也니 欲死則已어니와 欲

生則人雖如何賤之蔑之라도 皆甘心聽之하야 惟以救一縷之苟連으로 爲榮하리니矣

暇에 保其自由하야 免夫壓迫乎아

朝鮮之僧侶 | 孰敢保有不分利之名也리오 自來生活上方法이 槪有二道하니 一曰欺

取生活이오 二曰乞生活이니 欺取生活者는 何오 粗解文字하고 稍近狡猾者 | 以禍

福布施等說로 甘誘愚迷之婦女하야 狗其行而狐其媚하야 營作縷身糊口之計是也오

丐乞生活者는 何오 全部大多數之所業이라 門造而面拜하야 求其一錢數菓之謂也니

此外는 無別生計라 僧家에 有一種奇談하니 曰菩薩萬行이 是耳라 以爲菩薩萬行에以

最善丐乞로 爲第一義라 하야 以乞으로 食하야 爲佛教之宗旨하야 人爭趨之하야 惟恐後乞

하고 若有從事於生利者면 輒毀而眡之하야 目以失志하느니 噫라 既云菩薩萬行則菩

薩之乞食이 豈非萬分中之一耶아 寔出於修道度生之至意方便이오 固非徒事乞食す

야 以營身計어늘 後人이 一不問其菩薩之九千九百九十九行す고 但擇其一丐而行

之す야 勤守勿失す니 是何妙法歟아 群數十百千丐之人す야 組織一敎會す고 所謂

上流者는 以欺取라 爲能す니 雖欲人之無賤이는 得乎아 於是에 擧國之人이 視僧侶를

如牛馬す며 如奴隷す야 少不顧恤호디 僧侶는 認以當然之天職す야 曾莫之恤す고 甚

者는 以忍辱下心으로 爲口頭禪す야 惟恐他人之輕悔가 不及也す야 愈賤而愈喜す

느니 嗟夫라 天賦人權이 洪均不貳す야 盡地蒼生이 無欠無多어늘 此何人斯아 自戕其

天良之權利가 若是其極而無恥也오 夫佛以大雄大力으로 有天上天下에 惟我獨存之

槩어늘 其敎徒果何學而正成反比例오 其無血性이 過矣로다 此는 無他라 不能自活故

耳라 苟待養於人이면 雖欲不弱其身す고 風草其心이느 不可得矣라 思之哀長이로

다 今日之世界가 强半浮在於黃金競爭之力이라 文明萬道가 成於金力す고 成敗百端

이由於爭利す느니 苟非生利면 世界或壞す고 一國이 或亡す고 個人이 不立이니 人之

有生利가 猶魚之有水라 若夫江河之積水甚厚則萬族이 游泳す야 活潑自由す야 北海

南溟을 早暮遇之어니와 或涸轍之魚는 不索於枯魚之肆者를 未之聞也니 人亦如是す

五五

아遊食遊衣者는取亡之道라文明國人이最疾之最賤ㅎ느니今後之社會가去益文明

은可以斷言이라若使全部僧侶오其不生利也ㅣ如故則人之視己ㅣ想何如乎아將有

無等之困瘁와無等之壓賤이猶甚於草昧時代專制之壓迫矣리니當是時ㅎ야雖嚙臍

느已無及矣리라吾輩ㅣ欲永脫前日之覊絆ㅎ고克復固有之人權인ㄷ莫若生利而自

活이니去其受屈原因이면其誰能絲毫相凌哉아

今有人焉ㅎ야責僧侶以生利則其防報之第一章에一曰無資本이오二曰不知方法이

니非不然이라雲水行李와澹泊生涯도一不問世外事ㅎ고惟待天花滿身ㅎ며香飯無

盡이라가不圖造物이相語이公理가無情ㅎ야忽然一朝에他天風雨와蒿地霹靂이動

來於夢想之表ㅎ야喚起東方之文明ㅎ니俯仰環顧애江山이不復春眠이라他化福樂

이化爲烏有ㅎ니勢不得不無資本而不知方法이라雖然이느是不足以爲患이라凡事

物之帶有價値之性質者는皆可爲資本而所以爲資本者는必待勞力ㅎ느니經尺之玉

과連抱之材가雖美且寶느待良工之勞力而後에始成不世之器ㅎ야售非常之價格이

라不用人之勞力ㅎ야玉不離石ㅎ고木不違山ㅎ면永刼에不値一錢ㅎ리니然則勞力

者는實資本之資本이오方法云者는動本殖利之設計也니無資本者는當先究辦資本

之方法而殖利之方法은正屬第二之問題也라辦資本之方法이亦勞力之外에苦無其

道니勞力者는天然之資本이오最初之方法이라雖如何巨欻之資本과如何圓滿之方

法이라도其濫觴은莫不出於擧手動足之區々勞力이니人界事物之組織이皆勞力之

所產出者라此之勞力이與彼之勞力으로相對之外에初無一物이能比肩其價值者한

니果何等資本이며何等方法乎아勞力者는人々이皆得自由오非有待而生者니今不

欲勞力者는僧侶之惰怠而已니라

僧侶ー苟欲生利닌티比於他人에其特色이有二하니一則在於天演界하고一則在於

人事界라在於天演界者는何오山林이是耳니寺院之所有山林이甚多하야皆空閒無

産하고或有所產之物이느棄而不治하야終歸荒癈하야爲識者所嘆이라傳에曰有土

면此有財라하니以山林之多而束手待貧은甚不近理라宜着手造林業 果、茶、桑 橡 之類 하야

探東西之美制하야氣候之寒暖과土質之剛柔를隨宜參酌하야力焉不怠면四五年에

小成하고十餘年에大成하야利子可勝收하리니擲不多之費하야擇匪分之利者는造

林也라在於人事界者는何오僧侶ー每羣數十數百而同居一寺하느니其心志가易通

하고其任事ー易信하야共同營業 株式合資合名합자회사 이最適宜하니共同營業者는本商界

之良規라楚越之人이可以同事어든況聯其食同其鼎者乎아然則以上所言之二種特

色이皆他人之所無而我獨有之者也니豈不美哉아噫라衣內明珠가不能觧傭作之貧

則其孰使之然歟아

論佛敎之前道가關於僧尼嫁娶與否者

有問於余者曰佛敎何以將與고余ㅣ必曰解僧侶嫁娶之禁이亦一要事急務也라

難曰子ㅣ胡爲乎發此不經之言ㅎ야以汚佛戒也오梵網經에曰若佛子ㅣ自淫과敎人

淫과乃至一切女人을不得故淫이라ㅎ시고四分律에曰犯不淨行을乃至共畜生이라

도是比丘波羅尼不共住라ㅎ고受戒儀中沙彌十戒之第三曰不淫이오比丘四波羅尼

戒之第一曰不淨行戒오且戒淫之雜出於諸家者ㅣ指不勝屈則佛家之禁婚이果何等

申重乎아爲佛敎者ㅣ豈能肆行嫁娶ㅎ야墮損戒律也리오以謂嫁娶而與敎론無寧爲

嫁娶而亡敎니라曰子言이似焉이라雖然이ㄴ不足以知華嚴經事々無碍之上乘也로

다夫高尚支虛ㅎ고深淵廣漠ㅎ며眞妄이無性ㅎ고功罪ㅣ本空ㅎ야無處不入ㅎ고無

事不容之佛敎가豈在於區々戒律之間哉아求佛敎於戒律者는實釣龍於盂水오探虎

於蟻垤이라烏可得也리오果嫁娶而不成佛道ㄴ뒤何故도過去七佛이無佛無子ㅎ고

恒沙菩薩이 多出在家오 但對小乘之根機淺薄ᄒᆞ야 流於欲樂而難回者故ᄂᆞᆫ 權設細律

而制限之라 夫佛敎者ᄂᆞᆫ 若實若虛ᄒᆞ고 若縱若奪ᄒᆞ며 若王若覇ᄒᆞ고 若天地若毫末ᄒᆞ

야 不可名狀이오 不可一端이라 其微言至意로 應病與藥ᄒᆞ야 幷使人으로 欲隨緣入道

而己니 平心循理ᄒᆞ야 先尋宗旨則思過半矣라 迥乎漠哉ㄴ져 井蛙가 豈聞江湖之相忘

이며 枝鷃가 安知雲霄之圖南이리오 圓敎ᄂᆞᆫ 非律宗之敢望이니 但有味乎秋月空山과

春水大海則佛法이 在是ᄒᆞ니라

傳에 曰處今之世ᄒᆞ야 反古之道며 菑必逮夫身이라ᄒᆞ니 今日之舞臺ᄂᆞᆫ 非前日之消場

이라 非改著長袖면 不能登場善舞라 五千退席이 一時盡去則世尊이 不得不先說阿含

方等而導之오 淫男이 難化則觀音이 不得不化美人而度之니 此皆應時隨機也라 雖使

嫁娶로 違於戒律而難行이라도 當以嫁娶로 利於佛敎之時機則權行嫁娶ᄒᆞ야 適時順

機라가 更待不嫁娶利於佛敎之時後에 還收而復舊ᄒᆞ면 其誰曰不可리오 且嫁娶之禁

이 不適於世道乎아 請論其所以不適之理ᄒᆞ리라

(一)害於倫理라 聞人之爲罪가 不孝ㅣ爲大而無後ㅣ尤大니 以其絶祀斷裔也라 我之

一身이 已與前此千百世之祖先과 後此千百世之血胤으로 無復相續則罪何容貸리오

無嫁無娶而罪陷不測이라此意則人多言之ᄒᆞ야古文今文에皆有ᄒᆞ니不必毗々라

(二)害於國家라現今種族主義가盛行於地球ᄒᆞ야殖民殖民之說이足以當政治家半

面之口ᄒᆞ야生産之術과衞生之學이日明之而日不足焉이라夫國者ᄂᆞᆫ以人組織者故

로文明國이摠許婚姻之自由ᄒᆞ야人口之驟增이有非常之速率而進化之易가如火之

燎于原耳라嫁娶之事ㅣ寧有已也리오泰西之良政治家가一聞僧侶禁婚之事則其誰

能不失驚生悲ᄒᆞ야咄々惟事也리오及今不解면後必爲法律之所限ᄒᆞ야雖欲不解ᄂᆞᆫ

不可得也리라

(三)害於布敎라使僧侶로禁嫁娶乎아使佛敎로將布於世界乎아夫世界萬類之無始

而至今ᄒᆞ고長此而無終ᄒᆞ야相續不斷ᄒᆞ야曾不壞空者ㅣ果有一物이能一生不死而

通過者乎아曰無有라大椿彭祖ᄂᆞᆫ以壽로鳴於世者也라若者以八千歲로爲春ᄒᆞ고若

者以五百歲로爲秋ᄒᆞ며朝菌蜉蝣ᄂᆞᆫ以夭로鳴於世者也나若者不知晦朔ᄒᆞ고若者不知

朝暮ᄒᆞᄂᆞ니此ᄂᆞᆫ壽夭之兩端也라其餘萬物生死之期ᄂᆞᆫ皆可定於此兩端之間而差有

早晚耳니然則死々而過去ᄒᆞ고生死而現在ᄒᆞ고生々而未來也라三世者ᄂᆞᆫ顧生死之

時間而已니一死而不一生이면安知不百年에不復見靜者動者於覆載之間也리오今

使佛敎로 布於天下而皆蹈戒律하야 禁嫁娶無生產이면 孰肯入於佛敎而踐此戒也리

오且入佛而反入俗者ㅣ 無寺無之하야 殆不虛日하니 茲曷故焉고 其原因이 非不有異

ㄴ多大部分則 在嫁娶而已라 於是焉布敎之點이 一曝十寒하니 將以何術而能救之乎

아若是不已면 佛敎ㅣ 實難保라 夫佛敎ㄴ 如春하야 好生而惡死하며 好人道而惡惡

道하나니 焉有大聖之敎ㅣ 不保人種而可爲也리오 嫁娶之禁이 不解면 雖蘇張之口라

도 必失其辯而無益於布敎也리라

(四) 害於風化라 世人之有欲樂이 萬道ㄴ 通智愚賢不肖而共有者ㄴ 食色之心也오一

人之欲樂이 有萬道ㄴ 居喜怒哀樂이 并有者ㄴ 食色之欲也니 寄色身於塵界而無食色

之欲云者ㄴ 空言而已오 諂言而已라 烏足以實踐哉아 但不及於亂則君子也라盡天下

之人而皆爲君子ㄴ 實全難之事ㅣ니 故로 食色之欲이 失度하야 至於高潮則視一縷를如

鴻毛而無悔也라噫라 倒瀉之水ㄴ 愈防而愈缺하고 奔逸之焉ㄴ 愈御而愈橫이라食色

之欲은 愈抑而愈甚하나니 此ㄴ 普通人之常情이라 天下에 普通以下之人이 爲多어늘

以戒律之故로 强抑其慾하야 欲使人으로 永絕其行樂之蹤影이ㄴ 得乎아 寢假以强抑

之리도 形式而已오 名義而已라 且經冬之蝶은 愛花成病하고 出各之鶯은 繫柳奪狂하

니此는久屈欲伸之意正盛故也라情慾이受屈ᄒ면心馳千里라包藏之士와涉溱之

女가自古之ᄒ니苟若是則傷風敗俗과喪志蔑槪가孰甚於此리오回憶高麗末以

後之佛敎史이以僧侶之淫事로汚損佛敎之全體者ㅣ顧多ᄼ矣라嫁娶之禁이其有關

風化가若其甚也니라

果如上言이면嫁娶之不可禁이誠矣라雖然이ᄂ余ㅣ非欲無視佛戒ᄒ야盡驅全部之

僧侶而入於淫戒也라但欲聽其自由也라何以故오古之人에有吉朋、謙模、柏格兒者

ᄒ니終身不娶妻ᄒ야以史學으로爲妻ᄒ고有笛卡兒、巴士卡爾、斯賓那沙、藿布士、斯

賓塞、陸克、盧梭、邊沁、康德者ᄒ니終身不娶妻ᄒ야以哲學으로爲妻ᄒ고有奈端、

斯密亞丹者ᄒ니終身不娶妻ᄒ야以科學으로爲妻ᄒ고有福祿特爾、格黎者ᄒ니終

身不娶妻ᄒ야以文學으로爲妻ᄒ고有維廉體特、倓馬者ᄒ니終身不娶妻ᄒ야以政

治로爲妻ᄒ야고有加富爾者ᄒ니終身不娶妻ᄒ야以伊太利로爲妻ᄒ니此皆有奪天地

泣鬼神之智略과絶十古開萬世之事業者로딕皆不娶妻則不知僧侶ㅣ以佛敎로爲妻

而終身不娶妻乎아果則余何不頂戴之膜拜ᄒ며夢想之謳歌之ᄒ야以冀不娶妻也

리오古之佛에有毘婆尸佛ᄒ야嘗娶妻而有子一人ᄒ니名曰方膺이오有尸棄佛ᄒ야

六二

嘗娶妻而有子一人ᄒᆞ니名曰無量이오有毘舍浮佛ᄒᆞ야嘗娶妻而有子一人ᄒᆞ니名曰

妙覺이오有拘留孫佛ᄒᆞ야嘗娶妻而有子一人ᄒᆞ니名曰上勝이오有拘那含牟尼佛ᄒᆞ

야嘗娶妻而有子一人ᄒᆞ니名曰導師오有迦葉佛ᄒᆞ야嘗娶妻而有子一人ᄒᆞ니名曰進

軍이오有釋迦牟尼佛ᄒᆞ야嘗娶妻而有子一人ᄒᆞ니名曰羅睺羅니此皆千佛之祖宗이

오萬法之源泉이로디皆娶妻生子則不知僧侶亦有能心諸佛之心ᄒᆞ고事諸佛之事而

娶妻生子乎아果余ㅣ何不頂戴之膜拜之ᄒᆞ며夢想之謳歌之ᄒᆞ야以糞娶妻也리오

嗚呼라比干은以死爲忠ᄒᆞ고箕子ᄂᆞᆫ以生爲仁ᄒᆞ며敗智伯之軍則以水爲計ᄒᆞ고攻赤

壁之魏則以火爲功ᄒᆞ니夫生死水火者ᄂᆞᆫ反對之兩極倪어ᄂᆞᆯ行之無相矛盾者ᄂᆞᆫ以其

各用得其宜也라然則古人ᄋᆞᆫ禁戒而崇佛ᄒᆞ고今人ᄋᆞᆫ解戒而崇佛이면亦何傷焉이리

오但時中而已라愼夫佛致之替而大呼疾聲호디人不我聽故ᄅᆞ欲借政治之力而行之

ᄒᆞ야前後鳴籲全願于政府者ㅣ凡二次라書其全文於下ᄒᆞ야以供一覽ᄒᆞ노라

中樞院獻議書

伏以人界之事、莫善於變、莫不善於不變、一定而不知變、人物之存在於天地之間

者、不復睹於今日、天地善變、萬物生焉、萬物善變、生々不盡、生々不盡而善變焉

則其變化之妙、日繁一日、雖欲窮盡其數、上等之算、百年之轟、已不勝其任、變與

不變之此例如是、故天下之人貴變焉、有變千載之案者、有變一世之議者、有日月

變者、其變期之脩短雖殊、驟入於進化之域則一也、故變者進化之不二法門、不變

何爲。今日之可變者何限、但以與已有密接關係者而陳言之、幸須察焉、竊惟僧尼

之自禁嫁娶生產、實數千年不易之案、何其蔽歟、是有關於國計者不少、則不宜一

任自裁。無所遮間也、現今世界問題之大者、不一而足。首屈一指、則不可不以殖民

當之、惟我全國僧侶之現數、聚爲五六千、後日之增加、亦未可知、一任前制而不之

反、有損於殖民界者、自不可勝言矣、此智力水平線以上之所日夕懍然者矣。安在

其不圖改良也。且佛教弘聞、無事可禁、但以淺根衆生故假設方便、後人不知、誤

作金言、沉迷濡首、不能更進一步、嗚呼自此以往、佛教之影響於衆生界者亦已遠

矣。數千年之僧侶、不敢置一言於其間者則又可悲也、若使佛敎、絕跡於天下而無

憾焉則已、苟若不然、僧侶當任作嫁娶生產、擴張其範圍、樹旗於宗敎競爭之陣、

亦保敎之大計乎、嫁娶之禁一變、公而殖民私而保敎、無適而不宜、何憚而不

此等禁戒、初非法律所係、則自禁自解、靡所不可、但千年積習、一朝難改、

異議百出、互相疑懼、有志未達、抑有年所、日暮道遠、少不宜緩、故敢陳愚言、幸

加三思、若使此言、無補於進化之今日、固不容論、少有可採、幸提出閣議、布令天

下、僧侶嫁娶與否、任作自由、無得進化、公私幸甚、

隆熙四年三月　　日

中樞院議長金允植

統監府建白書

閣下

伏以僧侶嫁娶之禁以佛戒、其來久矣、而不適於百度維新之今日則勿論、若使僧

侶、一禁嫁娶而不知解、其於政治的殖民、道德的生理、宗教的布教、有百害而無

一利、此則盡人能言、不必條晢、不寧惟是、叅以佛教言之、其深淵之眞理、廣大之

慈悲、貴非嫁娶與否之所能損益、但佛欲衆生之轉迷爲悟、改惡作善、而衆生根器

若商、無從一道而導之、則勢不得不集天下送情絕慾之事而演說之、以冀其各從

所好而利導也、然則佛戒之禁婚、固方便之一道、佛教之究竟則邈哉、解亦何傷、

且男女之慾、智愚共有、若終身禁婚、因禁而生弊、弊復滋矣、良以朝鮮之僧侶、非

不知解禁之爲愈、但一朝之言、不能關千年之習、滿心疑懼、薄歲蹰躇、以冀朝令

之解禁、故今三月舉實請顧于前韓國中樞院矣、尚無如何措處、僧侶之疑懼轉深

入俗日多、傳道日縮、孰若速解禁婚而保敎也、使多數之僧侶、轉作嫁娶生產、其

影響於政治、道德、宗敎界者、顧不多多乎、用是之故、玆敢冒陳、洞亮後、僧侶嫁

娶解禁事、特以府令頒布、一關千年之習、俾成不世之蹟、政莫新焉、此事雖小實

大、幸速圖焉、無任祈懇之至、

明治四十三年九月　　日

　　　　殿

統監子爵寺內正毅

論寺院住職選舉法

住職者는何오統治一寺之庶務者也니其人이得則其事一舉京고其人이失則其事一

萎京느니一寺之汚隆이係京이라其責任이非輕京니安得不講選舉法也리오

住職이自來로無選舉之例라無選舉之例則住職을何以爲之오余一無以名之京야强

名之爲三京니一曰輪回住職이오二曰依賴住職이오三曰武斷住職이라何爲輪回住

職고一寺所居之僧이無論智愚賢不肖京고或以年次京며或以臘僧次京며或以戶次

京야逐歲鱗次京야莫或敢漏京고尸素其位一是也니此法은寺刹之稍大者에行之京

고 何謂依賴住職고 或付囑於行政官호며 或行賂於土豪勢力家호야 狐假虎威호야 凌駕他人호고 勒奪其位호야 擇其寺之肥者而食之호고 肥盡吐棄호나니 此法은 孤庵獨寺에 行之호고 何爲武斷住職고 不由衆論호고 不假依賴호야 自行自止ㅣ 是也니 質而言之호면 專以腕力强暴로 弱肉强食之謂也니 此法이 亦孤庵獨寺에 行之라 依賴與武斷이 實一心而兩技者니 可以依賴則依賴호고 可以武斷則武斷호야 因其勢而利用之호야 達彼肥已之目的而已라 嗚呼라 住職者는 一寺之代表也어늘 其任之之道ㅣ 若是無理호니 不亡爾衰者ㅣ 幾希矣라 此等惡習이 必有所以然之原因이니 其原因이 誰乎아 大率僧規不立之所招也라 僧規之不立이 不一而單言住職之弊則一曰無統一故오 二曰無俸給故라 旣無統一則此寺與彼寺가 毫無關係호야 視與亡을 相如奏越之肥瘠호니 野心鑿欲之輩가 無所顧忌호고 流涎寺財에 慾火焚身호야 百方染指則依賴武斷之所由起也오 寺院之稍大者則其消財方法이 遠非獨斷者之所無饜呑下也라 然則旣無染指之物호고 且無俸給以酬其勞호니 孰肯欲虛費一年或數年之心力於無沾漑之寺務也리오 是以로 相讓相推호야 住職之位置가 轉作虛芮之閒田호야 無人可拾호니 若是乎人不念防水治源之道호고 反作藥還成病之計호야 出於至拙之第者則輪回

之法이是라思之홈을恨호야無寧無言이라

其救之之術이奈何오隨其寺院之大小와事務之煩簡호야各定月俸호고其選擧法은

依投票三點擧二之例호고孤庵獨寺則自管轄寺로亦行投票호면一々皆得其人이니無

憾焉則難必之事는必擇其當寺內比較的優勝之人을無可疑也니回頭前日에其得失

이何如也오

論僧侶之團體

聚一點火호야可以鑠金石이오合一末毫호야可以引千鈞이니無他라團體之故也라

夫金石은物之剛而千鈞은重之大者也라視火之一點과毫之一末之時에其孰不曰不

可鑠而不可引也리오만은一朝에積而團體則其力이有不可思議之增長호야關鑠之

而異라之호느니一點之火와一末之毫도物之無情而至微者로되團體之力이若是可

驚이온況莫形莫容之人團體之力이其何成而不成이며何敗而不敗리오若不肯團體

면火終歸於冷灰호고毫終歸於纖塵호며人終歸於無成이니奇哉라團體也여性哉라

不團體也여

今有志於佛敎維新者ㅣ動輒曰僧侶之最缺乏者ㅣ團體思想이라호니果然否아果則

余ㅣ 不勝皇々며 喟然히 而曉ㅎ고 悲ㅎ야 爲佛教憂而爲吾黨恨也ㅣ라 天下에 無不團體

而成者ㅣ니 有一人之團體ㅎ고 有衆人之團體라 一人之團體者는 何오 合無數小個體

而成一人ㅎ니 其目曰鼻手足心이 等이 皆小個體라 個體不團이며 無一事可成而人或

麻木不仁矣라 爲長者拆技는 一人之事라 心以記之ㅎ며 目以眷之ㅎ며 足以往之ㅎ

며 手以執之ㅎ야 勤之然後에 枝乃折之ㅎ나니 此는 團心目手足力五個體而成折枝

之功成ㅎ나니 獨人之言語도 一人之事라 智以辨之ㅎ며 脣齒而音之ㅎ며 舌以屈折之然後에

語乃成ㅎ나니 此는 團脣齒舌四個體而成言語之功者니 以此推之ㅎ면 莫不皆然이

다 今有衆人이 於此ㅎ야 共辦之事는 似折枝等ㅎ니 不團心目等而無成折枝等事는 旣已

知之라 獨不團衆人之心而所辦之事ㅣ成乎아 否乎아 其不成을 奚俟論也ㅣ오 事非一

個人能力所可堪任者則 不得不聚衆人爲一輩ㅎ야 相謀而同濟也니 輪舶航海는 衆人

之事也라 其目的則等ㅎ며 有開航路者ㅎ며 有連機械者ㅎ며 有掌警號者ㅎ며 有治薪水者ㅎ야 所責이

不同이나 其目的則 是彼岸이오 合資會社는 衆人之事也라 有興工場者ㅎ며 有敷鐵

路者ㅎ며 有貿絲粟者ㅎ야 所向이不同이나 其目的則 是圖利라 假

使群百人이 圖共一事則 百人이 共享其利ㅎ고 敗則百人이 共被其害ㅎ나니 然則

百人所出之力이均一然後에事可成而利可享이라有一人이不出力則全部ㅣ少一人

之力量ㅎ야事終不成ㅎ고利終難得이라故로處於羣而不欲團體者는自賊其身也已

로다

衆人團體가可別二種ㅎ니曰形團體오曰心團體니形團體者는何오市人之團體ㅣ是

也라集數千人於一市之內이非不林々一羣也언만은若有數十人이持挺與刃ㅎ고突如

其來ㅎ야攫奪財寶이無人敢敵而少焉看之則人影이遂絶於擧市之內ㅎ고玉帛金粟如

을狼藉委置ㅎ야任手縱奪ㅎ야擇其美而取之無問也ㅎ나니財寶者는人之最愛也라

以數千人之多로奪其最愛之財於數十人之手호딕無術而可救者는無他라其力이不

團故也라心團體者는何오無所不團之團體ㅣ是也니心團則楚越이可以兄弟오千里

可以接膝이며可以共生死오可以同水火니故로智者는貴心體之團而形團則無與焉

이라今僧侶則反是ㅎ야羣居於一寺則形莫團焉이〻心團則未嘗聞焉이라若有一人

이欲辦事이不論其事之可否와理之得失ㅎ고互相猜疑ㅎ며互相排斥ㅎ야事出於東

而謗起於西ㅎ고議合於朝而趣異於暮ㅎ야犬牙吾支ㅎ야一不相成ㅎ니甚矣라不團

則己어늘何故로反相害ㅎ며旁觀則足이어늘何故로反相妬乎아梁任公이先我作冏觀

者文ᄒ니 實朝鮮僧侶現像之寫眞也라 但取其要而撮畧之ᄒ야 以爲吾輩之棒喝也ᄒ

노라

天下에 最可厭可憎可鄙之人이 莫過於旁觀者라 旁觀者는 常立於客位ᄒ야 對事袖手

之謂也니 實人類之蟊賊이오 世界之仇敵也라 旁觀者ㅣ 別有六派ᄒ니

一曰渾沌派니 曹然無知人事之如何ᄒ고 飢則食ᄒ고 困則睡ᄒ야 生死興亡이 初不入

覺ᄒᄂ니 譬之游魚가 居將沸之鼎ᄒ야 猶誤爲水暖之春江ᄒ고 巢燕이 處半火之堂ᄒ

야 猶疑爲照屋之出日이라 彼等之生也ㅣ 如以機械製成者ㅣ 能運動而不能知覺者ᄒ

야 雖爲旁觀者ᄂ 曾不自知其爲旁觀者니 實旁觀派中之天民也라 此는 僧侶中 蠢蠢無

識者ㅣ 是也니 僧侶全部 十分之九는 皆居於此派之大隊也라

二曰爲我派니 俗語所謂遇雷打ᄒ되 尙按住包荷者也라 非不知事之當辦也ᄂ 然이ᄂ

以爲辦此事無益於我ᄒ고 亡此事無損於我ㅣ니 我ㅣ 豈肯喫苦冒險ᄒ야 不作旁觀之無

事리오ᄒ야 譬如齒以脣亡으로 謂無關ᄒ고 兎以狐死로 爲不悲也니 實愚之至者也라

僧侶中에 所謂守分操身者與治産之守錢虜ㅣ 皆屬此派라

三曰嗚呼派니 彼輩ㅣ 以咨嗟太息과 痛哭流涕로 爲獨一無二之事業者也라 其面에 常

有憂事之容ᄒᆞ고其口에不少哀時之語ᄂᆞ告之以事之當辦則彼則曰誠當也ᄂᆞ奈無從

辦起에何오ᄒᆞ며告之以時之危亡則彼則曰誠危也ᄂᆞ奈無所救에何오ᄒᆞ야再窮詰之

則彼則曰時運而已오天心而已라ᄒᆞ야束手無奈ᄒᆞᄂᆞ니如見火之起ᄒᆞ고不務撲滅而

太息於火勢之熾炎ᄒᆞ며如見人之溺ᄒᆞ고不思拯援而痛恨於波濤之澎拜ᄒᆞ야以時務

ᅌᆞ爲詩料談資而着手則未者也라僧侶中에有情而無智ᄒᆞ고有智而無勇者ᅵ當之라

嗚呼라雖此派ᄂᆞ有幾人乎아

四曰笑罵孤ᄂᆞ此孤ᄂᆞ常立於人之背後ᄒᆞ야以冷言熱語로批評人者ᄂᆞ彼輩ᅵ不徒自

爲ᄒᆞᆫ觀者라又欲逼人ᄒᆞ야使不得不爲觀者라既罵守舊ᄒᆞ고又罵維新ᄒᆞ며既罵小人

ᄒᆞ고又罵君子ᄒᆞ며對老輩則罵其暮氣已深ᄒᆞ고對青年則罵其躁進喜事ᄒᆞ며事之成

也則曰豎子成名이라ᄒᆞ고事之敗也則曰吾早料及이라ᄒᆞ며不寧唯是라將成之事ᄂᆞ

必以笑罵로沮之ᄒᆞ고已成之事ᄂᆞ必以笑罵로敗之ᄒᆞᄂᆞ니彼輩者ᄂᆞ世界之陰人也라

譬之孤舟遇風於大洋也ᅵ彼輩ᅵ罵風罵波罵大洋罵孤舟ᄒᆞ며乃至逼罵同舟之人ᄒᆞ

고若問此船이當以何術로可達彼岸乎아ᄒᆞ면彼等이瞠然無對也ᄒᆞᄂᆞ니何也오彼輩

ᅵ笑罵之外에本無計策故로藉ᄒᆞᆫ觀以行笑罵라가失ᄒᆞᆫ觀之地位則并與笑罵而俱失

七二

也라僧侶中에一無所知ᄒᆞ고自以爲知者가勝已者ᄅ厭之ᄒᆞ고不如已者ᄅ忽之ᄒᆞ야

彼旣不能辦事ᄒᆞ고亦欲使人ᄋᆞ로不能辦事則遂生缺憾而笑罵之ᄂ

니夫何不念人一能之어든已十之ᄒᆞ고人十能之어든已百之ᄒᆞ야自居於人之上之道

而反空發妄妬ᄒᆞ야徒以笑罵로欲强敗他人而同入敗亡ᄒᆞᄂ니果何等心腸고

五曰暴棄派니暴棄派者ᄂ以我로爲無可爲之人ᄒᆞ야常望人而不望已者니如望政於

食肉者ᄒᆞ며望道於聖人ᄒᆞ야望成於英雄者之類니甲推於乙ᄒᆞ고乙推於丙ᄒᆞ야如是

轉推至於癸ᄒᆞ며癸復推於甲ᄒᆞ면相推而互消ᄒᆞ야終無一不推者오寢假而甲推於乙

이乙不推而自辦之라도甲之責任이果安在乎아譬之欲不食而使善飯者로爲我代食

ᄒᆞ고欲不寢而使善睡者로爲我代寢이면能乎아否乎아我雖至愚不肯ᄂ既爲人矣라

卽爲人類之一分子니豈可暴棄ᄒᆞ야以喪人類之資格乎아暴棄者ᄂ實人道之罪人也

라僧侶中에高推聖境者與斷見外道가實此派之主人翁也니라

六曰待時派니此派者ᄂ有旁觀之實而不自居其名者也라夫待之云者ᄂ得不得을未

可必之辭也니吾ㅣ待至可以辦事之時然後에辦之니ᄃ若終無時則是ᄂ終不辦也오

且必如何然後에爲可以辦事之時가豈有定形哉아辦事者ᄂ無時而非可辦之時오不

辦事者는 無時而非不可辦之時라 故로 有志之士는 惟造時勢而已오 未聞有待時勢者

也라 待時云者는 欲覘風潮之所向而從旁得拾其餘利하야 向於東則隨之東하고 向於

西則隨之西者니 是는 鄉愿之本色而芴觀派之最巧者也라 僧侶中에 曰天命이라 曰自

然之理라 曰聖力이라 曰神助라하야 高唫時來風送藤王閣하고 運去雷轟薦福碑之詩

者ㅣ 皆此派之眷屬也니라

若是乎以上六派를 吾黨之僧侶ㅣ 盡分而任之하야 無一可棄者오 甚者는 兼此數者而

有之하니 然則全部僧侶가 無一不旁觀者라 事從何處辦乎아 嗚乎라 其誰曰朝鮮之僧

侶ㅣ 無團體心也리오 芴觀派ㅣ 出이 風聲鶴唳하야 從者如雲하니 其團體於芴觀者ㅣ

顧若是也로다 吾輩ㅣ 父母之恩이 甚多하고 佛恩이 甚多하고 衆生之恩이 甚多어늘 有

一可報者乎아 割愛謝親而出家則父母之恩을 非徒不報라 反添難贖之罪오 余本蕩子
中歲에 先父見背하시고 事偏母至不孝러니 去乙巳에 入山하야 轉支離漂泊於內地外國하야
遂絕不通家音이러니 去年에 路遇鄉人하야 傳母喪이 經三霜하니 從此로 抱終古不盡
之恨而成窮天有餘之罪라 至今思之에 愧棄難容하야 往往無人世志하니 秉筆至此에
不覺膓塞而戰栗也라 敢告天下하야 以俟罪人하노라 著者記

不體佛旨하야 孤負四恩하고 無爲無成하야 使敎衰頹하니 是는 莫報佛恩也오 不畊而

食하고 不織而衣하야 空噢許多生受하고 利他則闕如하니 是는 莫報衆生之恩也라 若

是而徒死면往極樂乎아往地獄乎아吾知其地獄之官이必掃榻而待矣라事去에不復

倒推니莫如悔往戒來라當大聲疾呼호야同心戮力호야使旁觀之團體로移於辦事之

地호야期圖國利民福之事면可不負吾佛度生之義而庶贖前日之非之萬一矣리라

論寺院統轄

觀於佛敎家이無一事能齊整者호야禮式이相異호고規模가相異호야寺々相異호고

人々相異호고日々相異호고歲々相異호니何其相異而無倪也오余ー聞之호니雖變

異而無變異之條理者는猶治絲而棼之也라未有能變者니故로善變者는萬變이雖殊

호나其鵠則一也라譬如良將이指揮萬軍호야翻雲覆雨호고出正入奇호야無有常

호되最後一點은自有定算이라果若是면何患變異之無倪也리오雖然이나佛家之變

異는變異與不變異가初無心算호야偶然而變호며卒然而異호야居於變異

而亦自不知其變異者也니豈應無所住而生其心者歟아抑應無所心而生其住者歟아

甚矣라相異也어此는無他라無統轄故니無統轄故로無一定之指揮호고無一定之指

揮故로各自指揮而相異也라相異則軋호고相軋則不團호고不團則無一成이라欲辦

佛敎ㄴ딕莫若統轄이라

余ㅣ思夫統轄之故이厥有兩端ㅎ니一曰渾合統轄이오二曰區分統轄

者는何오使全部佛教로皆入於一統範圍之內이오區分統轄者는何오全部內에渾

分二個以上之部ㅎ야分割統治ㅣ是也라此兩者ㅣ必勢不兩立이니奚取奚舍리오渾

合與區分이互有得失ㅎ니槪陳於左ㅎ노라

渾合統轄

得(一)人與財ㅣ專注一處則於辦事에有力

(二)每有行事이全部가易爲一致ㅎ야無彼此過不及之差

(三)無相對峙則無彼此傾軋之弊

區分統轄

得(一)民智未開之社會는好離而惡合ㅎ며相助之心은少ㅎ고相勝之心이多ㅎ야甲

乙이相對이馴嫉妬競爭ㅎᄂ니嫉妬競爭이雖非美事ᄂ其於辦事進步則大有

效焉

(二)彼此相牽引相忌憚ㅎ야不能擅行惡弊

(三)議會、交涉等事가必簡便易就

此는渾合與區分得失之大槪也라得於區分者는失於渾合ᄒ고得於渾合者는失於渾合ᄒ
니比準可知라然則何取於此兩者오以大體論之則天下事가貴合不貴分이니渾合
統轄之當行이無俟更論이라然이ᄂ朝鮮에自有佛敎以來로散漫不收ᄒ야初不知統
轄之爲何物이니孰能改悟ᄒ야以成一團也리오苟欲混合이면勢必有東補西闕ᄒ고
此防彼決之弊오且僧侶中人物이姑無能任統轄之資格ᄒ고各寺之智識이未開ᄒ야
公德之心이闕如則卒難亟行渾合統轄이오欲行區分統轄則且恐徒添分離ᄒ야漸成
瓜分豆裂之勢니二者無奈何에徘徊勢將暮라此實如我輩不俱慧眼者之所難分也라
嗚呼라以一人而掀撼全甌之宗敎者는誰歟아曰馬丁路得이是耳라以視全甌之眼光
으로欲察朝鮮之佛敎則其至小之難見也ㅣ非着顯微鏡이면不可리라夫若是其小而

結論

余於統轄之故에不得其術ᄒ니可笑로다

有其心而不發於外者ㅣ有之乎아曰無有哉ㄴ져不行於事則必發於言ᄒ고不發於言
則必顯於色ᄒᄂ니安有有其內而無其外者也리오事有行於我行於物之別ᄒ니行於
我者는我固行之어니와行於物者는我欲行之而不能行者存焉이라何也오所以行之

源은在我而所以行之被則在物故로物固不欲我被則我之源이停矣라雖然이나我所

行之心則必不以物之不欲被로隨而永息也니物之不欲被之心이愈毒而我之欲行之

心이愈熱하나니夫愈熱則不平하고不平則鳴之而人猶不聽則不得不繼之而

大聲疾呼於天下也니余之已上所喋喋數萬言이亦效此也라蓋不欲言而自言者

니豈有私焉이리오然則此論이皆善乎아善與不善이非余之所敢知也라

然則此言이皆行乎아不行乎아行與不行이非余之所敢知也라雖然이도

如心而言이오我之義務가如是故로如義務而行이니其餘는非徒不敢知也라雖然이

나更有一言而相贈吾黨者하니此論이少有可行之策而行之면是는非余之祈冀於吾黨

論이全無可採어든永棄之하고亦不別思可行之策而行之하고

者也라吾黨이與佛敎로因緣이甚重하고與衆生으로因緣이甚重하고與無量世界와

無量水刧으로因緣이甚重하니吾黨之責任이顧有涯乎아日新又新하야至於莊嚴地

獄則是니余之祈冀於吾黨者로라

噫噫嘻嘻라腥風血雨가亂作洗禮하고劍樹刀山이大行懺悔하니人間이何世오醉生

夢死로다空耶아有耶아外斷常其無聞이오夢耶아覺耶아幷蝶周而不見이라方佇永

ᄒ니 吾無寐로다 思正長ᄒ니 翩成愁로다 愁不可極이ᄋ어 歡歌相雜이로다 弟ᄋ어 兄ᄋ어

能無聞乎아 非蠅之聲이라 是鷄之鳴이로다

朝鮮佛教維新論

終

朝鮮佛教維新論目錄

明治四十三年臘月八夜

著者識

朝鮮佛教維新論序

余嘗有志乎維新佛教。稍有成筭於胸中者。但事不從心。未能遽行於世試設一無形之佛教新世界於區區文字之間。自慰寂寞耳夫望梅止渴亦養生之一術此論固梅之影。余之渴火焚身則自不得不以一梅之影。當萬斛清泉近來佛家。旱魃太肆。未知吾黨。亦有渴者乎。果有。則願以此梅影相照。聞六度之中。布施爲最。余亦以此布施梅影之功德。能免地獄也未。

朝鮮佛教維新論

韓龍雲君著

石顚山人藏

조선불교유신론

초판 1쇄 인쇄 | 2015년 7월 15일
초판 1쇄 발행 | 2015년 7월 20일

지은이 | 한용운
옮긴이 | 최경순

펴낸이 | 윤재승
펴낸곳 | 민족사

주간 | 사기순
기획편집팀 | 사기순, 최윤영
영업관리팀 | 이승순, 공진희

출판등록 | 1980년 5월 9일 제1-149호
주소 | 서울 종로구 삼봉로 81 두산위브파빌리온 1131호
전화 | 02)732-2403, 2404 팩스 | 02)739-7565
홈페이지 | www.minjoksa.org
페이스북 | www.facebook.com/minjoksa
이메일 | minjoksabook@naver.com

ISBN 978-89-98742-51-5 93220